江苏省民主党派代表人物风采

江苏省委统战部 编

# 大道之行

东南大学出版社·南京

图书在版编目（CIP）数据

大道之行：江苏省民主党派代表人物风采/江苏省委统战部编.—南京：东南大学出版社，2022.11
ISBN 978-7-5766-0085-8

Ⅰ.①大… Ⅱ.①江… Ⅲ.①民主党派-名人-事迹-江苏-现代 Ⅳ.①K820.853

中国版本图书馆CIP数据核字（2022）第076007号

责任编辑：张新建　　封面设计：王少陵　　责任印制：周荣虎

## 大道之行：江苏省民主党派代表人物风采
Dadao zhi Xing: Jiangsu Sheng Minzhu Dangpai Daibiao Renwu Fengcai

| | |
|---|---|
| 编　者： | 江苏省委统战部 |
| 出版发行： | 东南大学出版社 |
| 社　址： | 南京四牌楼2号　邮编：210096　电话：025-83793330 |
| 网　址： | http://www.seupress.com |
| 电子邮件： | press@seupress.com |
| 经　销： | 全国各地新华书店 |
| 印　刷： | 徐州绪权印刷有限公司 |
| 开　本： | 787 mm × 1 092 mm　1/16 |
| 印　张： | 19.75 |
| 字　数： | 260千字 |
| 版　次： | 2022年11月第1版 |
| 印　次： | 2022年11月第1次印刷 |
| 书　号： | ISBN 978-7-5766-0085-8 |
| 定　价： | 160.00元 |

本社图书若有印装质量问题，请直接与营销部调换。电话（传真）：025-83791830

# 编辑委员会

| | |
|---|---|
| 主　　　任 | 惠建林 |
| 常务副主任 | 李国华 |
| 副　主　任 | 徐开信　奚爱国　吴胜兴　常本春 |
| | 朱毅民　吴建坤　米其智　蒯建华 |
| 编　　　委 | 黄　列　占飞富　洪继东　董淑亮 |
| | 庞玉梅　裘　波　朱凯丽　周　晟 |
| | 蒋敬兵　丁哲军　李　健　徐　莉 |
| | 万秋蓓　李晓鸥　毛　瑜 |

# 序

  2022年是进入全面建设社会主义现代化国家、向第二个百年奋斗目标进军新征程的重要一年，中国共产党胜利召开了第二十次全国代表大会，各民主党派江苏省委会圆满完成换届任务。在这个重要历史节点，省委统战部会同各民主党派省委会编辑出版《大道之行——江苏省民主党派代表人物风采》，通过记录民主党派代表人物成长经历、参政履职实践等，弘扬优良传统，强化政治交接，激励引导广大成员矢志不渝跟党走，共同为江苏现代化建设携手奋进，具有重要意义。

  百年风雨携手奋进。从新民主主义革命到新中国成立直至改革开放，在每个历史时期、重大历史关头，各民主党派始终坚持中国共产党的领导，保持正确政治方向，与共产党想在一起、站在一起、干在一起，最大限度凝聚起无坚不摧的革命、建设、改革力量，并逐步成长为中国共产党的"好参谋、好帮手、好同事"。可以说，中国共产党的百年奋斗史也是一部波澜壮阔的多党合作史。实践充分证明，中国共产党领导的多党合作和政治协商制度是一项伟大政治创造，是从中国土壤中生长出来的新型政党制度，具有历史的必然性、伟大的创造性和巨大的优越性。

  江苏是一块具有统一战线光荣传统的土地，在中国共产党领导统一战线的光辉史册上，有着十分重要的地位。历届中共江苏省委始终坚持"长期共存、互相监督、肝胆相照、荣辱与共"的基本方针，不断推进我国新型政党制度的实践探索，走出了一条具有江苏特色、符合时代特点的多党合作之路，新型政党制度在江苏大地上焕发出蓬勃生机和活力，发挥着重要而独特的作用，涌现出一大批优秀民主党派代表人物。

本书收录的19名代表人物，都是近一段时期以来我省各民主党派的带头人、领头雁。他们团结带领广大成员，着眼发展大局、聚焦国计民生，深入调查研究、积极建言献策，开展社会服务、助力脱贫攻坚，反映社情民意、维护安定团结，在推动全省经济、政治、文化、社会和生态文明建设中发挥了重要作用。循着他们的人生轨迹，我们可以发现，他们有的毅然放弃国外优渥的生活和科研条件，以拳拳爱国之心和报国之志，把聪明才智奉献给祖国的建设事业；有的虽历经艰难困苦，但仍百折不挠，坚持中国共产党领导的信念始终不动摇。他们坚守初心使命、深耕专业专长、发挥特色优势，全身心投入多党合作事业……翻看他们的人生篇章，每一个足迹、每一段故事都迸发出催人奋进的人格力量，闪耀着令人感怀的可贵品质，这些都是时代精神的真实体现，也是中华传统文化的传承典范。因为有这样一代代党外人士矢志不渝"在正道上行"，中国共产党领导的多党合作和政治协商制度才有愈加深厚的历史基础，才能不断巩固和发展。

七十余载岁月峥嵘。多党合作事业的历史足迹，正是由一大批优秀的党外代表人士所踏刻而成，《大道之行——江苏省民主党派代表人物风采》一书，恰似这份光荣传统的脚注和积淀。书籍的出版发行，也成为我省民主党派深入推进政治交接主题教育的生动体现和鲜活教材，有利于新一代党外代表人士继承和发扬多党合作优良传统，团结带领广大成员，按照习近平总书记提出的中国特色社会主义参政党建设"四新""三好"要求，着力加强思想政治建设、组织建设、履职能力建设、作风建设和制度建设，为坚决扛起"争当表率、争做示范、走在前列"光荣使命，奋力谱写"强富美高"新江苏现代化建设新篇章作出新的更大贡献！

中共江苏省委常委  惠建林
省委统战部部长

# 目录

从善如流　筑梦远航
　　——记江苏省副省长，民革江苏省委会主委陈星莺　　001

用心绘就出彩人生
　　——记江苏省政协原副主席，民革江苏省委会原主委冯健亲　　020

用赤诚坚守初心　以实干书写担当
　　——记江苏省政协原副主席，民革中央原副主席、民革江苏省委会原主委程崇庆　　037

以赤子之心回报祖国　以勤奋敬业勇攀高峰
　　——记民盟中央副主席、民盟江苏省委会原主委曹卫星　　049

大道至诚写担当
　　——记江苏省政协副主席，民盟江苏省委会主委胡刚　　069

把爱献给绿水青山
　　——记水利部副部长，民盟江苏省委会原副主委陆桂华　　083

与水相伴逐梦路　同心履职好扬帆
　　——记民盟中央原副主席、民盟江苏省委会原副主委索丽生　　095

智为政所用　策为民而谋
　　——记江苏省政协副主席，民建江苏省委会主委洪慧民　　109

## 时光素描
——记江苏省人大常委会原副主任，民建江苏省委会原主委赵龙　　125

## 睿智师者的公仆情怀
——记民进中央副主席、民进江苏省委会原副主委朱永新　　147

## 怀凌云志　孚众望归
——记江苏省政协原副主席，民进江苏省委会原主委陈凌孚　　162

## 学养与才智俱在正道行
——记江苏省政协副主席，民进江苏省委会原主委朱晓进　　175

## 秉承报国初心　育人资政为民
——记农工党中央副主席、江苏省委会原副主委杨震　　189

## 学问浇大地　情怀灌热土
——记江苏省政协副主席，农工党江苏省委会原主委周健民　　203

## 志贵以洁　言贵以新
——记致公党中央原副主席、致公党江苏省委会原副主委严以新　　219

## 赤　子　情
——记江苏省政协原副主席，致公党江苏省委会原主委黄因慧　　237

## 信念是实现理想的精神桥梁
——记江苏省政协副主席，致公党江苏省委会原主委麻建国　　251

## 初心如磐　笃行致远
——记江苏省住房和城乡建设厅厅长，九三学社江苏省委会主委周岚　　269

## 魂牵梦萦家国情
——记江苏省人大常委会副主任，九三学社江苏省委会原主委许仲梓　　287

# 从善如流　筑梦远航

——记江苏省副省长，民革江苏省委会主委陈星莺

每一片泥土都会开花，每一抹阳光都有色彩，每一个生命也都会灿烂。她是赓续黄埔精神、矢志报国的"追梦人"，她是教书育人、桃李满园的大教授，她是孜孜求索、勇攀高峰的科学家，她是健康江苏建设的组织者，也是处置新冠疫情的先锋官。每一个身份、每一次转身，她都给人留下了完美的身影。她就是陈星莺，江苏省副省长，民革中央常委、江苏省委会主委、南京市委会原主委。在俊逸婉转的扬子江畔，在蔚然深秀的清凉山麓，写下了志美行厉的师心魂，展现了从善如流的躬身行。

## 涵养品性行稳致远

1964年秋天，陈星莺出生在无锡市中心千年古巷的一个宅第里，老屋建筑层叠进深。母亲家族是传统世家，世代居住在那里。父亲从湖南涟源老家考入黄埔军校，终生信奉"亲爱精诚、坚韧顽强、从容淡定"。

因父母下放,她在上海亲戚家长大,每周与父母书信往来。从陈星莺小时候起,父亲教育她读书习字,母亲教习她女红礼仪,父母亲给予她最多的教诲是"为而不争,无人与争",告诫她要羡慕美好人格的人、尊重心地正直的人、钦佩才华横溢的人、宽容伤害自己的人,让这些引导自己成长的心灵方向,希望她认真生活、洁身自好、懂得感恩、快乐自信地度过人生。

1978年,对十多岁的陈星莺来说,最开心的事莫过于和日夜思念的父母一起回到无锡。他们终于可以家人闲坐、灯火可亲了。父母也高兴地看到,陈星莺内外兼修,展露出了过人的天资。她成绩拔尖,多次包揽了市、学校各科竞赛的第一名,成为一颗耀眼的"文曲星"。1980年,学校建议还在读初中的陈星莺跳级参加高考,她怀着试试看的心态步入考场,不料一举高中,考上了南京工学院(现东南大学),一时间在无锡城引起了不小的轰动。

步入"以科学名世"的学府,陈星莺开始了琅琅晨吟、孜孜暮读的大学生活。同时,多才多艺的她担任系(相当于现在的学院)团总支宣传委员,负责每周一次的黑板报、每月一次的周末俱乐部,还经常组织一些文娱活动、书法竞赛、作文比赛等,日渐成为学校里的"名人"。在青葱的大学岁月里,她把每一笔都当作意味隽永的勾勒,把每一画都视为丹青锦绣的蓝图,不断地汲取知识、修习素养、拓展视野。

## 教书育人桃李芬芳

古人称有学问、有品德之师为"先生"。一位学生曾经这样描绘陈星莺:"一生中惟我所敬佩,一生中惟我所尊敬,一生中惟我所感激,一生中惟我所难忘的人,陈先生是也。"

1984年夏天,不满20岁的陈星莺从南京工学院(现东南大学)本科毕业,来到水利名校——华东水利学院(现河海大学)当了一名光荣的人民教师。初为人师的陈星莺受徐芝纶院士"学无止境,教亦无止境"教学理念的影响,转换角色、站在学生的角度去揣摩自己的授课,做好全文备课笔记,设计好每堂课的讲课内容,包括文字公式图表的板书表现、与学生的眼神交流和互动、语言表达的抑扬顿挫、时间节奏的有效把控等等,成为最受学生欢迎的老师之一。1994 年,河海大学组织首届青年教师讲课比赛,陈星莺获得了一等第一的好成绩,在学校一鸣惊人。这也成了陈星莺引以自豪的回忆。她真心爱着课堂、爱着学生,34 年亲执教鞭,以一颗细腻心、两只勤劳手,彩笔耕耘,教染银河。

在苦心钻研教学技艺的同时,陈星莺做班主任、做导师,对学生在学习上严格要求、悉心指导,在生活上有求必应、有难必帮,成为他们最信赖的朋友和亲人。当时有很多学生来自贫困地区,缺衣少食是常有的事,有人甚至因此影响学业。陈星莺用自己的微薄薪资,倾囊资助了很多经济困难的同学,有的甚至一直资助到研究生阶段。如今,这些天南海北的学生们每逢节假日或出差路过南京,一定会抽时间来看望敬爱的陈老师。他们有很多留言和信息给陈老师,述说老师的关爱与师生的情谊,这些情谊历经岁月洗礼仍不褪色。一位已经当了教授的学生写信说,"一日为师,终身为师,跟陈老师学习一辈子都学不完,拜陈老师为师是我做的最值得、最正确、最有意义的事,我的本领全部都是陈老师教的"。更有一位同学动情地说,"我是一个从小没人管的孩子,自从遇到您——陈老师,我觉得好像很多事情都有了精神依托,就像一个孩子对母亲的依赖感一样"。在学校工作期间,陈星莺给本科生上过本专业所有的课程,指导了博(硕)士研究生 130 余名。

在众人心目中,陈星莺是一个温婉淑雅的女教授、一位有学术造诣的学者型领导干部,在曾经工作过的单位或部门都以分管教学、科研和学科等为主,而 2013 年她被任命为河海大学副校长时,却先后分管学校的基建、后勤、资产、信息、设备与实验室、产业、档案馆、图书馆、校友会等工作，成了河海"大后勤"的大管家。在大家的好奇和怀疑中，她用短短两三年时间就把河海大学"大后勤"工作干得风生水起，规范各部门管理流程，学校基本建设一年完成了二十几万平方米的建筑面积，引进规模化企业进驻学校改善师生餐饮和物管，设计改造学校绿化环境，建立学校医疗保障体系，完善对资产/设备透明高效的监管机制，为学校百年校庆提供了强有力的保障，师生员工的满意度年年上升。

## 孜孜以求勇攀高峰

陈星莺毕业分配到河海大学时，学校只有一个电工教研组，为学校水专业开设辅助的电工学课程。她工作两年后，学校开始筹建电力专业。当时教研组大多数是 50 岁上下的老师，年轻教师只有 3 名。陈星莺作为最新的本学科专业出身教师，承担了申报专业的材料编写和学科规划、教学计划的起草，到当时的水电部汇报、争取批复等工作，成为河海大学电气工程专业的主要创建人之一。目前河海大学电气工程专业已有一级学科博士点和博士后流动站，是江苏省重点学科，入选"双万计划"首批国家级一流本科专业。

20 世纪 80 年代国内电力系统学科的专家学者大都关注于高电压等级电网的科学研究，而陈星莺却"反其道而行之"，将研究视角落在了"冷门"的配电网和用电领域，这需要眼光，更需要耐力和定力甘坐冷板凳。她全身心投入研究，常年跑现场、搞调研、做试验并亲自研发软硬件系统。1998 年，陈星莺负责的第一个科研项目即是 120 万元的大项目，在国内最早研发出了基于图模库一体化完整的配电网自动化系统，经过在南京、苏州、淮安等地试点应用，取得了良好的效果。她创新研发了全电压等级电力网电能损耗及无功电压计算分析与辅助决策的一体化解决方案，研发的软件很快在全国推广应用，助推电网降损节能效果显著。据吉林省电力有限公司当时统计，仅 2001 年 4 月到 12 月就增加直接经济效益 1.15 亿元，社会效益 13.886 亿元。她编著的《电力网络电能损耗》一书被国家电网公司推荐为全国线损专职人员培训班的主要参考书，连印 3 次仍供不应求。

　　守得云开见月明。彼时的陈星莺已经成为配电网领域的著名专家，但她仍然选择不断突破自我、不断挑战创新，努力争取更大成就。2002 年她基于自己的博士学位论文在国内率先研究了输电网开放电力市场模式及供电公司运营策略的相关理论，得到了电力行业权威专家的高度评价。此后她又拓展研究领域，开始了用电及需求侧、电力市场和能源经济方面的研究，承担国家重点研发计划、863 计划、国家科技支撑计划、国家自然科学基金重点和面上项目等纵横向科研任务 70 余项，发表学术论文 280 多篇（其中 170 余篇被 SCI 和 EI 收录），出版专（编）著 7 部（其中英文专著 1 部），授权发明专利 43 项，获省部级科技奖 9 项，研究成果在全国 20 多个省市推广应用。她负责国家自然科学基金重点项目"多能网络模型及动态演化机理研究"和国家重点研发计划项目"面向新型城镇的能源互联网关键技术及应用"理论研究与系统研发，研发了教育能源大数据平台，建立了全国几十所学校能源数据接入的教育系统能源数据池。2014 年她提出并定义了城市电网自愈控制，系统地建立了配电网自愈控制理论，获得了该领域第一个授权发明专利和第一个国家自然科学基金资助项目，负责国家 863 计划课题"智能配电网优化调度关键技术研究"理论研究和总体方案设计，研究成果在南京青奥智能电网示范区和西安智能配电网示范工程得到应用，保障了青奥会、国家公祭日等重要活动的保电安全可靠和经济运行。2016 年她又率先提出了用能互联网理论，在国内外首创了市场环境下城区用户与电网友好互动理论与机制，负责国家重点研发计划项目"城区用户与电网供需友好互动系统"理论研究和技术路线制定，为能源的绿色可持续发展、用能权交易、我国电力需求侧市场化改革提供了理论支撑与示范应用，研究成果在苏州、常州和宿迁开展了十万级规模用户与电网供需友好互动示范应用，既保证了用户互动利益，又降低了电网电能损耗及峰谷差，季节性支撑江苏电网建成一定量的负荷柔性调节能力，显著提高了系统运行效率和资产利用率，示范规模为国内外最大。

2004年，河海大学和中国三峡集团共同筹建我国水资源领域唯一的一个国家级科技创新平台——水资源高效利用与工程安全国家工程研究中心。中心负责人既需要精通高校科技成果产业化，协调好学校、市场、政府间的关系，还需要具备学术科研、行政管理、公司运营等综合知识与能力。经过三峡总公司和学校双方反复磋商，最后选定陈星莺担此重任。在全面负责国家工程研究中心筹建期间，陈星莺几乎到了废寝忘食的地步，白手起家、从无到有，在2004年到2013年近十年时间里，国家工程研究中心按照"特色定位、市场导向、技术领先、联合发展"的发展战略，紧盯"依托大平台、组织大团队、承接大项目、产出大成果"的目标，组建了15个研发团队，创建了关键、集成技术研究—示范工程—技术辐射的"产学研用"循环运作模式，建设了15层的研发与成果转化大楼，成立了成果转化产业化公司，成果转化率达到65.38%，获国家级、省部级科学技术奖13项。最终国家工程研究中心高质量地通过了国家发改委验收，综合评价位列教育系统第一。此时陈星莺已是二级教授、电气工程／管理科学与工程双博导，享受国务院政府特殊津贴，兼职于国内外多个学术组织，在学术界与行业里有了很高的影响力。面对这些成就，陈星莺选择了功成身退，"挥一挥衣袖，不带走一片云彩"。

## 健康江苏浓墨重彩

2018年，陈星莺当选江苏省副省长，分管卫生健康、医保、体育、民宗、旅游和参事等工作，2021年底又代管了人社工作。全新的工作岗位对她来说既是组织的信任和重托，更是一份沉甸甸的责任和使命。

为了早日打开健康江苏建设的"突破口"，陈星莺坚持以点带面，身体力行推动全省唯一的"健康江苏实践示范区"和"民革中央康养产业实践基地"落户南京溧水，努力打造健康江苏建设的示范样本，她鲜明地提出要瞄准五全：全区域、全人群、全信息、全生命周期和全时段，真正以"大健康理念"来建设"健康溧水、活力新城"，着力构建"5＋2＋8""健康溧水"体系，即以普及健康生活、优化健康服务、完善健康保障、建设健康环境、发展健康产业5大领域为重点，以构建制度供给创新体系、社会共建共享体系2套机制为保障，在全域康养、促进乡村振兴、健康＋、互联网＋医疗健康、中医药传承创新发展、健康产业全产业链、健康产业集聚区、"健康溧水"建设管理模式等8个方面创造样本。2018年"健康江苏实践示范区"授牌后，陈星莺察民情、思对策、出实招，参加了十多场调研和研讨会，持之以恒推进示范区建设。从溧水区中医院新大楼建设到两家三级医院成功创建，从医共体打造到医疗卫生服务体系全覆盖，从15分钟智能健身圈到健康步道建设，从国家极限运动馆到国家体育产业示范基地，从全域Ⅲ类水到生态环境保护……没有人能记得清陈星莺一共到过溧水多少次，用溧水人的话说，"健康江苏实践示范区"就像是陈星莺手把手教出来的优等生，诸多开创性工作都是受她的引领、指导与启迪。在她的大力推动和各方的共同努力下，全国首部区县级健康城市规划——《"健康溧水2030"规划纲要》于2019年9月7日正式发布，为各地提供了可复制、可推广的"溧水经验"。

健康江苏建设离不开"三医联动"改革，医保改革在其中发挥着基础性和杠杆性作用。2018年11月医保部门挂牌成立时，江苏有职工医保78个统筹区、城乡居民医保84个统筹区，医保政策"碎片化"和"补丁化"现象严重，跨统筹区域享受医保待遇有障碍，患者在外地看病就医极不方便，同时医保基金支出压力持续加大，2018年江苏多个统筹区已发生了当期赤字。提升统筹层次、推动医保政策统一规范、促进医保公共服务均等化，成为摆在新成立的医保部门面前的第一个难题和考题。陈星莺主动请战，将这项工作列入"2019年度省领导联系重点改革任务"，打响了医保部门成立后的第一场硬仗。她坚持顶层设计、系统思维，提出了基本政策、待遇标准、基金管理、经办管理、定点管理、信息系统"六统一"的市级统筹制度框架。在改革推进过程中，她一针见血地指出："'六统一'的关键在于基金管理的统一，没有基金收支的市级统一管理，市级统筹就是个空架子。"她召集统筹难度较大的苏南五市相关领导进行座谈，耐心听意见、找堵点，确定了最大限度达成改革共识、设置两年过渡期以减少改革阻力的路径，最终确保《关于实施基本医疗保险和生育保险市级统筹的意见》顺利出台。从2021年1月起，13个设区市全部实现职工医保和生育保险市级统筹，11个设区市城乡居民医保同步实现市级统筹，江苏医保政策统一性、待遇公平性、服务规范性得到大幅提升。

长三角是全国经济社会交流和人员流动最频繁的地区，但大家在看病就医时都面临拿着票据往返两地奔波报销的困扰。2019年上半年，三省一市异地就医门诊费用直接结算紧锣密鼓开始推进，陈星莺积极与两省一市政府协调商议，率先大胆探索、先行先试，迅速开展数据和政策对接，使江苏该项工作走在了最前列。2021年3月底，江苏与上海、浙江、安徽实现双向跨省（市）门诊费用直接结算233.86万人次，结算金额5.92亿元，为全国推进门诊费用跨省直接结算积累了可复制、可推广的经验，有关做法被国家医保局推广。她还推动了全省首个与基本医疗保险相补充衔接的普惠型商业补充医疗保险产品——江苏医惠保1号，为构建多层次医疗保障体系，为百姓全生命周期提供更全面、更优质、更可靠的医保服务进行了探索试点。

高值医用耗材价格虚高、采购不规范、行业生态乱等突出问题一直是导致群众看病贵的重要原因之一。为有效治理高值医用耗材领域乱象，陈星莺积极争取省纪委支持，在药品耗材招采环节嵌入纪委再监督模式，斩断利益链条，打造出江苏药品耗材阳光采购新模式。她带队深入医疗机构、地方医保部门、医用耗材生产企业调研，广泛听取意见建议，凝聚各方共识，指导医保部门制定出台了系列政策，打出了治理高值医用耗材的"组合拳"。截至2022年8月，累计开展省级高值医用耗材带量采购7轮，涵盖骨科、心内科、眼科、普外科、神经外科、检验科等4378个产品，涉及近300家企业，原采购金额约76亿元，现采购资金34亿元，平均降幅55%以上。价格降了，群众笑了，风气好了。江苏高值耗材联盟带量采购率先破冰的做法，得到了孙春兰副总理的充分肯定。

习近平总书记提出，"没有全民健康，就没有全面小康"，全民健康要从娃娃抓起。然而青少年近视、肥胖、脊柱形态不良、心理亚健康等问题却呈易发高发态势。陈星莺先后到省内外多个地方调研体教融合工作，逐步形成了自己的想法和思路，并积极争取各方面的关心支持。在她的吁请下，2019年5月，全国政协副主席卢展工率队到江苏，就"加强青少年和学校体育，增强青少年身体素质"开展专题调研，从国家层面上推动了体教融合政策的出台。2021年3月，江苏在全国率先出台《关于深化体教融合 促进青少年健康发展的实施意见》，建立省青少年体育工作联席会议机制，拿出了一系列硬招实招，让运动陪伴孩子成长。

体育健儿在国际舞台上争金夺银与提振人民士气、凝聚民族精神紧密相连。陈星莺提出要坚持做好打基础利长远的工作,她在多个场合强调,"要特别重视储备竞技项目后备力量,抓运动员梯队建设",要求建立体育苗子输送基地和拔尖青少年运动员清单。从青运会到全运会、东京奥运会备战参赛,陈星莺多次到运动队慰问、到赛场上为运动员加油打气,她要求凡是备战参赛需要解决的问题一定是特事特办、急事急办、要事快办,要注重把心理训练、心理疏导和日常训练、队伍管理结合起来,积极引导和帮助运动员增强必胜的信心和决心。江苏运动健儿在第十四届全运会上参赛成绩居全国第一方阵,一批有潜质、有天赋的优秀青年运动员脱颖而出。

## 抗击疫情使命在肩

面对突如其来的新冠肺炎疫情,作为分管卫生健康工作的省领导,陈星莺始终把人民生命安全和身体健康放在第一位,迎难而上、夙夜

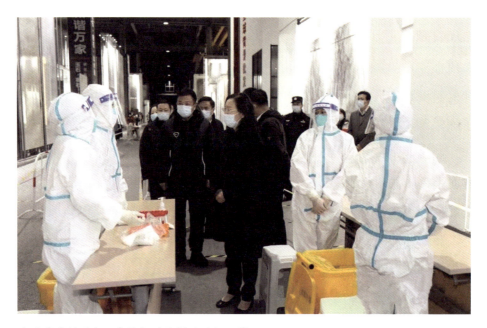

陈星莺看望深夜还在做核酸采样的医护人员

在公，积极有效应对，科学精准施策，为江苏疫情防控和应急处置作出了突出的贡献。

"看似寻常最奇崛，成如容易却艰辛。"2020年1月新冠疫情暴发最初的一段时间，按照国务院联防联控机制要求，由分管副省长出任省疫情防控工作领导小组组长。陈星莺第一时间牵头成立全省疫情防控领导指挥体系，推动实施重点区域和关键环节交通管制，部署做好医疗救治准备和院感防控工作，率先在全国建立大数据防控专班，落实落细数据推送、身份锁定和靶向核查等措施。她夜以继日、连续奋战，同时间赛跑、与病毒较量，每天召集流行病学、公卫和呼吸、重症医学等专家开展分析研判，对全省抗疫工作提出对策建议。实施交通管控、取消聚集性活动、运用大数据追踪、集中隔离医学观察、救治措施早干预、分区分级精准防控等建议都逐一变成了省委、省政府的抗疫措施，为江苏科学精准防控提供了有力支撑。一个月之内她跑遍了13个地市指导各地建立防控指挥体系和制定应急处置方案。"健康码"刚开始使用时，标准不统一、数据不共享、结果不互认成为群众反映的痛点和焦点，她多次召开专题会议，利用自身专业特长，悉心指导系统架构、统一数据接口标准、实名制认证等方案设计，甚至连入口界面都亲自手绘了多个样稿。现在"苏康码"已经成为大家出门必备的"神器"，这背后凝结了陈星莺大量的心血。

2021年7月20日，南京禄口机场疫情发生后，她坚持隔日调度全省面上疫情防控工作，督促指导各地切实盯紧管住重点人群、坚决防范疫情向外地扩散，协调全省资源支援南京全员核酸检测、患者救治和人员隔离等各项工作。2021年7月28日，扬州暴发疫情后，她第一时刻赶赴当地，并迅速协调省级相关部门骨干力量和全省各地资源全力支援扬州抗击疫情，直接负责医疗救治组和核酸检测组的应急处置工作，调派上百名各类学科医疗专家进驻定点医院、数千人和数十台移动方舱支援扬州核酸采样和检测，精心指导核酸检测"采、送、检、报"组织工作，推动扬州市全员核酸检测由原先的 2 天加快到最快 16 个小时出结果，在全国树立了核酸检测效率的一个新标杆。她亲临一线，指导解决院感防控、重症病人转运、特殊人群就诊、采样点规范管理、发热门诊建设、120 救护车集中洗消站建设、医护人员住宿场所安排等突出矛盾和问题。做好与国务院联防联控机制江苏工作组的沟通衔接，每日参与三级对接会、省市指挥部会商研判和工作调度，强力推动办理国家工作组工作建议 30 期 156 条，确保连夜整改到位。她在扬州抗疫 40 天，每天至少工作到深夜 3 点钟，甚至通宵达旦。

2021 年 11 月 2 日至 2022 年 5 月，全省各地市相继暴发本土疫情，她都是第一时间赶赴现场指挥指导应急处置工作，提出"快、准、严、稳"应急处置策略，连夜指导建立应急指挥体系和运转机制，开展"早研判、日督查、晚调度、专题会"，精准划定封控、管控和防范区，迅速采取流调溯源、交通管控、核酸检测、隔离转运、医疗救治等措施，确保一个潜伏期内控制住疫情。同时，她坚持慎终如始指导做好全省面上常态化疫情防控工作。

作为常住人口超 8000 万、流动人口超 2000 万的人口大省，江苏是全国确诊病例 200 人以上的省区市中，唯一保持新冠患者"零病亡"、医务人员"零感染"的省份，陈星莺功不可没。她坚持中西医结合理念，认真听取各科医学专家意见、仔细研究，要求对重症病例早介入早干预、不断优化诊疗方案，实行"一人一小组，一人一方案"，防止病情恶化。她坚持每日调度重症病例救治情况，对于每位重症患者的姓名、病况都如数家珍。在她克服重重阻力，全力协调和支持下，江苏成功进行了全球首例新冠肺炎病例双肺移植手术。

陈星莺还积极响应党中央、国务院号召，调集优质资源，派出精兵强将，全力支持武汉和上海疫情阻击战。江苏派出医护人员人数最多、撤离最晚，圆满实现了"打胜仗、零感染"目标，得到了中央指导组和国家有关部委的高度评价。上海疫情暴发后，她坚持每日对各市点调上海来苏重点人员的隔离工作；研究制定大规模奥密克戎疫情应对处置方案和新冠肺炎疫情应急处置能力220项，督促各市对照执行、全面提升疫情应急处置能力。她还推动组建了江苏省级核酸检测机动队，形成了30万管可移动、可快速调度的省级核酸检测能力，满足了疫情暴发地应急处置时第一时刻"早"和"快"的需要。

疫情来袭，打乱了正常的经济社会秩序，2022年4月江苏城镇调查失业率超过全国平均水平线。"稳就业"成为恢复经济工作的当务之急、重中之重。陈星莺喘息未定，又马不停蹄地深入南京、苏州等地人社服务大厅、高校招聘现场、大学生创业园、生物医药产业园等进行调研，了解掌握基层实际情况。她认为当前就业形势虽然严峻，却也是与经济转型可更贴近的窗口期和机遇期，提出了结合"智改数转""安可工程"设计创新项目创造就业岗位、强化创业孵化带动就业、就业与人才引培深度融合等推动就业工作的思路，亲自协调12个政府部门，共建共享省就业运行监测分析系统和就业大数据交汇终端，摸清大学生毕业去向意愿动态底数，加强毕业生就业流向特征值大数据分析，精细指导人社厅建设就业运行监测、新就业形态就业人员职业伤害保障等7个应用场景，推动出台《关于稳定和扩大就业的若干措施》等多个政策文件，营造了江苏"就业优先"的政策环境。江苏高校毕业生就业率和城镇调查失业率2022年上半年可恢复至合理区间，大学生就业工作年底有望完成年初预定的目标任务。

## 风雨同舟与党同行

2017年1月和6月，陈星莺先后当选为民革南京市第十三届委员会主委和民革江苏省第十一届委员会主委。一次次迈上更高平台，一次次面对更新挑战，陈星莺始终思路清晰、步伐坚定，在不同的舞台上发光发热，践行着"一片丹心为报国"的情怀和使命。

上任伊始，陈星莺就带领江苏民革和南京民革领导班子拜访了民革中央、团结报社和中央统战部以及江苏民革前任主委。同时，与每位副主委分别谈心，同机关每个处室进行座谈，到市级组织调研交流……充分了解全省民革工作实际后，提出了江苏民革五年规划，概括为"一个目标、两个重点、三个网络、四个平台"的总体工作思路，具体而言——以塑造"中山博爱"品牌，再造江苏民革新优势、再创江苏民革新辉煌为一个总目标；抓住高层次人才发展和提升参政履职能力两个重点；强化基层组织、参政议政骨干和社会服务工作三个网络；办好"中山博爱讲堂""中山博爱之家""中山论坛"和"中山博爱工程"四个平台。她以严谨细致的工作作风强化民革工作的计划性，要求做到年年有计划、

2018年1月，民革省委会开展"不忘合作初心，共筑同心之基"大走访活动，陈星莺主委与老领导冯健亲畅谈民革发展、共话薪火相传

月月有要点、周周有安排，确保各项工作有序推进，取得实效。

作为民革江苏省委会的"当家人"，陈星莺清醒地认识到，必须把旗帜鲜明讲政治摆在首位，必须不断增强全省民革党员与中国共产党同心同德、同心同向、同心同行的政治自觉。为了更好凝聚广大民革党员共识，她大力倡导江苏民革"三杆四爱"新风尚："三杆"即学做"旗杆"，做讲政治、重团结、干实事的表率；争做"铁杆"，勇担新时代参政党建设的责任；练好"笔杆"，提高参政议政、履职尽责的能力。"四爱"即对民族、对国家要由衷热爱，对民革、对组织要付出真爱，对基层、对党员要时时关爱，对同志、对同事要充满友爱。她推动建成"中山博爱之家"171个，其中27家获评民革中央"优秀民革党员之家"称号。省、市民革共举办了157次"中山博爱讲堂"，形成了省、市基层组织三级开讲的格局，围绕新型政党制度、参政党建设、文化自信、台海形势等主题开讲，发挥了以讲促学的教育作用，成为民革各级组织开展思想政治教育的重要平台。2020年通过线上直播形式举办的3次线上讲座，观看人数累计逾1.5万人，2021年举办的"中共党史学习教育"专题讲座，在线收看达到5600多人。她亲自去往纳雍县猪场乡，扎实推进对口帮扶工作，实施了8大类33个项目。她带领全省民革党员全力支持抗击新冠肺炎疫情工作，共计捐赠金额达6355万元。

"上下同欲者胜。"陈星莺深知做好民革工作，必须建强领导班子，吸引高层次人才。她把"抓班子、带队伍"作为工作的重中之重。她带领班子成员坚持民主集中制和集体领导、分工负责制，不断完善议事决策机制和提高"五种能力"建设。她与民革中央、地方党委和省市统战部积极沟通，及早物色领导班子后备人选，提供培养、成长和考验的平台与机会。她高度重视吸引高层次人才加入民革组织，多次与他们分别谈心，分享自己加入民革的经历和参政履职经验，多次争取省委统战部和相关单位党委的支持，五年中全省共发展各级各类高层次人才200余人，其中民革中央认定的国家级高层次人才23人。她推动建设省市共建中山特色支部，经常利用休息时间走进各地民革"中山博爱之家"，参加基层党员的组织活动，看望老党员、黄埔老人，与民革基层党员代表面对面座谈，为青年党员开讲"我与民革的故事"，分享自己对民革的情感和对江苏民革发展的展望。她说："希望民革成为大家的心灵家园，在此汲取精神供给，传递积极能量，从而涵养自身的品行、提升自己的修为！"

参政议政是民主党派履行职能的"生命线"，也是检验履职成效的"试金石"。陈星莺始终在服务大局中找准履职尽责的切入点，带领江苏民革参政议政水平稳步提升。她推动召开了两届"健康中国发展大会"和一届"实体经济发展大会"，形成了很大的社会反响和影响力。每年她亲自选择大调研课题，率队实地考察，亲手撰写修改调研报告。2020年，她率领"江苏乡村社会治理体系和治理能力现代化建设"课题组，邀请相关政府部门的同志召开8次座谈会，先后在南京、无锡、宿迁等多地开展实地调研，收集了大量鲜活的一手资料，形成了调研报告上报省委、省政府，研究成果被《人民日报》刊载。五年中江苏民革为民革中央参加政协大会、中共中央经济工作高层协商会提供9篇素材，在全国政协双周协商座谈会上作了5次专题发言；近800篇社情民意信息被全国政协、中央统战部、民革中央和江苏省委、省政府、省政协分别采用；通过"直通车"渠道，向省委、省政府报送的8篇调研报告获中共江苏省委书记、省长的批示。陈星莺还提出建立江苏民革咨询专家库，邀请相关领域专家学者参与民革课题调研、共同研究，使调研报告更具建设性和针对性，取得了更好的建议效果。在民革中央2020年度、2021年度参政议政工作表彰通报中，民革江苏省委会社情民意信息工作总分在38家报送单位中均名列第一。2020年7月，中共江苏省委委托各民主党派以对口各设区市的形式，围绕安全生产开展5个月的专项民主监督

2021年7月14日至15日，陈星莺率队考察南京市水产科学研究所水产种质资源保护场，聚焦"种源安全"开展调研

工作。陈星莺亲自率队，在南京市听取汇报、召开座谈会、现场走访、查阅资料、个别访谈，深入基层一线了解情况，形成专项民主监督工作报告，受到江苏省政府、南京市政府的重视，有关建议被省市党委、政府采纳。

陈星莺从2002年开始担任了1届江苏省政协委员、3届全国政协委员。她担任省政协委员时所提的"关于官产学研合作创新对策的建议"被评为当届的优秀提案，2010年、2011年，参加全国政协关于水资源方面的视察团，参与撰写的总结报告得到温家宝总理的批示。2019年，参加全国政协对口协商座谈会，向全国政协提交的社情民意信息《建议实施"卫生人才强基工程"》得到孙春兰副总理批示。她多次在全国政协双周协商座谈会上发言，每一次的发言都既切合当下经济社会发展难点痛点，又角度新颖独特、建议切实可行，常在会上引发深入交流。在2016年1月5日召开的全国政协双周协商座谈会上，陈星莺被全国政协

陈星莺在2016年3月召开的全国政协十二届四次会议上作题为《加强电商监管　促进电子商务健康发展》的大会发言

主要领导指定在同年3月的全国政协十二届四次会议上作题为《加强电商监管　促进电子商务健康发展》的大会发言，站在了人民大会堂的发言席上，引起社会广泛反响。作为一名有着20年履职生涯的"老委员"，她始终以认真负责的态度、严谨治学的精神，积极建言献策、履职尽责。

江苏民革在陈星莺的带领下，连续两年荣获民革中央在参政议政领域设置的三个集体奖项，连续两年在江苏省服务高质量发展综合考核中荣获"第一等次"，各项工作取得了长足的进步。

"我不去想是否能够成功，既然选择了远方，便只顾风雨兼程。……我不去想未来是平坦还是泥泞，只要热爱生命，一切，都在意料之中。"

这是陈星莺曾经抄写过的《热爱生命》诗句，娟秀的一笔一画里，闪现着有血有肉、有情有义的真性情。涉过万水千山后的陈星莺，依然保持着对事情有态度、对他人有温度、对未来有热度的状态，厚德以载物、厚重以致远、厚积以薄发。她涵养着水一样的品性，居善地、心善渊、润万物，本民生、参民情、从民意；循蹈着水一样的德行，遇物赋形、不留于一，在人群熙攘中照见往事，在情致勃发中温暖未来。

（思源　张茜　张春平）

# 用心绘就出彩人生

—— 记江苏省政协原副主席，民革江苏省委会原主委冯健亲

担任民革江苏省第七届、第八届委员会主委的冯健亲，亲切随和，私下里我们这些晚辈会偷偷称呼他为"老爷子"。他今年已经83岁了，可每每当我们见到他时，心里总会默默嘀咕：这老爷子怎么就没什么变化呢？依旧那么风度翩翩，依旧那么儒雅大气，依旧那么和蔼可亲……看看他从艺、从教、从政的经历和成就，我们就不难理解老爷子状态依旧的原因了。

作为艺术家，中国美术家协会理事、江苏省美术家协会副主席的头衔足以展现他的艺术造诣，他的作品也多次获奖并被中国美术馆珍藏；作为教育家，他奖掖后进，提携后人，桃李满天下，众多弟子中有著名画家、理论家、设计家；作为身兼多项职务的政务工作者，他忙而有序，用"弹钢琴"工作法把各项工作联系起来，既抓重点，也兼顾全面，把每项工作都完成到最佳。

无论是艺术创作、教书育人，还是政务工作，冯健亲都真心对待、全心投入、用心付出，他用自己的"心"绘就了一篇美妙动听、多姿多彩的人生艺术华章。

# 潜心钻研，勇攀艺术创作高峰

冯健亲，1939年出生于上海，孩提之时举家迁往浙江海宁硖石镇老家，在那里生活了十余年之久。一方水土养一方人，海宁的名人文化、潮文化、灯文化、藏书文化，硖石的东山西山、小桥流水、白墙灰瓦，连同冯健亲父亲对翰墨的兴趣、良师沈红茶对他的悉心指导，形成了丰厚的文化沃土，它们共同对少年冯健亲的成长产生了重要的作用。

1957年，冯健亲高中毕业，考取了华东艺术专科学校（1959年改为南京艺术学院），走上了他最爱的绘画之路。在校期间，冯健亲学习异常刻苦和勤奋，常常是每天都要画到深夜十一二点钟才肯歇手。刻苦加上悟性，使他的专业成绩直线上升，进步非常明显。1959年创作以五四青年节为主题的宣传画《伟大的四十年》由江苏人民出版社出版，作为学生的作品被出版在南京艺术学院历史上属首例。1964年，他的另一幅宣传画《全世界无产者同被压迫人民、被压迫民族联合起来》由上海人民美术出版社印刷出版，在社会上产生了很大影响。毕业创作油画《抢占运河铁桥》至今仍陈列于淮海战役纪念馆。毕业后，他被选定留校任教。

二十世纪六七十年代，冯健亲创作了许多主题性油画作品。如《一桥飞架》《让延安放心》《土地之歌》等，这些作品的创作年份前后跨度虽有十余年之久，表现的题材也不尽相同，但强调艺术的社会功能这一创作指导思想一直没变。《土地之歌》是他在苏北农村搜集素材、体验生活中创作的一组向国庆30周年献礼的作品。冯健亲在题材构思和表达形式上颇费了一番心思：从土地改革、自力更生到变革路上的曲折徘徊，再到解放生产力带来的勃勃生机以及对未来的美好憧憬等五个主题切入，描绘了一曲美妙的"土地之歌"，生动地反映了新中国成立30

年间中国农村土地上的巨变。创作《让延安放心》是寄托对周恩来总理的哀思。冯健亲为了能够真实地表现周恩来总理在梅园新村生活、战斗的环境，在那个寒冷的冬天，他骑车去实地作了仔细的观察和记录，回来时在结冰的路上还摔了一跤，仍强忍疼痛完成了创作。1973年，冯健亲为了展现出南京长江大桥"一桥飞架"的气势，在大桥边被废弃的照相馆里住了近一个月，把大桥的上下左右及周边山头写生个遍，最后创作出了表达我国自力更生气势的风景画作品《一桥飞架》。这幅作品后来参加了1974年在北京举办的全国美展，获得好评，后被江苏省美术馆收藏。

70年代末至80年代初是冯健亲艺术的转型期，他向具有中国民族特色的创作风格去发展。1978年，冯健亲创作了建筑家及苏北老区农民的肖像。《建筑家杨廷宝》《老辅导》分别被江苏省美术馆、中国美术馆收藏。当时，人们对肖像画的认识和理解还停留在领袖人物和英雄人物的身上，"红、光、亮"与"高、大、全"的"文革"影响并未完全消失。而当时的冯健亲则把眼光聚焦到生活在他周围所熟悉的人们身上，开始讲述起老百姓的故事了。这两幅作品因为它所具有的"现代意义"，在1981年他首次个人画展中展出时使人耳目一新。完成于1980-1981年的《故乡忆旧》系列是冯健亲对故乡情感的一种真实流露。虽然他在江苏生活多年，成了一位江苏人，然而，画面上所呈现的图像：小桥流水、枕河人家、杨柳依依、篷船桨影以及灰褐的色调无不昭示着他深藏的故土情结。

80年代初，冯健亲的艺术创作到达了旺盛期。在这一段时间里，他迷上了彩墨画，后来又潜心于漆画和陶瓷壁画的创作。他的漆画处女作《早上好，太阳》与《春满中山》入选第六届全国美展，《春满中山》还得了铜奖并被中国美术馆收藏；漆屏风设计《唐乐馨香》获中国工艺美术百花奖二等奖，并为中国工艺美术珍品馆收藏。1982年，冯健亲还主持了南京火车站软席候车大厅的大型装饰壁画《建康行》的创作和

2017年3月22日上午,"江苏名家晋京展——冯健亲油画回顾展"在中国美术馆举行

绘制工作,它是当时江苏最早的陶版高温彩釉壁画。后来,冯健亲还承担了深圳机场120平方米的高温彩釉壁画的创作设计和制作工作。1995年,他受江苏省人民政府的委托负责北京人民大会堂江苏厅的室内装饰工程的总体设计和制作,这项设计和工程后来获得了国家建设部颁发的优秀工程奖及1996年北京中国室内设计大展金奖。

80年代后期,冯健亲开始担任系级和院级领导,大量的行政工作使他无暇再去挥洒画笔。不过在实践中,冯健亲找到了一个既能当好院长,又能让他涉笔成画的契合点——画油画。因壁画和漆画创作必须有集中的精力和时间,彩墨画作画时不能停顿,只有油画可以即画即停,接电话、有急事都能随时放手。因此,冯健亲在家中恢复了作油画的画室,把从政工作以外的可用时间尽量挤出来用于作画。这种特殊状态,也形成了一种特殊的创作技法。冯健亲没有集中的创作时间,往往是这层都干了,再在上面画一层,从色彩效果上看,这种多层画法比一气呵成的色彩更

冯健亲创作艺术作品

丰富。只要没有重要的事情，冯健亲都坚持到学院上班，而且每年总能创作出一批比较得意的作品，并先后在国内外举办了5次画展，都取得了很好的反响。说起画展，冯健亲印象最深的当属1981年在江苏省美术馆举办的首次个展。这次个展在当时引起了不小的轰动：涉及油画、宣传画、素描、水粉、彩墨等五个画种的81幅作品充分展示了冯健亲广阔的艺术视域和全面的专业技能，也为当时的画坛注入了一股创新的动力。

2008年，冯健亲从领导岗位退下来，退而不休，以更加丰富的人生阅历，更加饱满的艺术热情，更大的创作干劲，潜心于艺术创作。无论是气势、风格等方面达到了新境界的《江山如此多娇》，还是展现新时期祖国河山风貌的《岱岳览胜图》，乃至体现中国软实力的《爵士与可乐》《春天里》，我们都能够感受到他紧跟时代的创作激情、才思敏捷的创作活力和炉火纯青的创作水平。作为入选率为1%的中国北京国际美术双年展，《春天里》顺利入选，并陈列在中央圆厅正墙，为冯健亲的艺术生涯又添上了浓墨重彩的一笔。2013年，在北京、南京、徐州、苏州四地举办的"冯健亲油画新作展"上，我们不仅能一睹这些经典之作的风采，也感叹于他退休后五年间创作50余幅油画新作的蓬勃艺术创造力。而在2013年初，冯健亲所荣获的江苏省首届"紫金文化荣誉奖章"，就是对他艺术成就的充分肯定和褒奖。

2010年，冯健亲担任中国美术家协会漆画艺术委员会主任一职。虽然那一阶段"接触"漆画并不太多，但怀有公心和大爱的他思考最多的是如何将中国漆画建设成一个成熟、独立的画种。为此，冯健亲带着他的团队，用了两年时间，开始了收集、编撰80多年来有关中国现代漆画的图文资料工作。秉着"用事实说话"的原则，全国各地都留下了冯健亲团队获取第一手文献资料的足迹。2016年8月，饱含着冯健亲心血和情怀的《中国现代漆画文献论编》正式出版了。同年，以漆画原作为主体的"中国现代漆画文献展"在南京、宁波等8个城市巡回展出。一次性展出166件具有文献价值的漆画作品，在中国现代漆画历史发展历程中尚属首次，多幅作品是首次在全国范围内亮相，在参观者中引发强烈反响。

回顾冯健亲的艺术创作之路，潜心钻研的劲头始终保持着。先学油画，后又从事过宣传画、漆画、壁画、彩墨、水粉画的创作；从对苏派油画的模仿、主题性油画创作，到彩墨画、漆画的探索和巨幅油画创作的尝试，他始终秉承"笔墨当随时代"的理念，不断追求、不断突破，形成了自己独特的、富有中国情趣和意境的油画创作风格，创作了大量优秀的油画作品，成为中国油画界的新一代代表性人物。历年来出版的《冯健亲作品集》《冯健亲画集》《走向黄山——冯健亲回顾展》《红色绘画之旅——冯健亲宣传画创作生涯》《时代印记——冯健亲捐赠油画作品集》等画集完整复刻了冯健亲的艺术之旅和创作成果，也见证了中国社会的和谐发展以及中国美术的繁荣向前。

## 用心开拓，教学管理创新满满

作为艺术家，冯健亲一直追求让自己的作品雅俗共赏，画出了许多可以"感动别人、感染别人的好作品"。作为艺术理论与教育家，冯健亲在学术研究方面也形成了自己的独立思考方式和写作风格。主要成果包括主持"20世纪中国绘画发展研究""中国传统器具设计研究"项目，对现当代艺术的状况与特征发表了独特的见解，出版专著8部，发表论文70余篇。20世纪80年代初，他率先进行设计素描教学改革，所进行的装潢专业课程结构与教学内容改革获得广泛好评；1988年获江苏省优秀教学质量二等奖，1989年获国家级优秀教学成果奖，1997年被评为江苏省优秀中青年专家。他所倡导并主持的南京艺术学院完全学分制改革，取得了令中国艺术教育界瞩目的成就。主持的"以学分制为主题，全面创新高等艺术人才培养模式"课题，获江苏省高等教学优秀成果一等奖，《试论我国高等艺术教育中的两个怪圈》系列论文获江苏省第六届哲学社科优秀成果三等奖，《关于我国专业艺术教育的若干思考》获江苏省教育系统领导干部优秀调研论文一等奖，论文集《冯健亲艺术教育文集》在我国艺术教育界产生重大影响。

冯健亲坚持培养具有社会责任感、事业开拓心和文化创造力的艺术人才。从教40余年来，他注重授课质量，不断改进教学方法，改革教学内容，所开设的课程深受学生欢迎。据冯健亲老师的多位学生回忆，他们印象最深的是冯老师对教学的专心钻研和静心思考。无论是制订教学计划、备课写教案，还是到课堂听讲、课后交流，他总是拿着笔记本，一条一条地记录，而后一条一条地分析，甚至连一些小细节也不忽略，做好充分的教学准备工作。教学中，冯健亲秉持"教学相长"和"因材施教"的理念。在他看来，任何人的进步和成长都离不开与人交往，教师交往最多的人当然是学生，在教学中学习、进步是每一位教师必须进修的课程。像在 80 年代上绘画基础素描课时，冯健亲就注重搜集和总结教学过程中具有启发性的教学案例，这些案例有许多就是学生在学习中逐步运用的方法，一方面可以激发教师转变教学理念、探索教学内容和教学方法的改进与创新，同时也能够不断地激发学生去汲取营养和探索研究，教学相长，师生共同受益，教学效果显著。在此基础上编著的教材《素描》由江苏美术出版

冯健亲编著的《绘画色彩论析》

社出版，再版十余次，至今仍为专业教学的范本。艺术教育中，冯健亲强调要正确理解和充分运用因材施教的教学原则，尊重学生的个性特点，有针对性地对每一位学生的课堂作业进行点评，最大限度地发展学生的能力，力争最优化教学，提高教学质量。

教材是教师用来教学、学生用来学习的材料，用好教材能够有效提高教学质量和学生的知识储备。因此，对于教材的使用和编写，冯健亲也是非常重视的。他认为，教材是重要的教学资料或因素，教师不是教教材，而是要用教材教。在教学实践中，挖掘教材的深度，拓展教材的广度，把握好教材的难度，加大学生发展的力度等等，都是使用教材和用好教材的关键。在教学中冯健亲会在阅读大量教材的基础上，为学生教授最合适的教材。除了使用外，冯健亲还自己编写教材。他会关注日常教学中的典型案例和教学发展动态，注重资料搜集整理，在经过充分积累后，把教学实践经验总结成理论，先后出版了《绘画色彩论析》《素描——形体、解剖、明暗》《色彩——理论、实践、修养》等教材或专著。

《素描》与《色彩》入选教育部普通高等教育"十一五"国家级规划教材。它们见解独特、视野广阔，对绘画基础的规律进行了本质上的揭示，至今仍作为领先之作而被艺术学院广泛使用。

1989年，冯健亲由系主任晋升为院领导，他从更为宏观的角度去思考问题，如艺术教育应该如何发展、艺术教育的发展方向等等。他在文化部主办的《艺术教育》等专业杂志上发表的有关我国高等艺术教育目前存在的问题以及今后发展的总体构想等系列论文受到有关方面的高度重视。他在《试论我国高等艺术教育中的两个怪圈》一文中揭示了高等艺术学校新生文化素质偏低和招收硕士生、博士生时又过分强调外语成绩两个怪圈，指出必须对症下药，从中小学开始就要注重提高艺术教育水平，纠正现行高校招生制度的某些弊病。同时，在高校的艺术专业中，必须要强化文化教育。这一教育思想，在他主持制订的学院整体教学规划，特别是"九五"教学规划中，表现尤为突出。

1996年，冯健亲就开始关注高校学分制这个市场经济的产物。他认为，计划经济要求专业对口，专业越分越细，市场经济则要求人才有较大的应变能力，专业不能分得过细。所以，学分制的本质就是"淡化专业、突出课程"，实质上就是要改变人才知识的结构，去适应新的社会需求。通过选课制、目标管理、弹性学制等手段，为学生营造一个独立自主、自我塑造的学习环境，让学生适应新形势和新需求。一般认为，学分制就是可以自己选课，可以提前毕业。其实这都是肤浅地、表面地理解学分制，真正最实质的是人才的知识结构的变化和人才需求的变化，最终实现"厚基础、强能力、高素质"的目标。基于这样的理解，冯健亲在推进学分制时，让学生为自己设计一张课程表，每学期选一次课，极大地激发了学生自主学习的积极性。刚开始推行学分制时，要把学校的管理模式、教育模式都加以改变，冯健亲遇到的阻力很大，他耐心给大家做工作。几年下来，南京艺术学院推行的完全学分制，开始在全国同类院校中产生影响。2003年，学院进行全国本科教育评估，拿到了优秀等级，其中，学分制就是学院教学改革的一个亮点。

除了学分制，身为南京艺术学院院长的冯健亲也一直关注学院的长远发展。伴随着对艺术学院教育管理现代化、规范化和科学化的要求越来越高，他把学院的发展，放到社会发展、国内外形势的环境中思考，用宏观意识和前瞻思维指导学院在学科发展规划、学科建设等方面的工作，并取得了耀眼的成绩。在学科发展规划方面，他提出实习与理论要平衡发展、热门专业与冷门专业要统筹兼顾、冷门专业也要注重人才储备、注重特色学科建设等，为学科全面提升铺垫了宽广的道路。例如舞蹈学院起步较晚，基础偏弱，如何让南艺的舞蹈学院形成独有的特色？冯健亲在它的发展方向上综合考虑了很多因素，也做了很多调查和研究，最终前瞻性地把昆舞引进来，建立了昆舞教学研究基地和昆舞成果实验基地，并派中青年教师外出学习攻读博士学位，加强对学院理论人才的培养。如今，昆舞已经成为南京艺术学院舞蹈学院的品牌专业，同时也成为江苏文化大省的特色舞种。在学科建设方面，冯健亲始终强调要坚持发挥出南艺的综合优势，要全面发展。除资金投入外，他还抓人才引进和学术骨干培养，抓青年教师的梯队建设，抓科研项目、抓著作和论文的产出，为学科建设与发展增添强大的助推力。经全院师生员工的共同努力，2006年，经国务院学位委员会第22次会议批准，南京艺术学院获得艺术学一级学科博士学位授予权，为南京艺术学院取得学科全面发展奠定了坚实的基础。2011年《学位授予和人才培养学科目录》中，艺术学首次从文学门类中独立出来，成为新的第13个学科门类。艺术学门类下设一级学科5个，33种专业。南京艺术学院是全国唯一拥有艺术学学科门类下全部5个一级学科博士学位授予权和博士后科研流动站的高等院校，在2017年教育部第四轮学科评估中，5个一级学科全部跻身前六，已成为在国内外卓有影响的综合性高等艺术学府。

## 竭心献策，党派工作硕果累累

1994年11月，冯健亲加入民革。曾担任过第十届全国政协常委，江苏省第八届、第九届政协副主席，民革第九届、第十届中央常委，民革江苏省第七届、第八届委员会主委。冯健亲从未想过从政，用他自己的话说，"一点儿也没想过当官"，是"碰上的"。民主党派的工作对他而言又是全新领域，如何接好老同志的班，充分发挥民主党派参政议政、民主监督的作用，如何处理好民革、政协及学院专业方面的工作……头绪很多，但冯健亲沉着冷静、用心探究，边干边学、边学边干，把各项工作联系起来，用"弹钢琴"工作法让几方面的工作都收获了硕果。

参政议政是民主党派的重要职能，也关系到民主党派的形象。对重要课题，从选题的确定，到调研的开展、提案的撰写，冯健亲都高度重视，并多次亲自带队深入调研，指导完成高质量的献策建议。多篇参政议政材料得到中共江苏省委、省政府等有关部门的重视和采纳，有的得到省级领导批示，有的被列为省政协主席督办提案，有的被列为专题民主监督的主要内容。如《治理白色污染应尽快立法》受到了政府的高度重视，"白色污染"防治工作被列为江苏省1999年着重要办的20件实事之一。2001年的《高度重视，扎实推进，进一步抓好国企下岗职工再就业问题》，2002年的《进一步增加农民收入，加快富民强省步伐》分别得到时任副省长张连珍、姜永荣的批示；2005年年初江苏省政协九届三次会议上，冯健亲代表民革江苏省委会作了题为《落实科学发展观，实现我省农业与城市化协调发展》的发言，得到省领导的重视和社会的关注，时任中共江苏省委书记李源潮作了批示。2000年的提案《大力推进我省水利

2007年1月,省政协副主席、民革省委会主委冯健亲代表民革省委会在省政协九届五次会议上作大会发言

基础产业发展的意见和建议》被确定为省政协领导督办的重点提案,提案《进一步促进我省物业管理工作健康有序地发展》得到了省人大和省政府的重视,《江苏省物业管理条例》吸收了提案的部分内容;2006年《切实提高企业自主创新能力,大力促进经济增长方式转变》的提案,被省政协列为主席督办的重点提案,时任省长梁保华、副省长张桃林分别批示;《关于我省隆重纪念孙中山140周年诞辰的建议》被列为省政协文史委员会督办提案;关于加强全省文物保护、加强全省农村居民最低生活保障工作提案的主要内容,被省政协列入2006年度专题民主监督内容。这些成果与他的重视和支持是分不开的。

民革的参政议政有三个重点方向:一是与我国台湾地区有关的工作,二是有关"三农"的问题,三是关于社会和法制。作为政协委员和民革江苏省委会主委，冯健亲一直非常关注这三个领域，个人执笔撰写或组织民革党员共同参与，提交了多篇参政议政材料，引起社会广泛关注，收到良好社会效果。涉台方面，他建议开辟直航运输通道，为海峡两岸开展骨髓移植提供便利，让更多的生命获得保障。"三农"方面，他为射阳县洋马镇中药材交易市场的恢复撰写社情民意信息反映；为了促进苏北绿色食品快速发展，他在深入调研后提出统一规划建设生态农业和绿色食品基地、积极扶持龙头企业发展形成示范效应、规范技术标准、加强对农民的技术培训、培育优质农产品市场等操作性强的建议。社会和法制方面，他发挥教育工作者的特长，长期关注我国的教育体系。他认为小学、初中阶段的普通基础教育，国家应当制定出法定的软、硬件标准；高中阶段采用普教型与职教型并举的综合型模式，并实施可促进培养学生自主学习能力的学分制；高等教育阶段，国家抓国家级重点高校，省抓省级重点高校，其余各类高校则尽量放开，办出特色。

除了政协委员的身份外，冯健亲曾经还是全国人大代表、江苏省人大常委会委员。他花费大量时间参加人大的工作，在参与立法和执法工作中尽心尽责。在九届全国人大四次会议上，冯健亲在江苏代表团全体会议上做了关于"以三个代表为指导，深入加强精神文明建设"的大会发言，对精神文明建设自身发展规律进行阐述。时任中共中央总书记江泽民参加了会议，并对冯健亲的发言给予了充分的肯定，在讲话中曾四次提到了冯健亲的发言。

多年来，在冯健亲的带领下，民革全省各级组织和党员加强与"三胞"联系，积极"引资"，为江苏省经济建设和改革开放作出了应有的贡献。在党派工作中，他也充分发挥自己的艺术特长，以画展为舞台，以艺术为媒介，以学术为支撑，通过开展插花交流、书画展览、学术座谈等活动，广泛接触我国台港澳及海外著名人士，为宣传中华传统文化艺术、争取民心、促进祖国和平统一贡献了许多力量。2001年，冯健亲作为团长，带领由民革中央组织的民革画家代表团赴台湾参加在台北孙中山纪念馆举办的大陆画家画展。冯健亲代表民革致开幕词,还专门带了一幅展现南京明孝陵石象路夜景的彩墨画《古道》,意在通过故都旧景唤起台胞的深深乡思。在香港中转返回时,还在香港图书馆展厅展出一次,为这次带有民间交流色彩的展览画上了一个圆满的句号。

服务社会也是民革作为参政党的职能之一。冯健亲身体力行,用自己博爱的胸怀和骄人的艺术成就回馈社会。2006年底,冯健亲将自己的巨作《黄山归来不见岳》以170万元的价格拍卖,并将所得款项在南京艺术学院设立"冯健亲奖学金",奖励全院学士、硕士和博士优秀学位论文获得者,充分体现了他对青年学生健康成长的关怀和培养。2018年11月,冯健亲把代表他油画艺术成就的80幅作品捐赠给南京博物院,不仅丰富了南博的藏品,也彰显了他"将作品奉献给国家、将艺术奉献给人民"的高尚美德。2020年新冠肺炎疫情暴发初期,已入住康养中心的冯健亲,面对有限的创作条件,与电脑软件操作达人、美术爱好者共同合作,用短短五天时间创作出了抗疫宣传画《中国加油 武汉必胜》,向民众传达了战胜疫情的决心和勇气,助力打赢疫情防控阻击战。

## 不忘初心,寄语来者继续前行

2007年,因年龄原因,冯健亲不再担任民革江苏省委会主委,但他对民革的发展仍毫无保留地关心着,对参政党建设也时刻关注着。退休之后,围绕新时代、新要求,他与时俱进,坚持政治学习不懈怠,始终保持着较高的政治把握能力和理论素养。

他说,正如习近平总书记所指出的:"各国国情不同,每个国家的政治制度都是独特的,都是由这个国家的人民决定的,都是在这个国家历史传承、文化传统、经济社会发展的基础上长期发展、渐进改进、内生性演化的结果。"经过多年的探索与实践,我国形成了与国情相适应的新型政党制度。对比其他政党制度,我国新型政党制度具有独特的政治优势:能够真实、广泛、持久代表和实现最广大人民的根本利益,有效避免了旧式政党制度代表少数人、少数利益集团的弊端;能够把各个政党和无党派人士紧密团结起来,为着共同目标而奋斗,有效避免了一党缺乏监督或者多党轮流坐庄、恶性竞争的弊端;能够通过制度化、程序化、规范化的安排集中各种意见和建议,推动决策科学化、民主化,有效避免了旧式政党制度囿于党派利益、阶级利益、区域和集团利益决策施政导致社会撕裂的弊端。在这种新型政党制度中,中国共产党领导、各民主党派合作,中国共产党执政、各民主党派参政,各民主党派不是在野党和反对党,而是同中国共产党亲密合作的友党,中国共产党和各民主党派同心协力、团结合作,共同致力于实现为人民谋幸福、为民族谋复兴的伟大历史使命。

冯健亲出生于新中国成立前,经历了三年自然灾害的困难时期、"大跃进"时期、"文革"时期、改革开放时期和新的现代化建设时期,跟随着时代步伐不断成长、进步。他用他的亲身经历寄语后来人,特别要在以下几个方面下功夫,以实际行动践行做中国共产党好参谋、好帮手、好同事的使命担当,在新时代伟大征程中交出让人民满意的答卷。

其一,凝聚共识,坚持和完善中国共产党领导的多党合作和政治协商制度。

中共十九大报告明确指出:"中国特色社会主义最本质的特征是中国共产党领导,中国特色社会主义制度的最大优势是中国共产党领导。"中国共产党的领导是历史的选择、人民的选择,也是各民主党派、无党派人士自觉自愿的选择。民革中央已故主席朱学范曾说过:"在坚持中国共产党领导这一点上,民革不允许有不同的声音。"坚持中国共产党领导,是民革必然的历史选择,是民革的光荣传统,更是民革的立党之本，这是不容动摇和改变的。冯健亲也曾强调，坚持中国共产党的领导是个原则问题，是中国共产党带领中国人民站起来、富起来、强起来的，必须要坚定不移地坚持党的领导。

他说，我们要持续深入学习贯彻习近平新时代中国特色社会主义思想和中共十九大精神，突出思想政治引领，旗帜鲜明讲政治，不断树牢"四个意识"，坚定"四个自信"，坚决做到"两个维护"，自觉接受和坚持中国共产党的领导，自觉维护习近平总书记的核心地位，在事关道路、制度、旗帜、方向等根本问题上统一思想、统一意志、统一步调，坚持和完善中国共产党领导的多党合作和政治协商制度。

其二，内强素质，努力推进中国特色社会主义参政党建设。

2020年12月21日中共中央印发的《中国共产党统一战线工作条例》明确了"民主党派是中国共产党的好参谋、好帮手、好同事，是中国特色社会主义参政党"，"民主党派的基本职能是参政议政、民主监督、参加中国共产党领导的政治协商"。这些重要论述，是对民主党派积极作用和贡献的充分肯定，为民主党派不断加强自身建设、发挥职能作用提供了坚实支撑。

冯健亲说，中国特色社会主义进入新时代，对参政党工作也提出了新的更高的要求。民革要按照新时代、新使命、新要求，坚持以习近平新时代中国特色社会主义思想为指导，准确把握中国特色社会主义参政党性质地位，以思想政治建设为核心、组织建设为基础、履职能力建设为支撑、作风建设为抓手、制度建设为保障，努力建设政治坚定、组织坚实、履职有力、作风优良、制度健全的中国特色社会主义参政党。要健全议事决策、理论学习、调查研究、联系成员和民主生活会等制度，完善领导班子成员岗位责任制，不断提高领导班子政治把握能力、参政议政能力、组织领导能力、合作共事能力、解决自身问题能力，努力做到"多党合作要有新气象，思想共识要有新提高，履职尽责要有新作为，参政党要有新面貌"。

其三，外树形象，充分展示新型政党制度的效能优势。

我国新型政党制度作为现代国家治理体系的重要组成部分，深具民主品格，富含中华文化底蕴，是中国特色社会主义制度优势的鲜明体现，也是人类政治文明发展的重要成果。对外展示参政党形象一直以来也是民革的一项重要工作。如何树立民革的良好形象？冯健亲提出了自己的看法。一方面，要顺应我国日益走近世界舞台的新形势，立足多党合作丰富实践，积极宣传多党合作成就，全方位展示我国新型政党制度的理论特色、实践特色、时代特色，多角度展示多党合作效能优势、民主党派履职亮点、党外人士风采，扩大多党合作制度社会影响。另一方面，要积极回应国际社会对我国政党制度的关切，主动做好对外宣传，介绍我国新型政党制度，讲好多党合作故事，不断提升国际话语权和影响力，为人类政治文明发展贡献中国智慧和中国方案。

冯健亲说，身为党外干部，在政治和社会变革中，要与党共荣辱，与国同兴衰；在与党同心协力、真诚合作的岁月里，要以高度的责任感、宽广的胸怀、坦诚的态度，在不同的岗位上为社会作出应有的奉献。一直以来，冯健亲在与党合作共事中一贯秉承"真"与"诚"——"真"，即真心实意、毫无私心地为党工作，体现出对党的真情；"诚"，即诚恳接受党的领导，把党的领导作为前进的方向、指南。

他是这样说的，也是这样做的。他用他坚守的"真"与"诚"描绘了出彩的人生，也用他认真负责的工作态度、全心投入的工作热情和无私奉献的人格魅力感召着每一个民革党员，鞭策着大家不断前行，走好人生路。

（张婕）

# 用赤诚坚守初心　以实干书写担当

——记江苏省政协原副主席，民革中央原副主席、民革江苏省委会原主委程崇庆

程崇庆，男，1956年10月生，江苏泰州人，研究生学历，工学博士学位，教授，博士生导师，1975年9月参加工作，2005年12月加入民革。

程崇庆主要从事数学的动力系统研究，在哈密顿（Hamilton）系统不稳定性、连接轨道的变分构造、Arnold扩散、KAM理论与弱KAM理论等方面进行了大量的研究，发表高水平论文50余篇，出版有《哈密顿系统中的有序与无序运动》等专著，是国务院学位委员会数学学科评议组专家、国家杰出青年基金获得者、教育部"长江学者奖励计划"特聘教授。

程崇庆曾任国家自然科学基金数学天元基金会领导小组成员、国家自然科学基金委员会数学评审组副组长、江苏省数学学会理事长等多项学术职务；民革第十一届、第十二届中央委员会副主席，民革江苏省第九届、第十届委员会主任委员；第十届全国政协委员，第十一届、第十二届全国政协常委，江苏省第十届、第十一届政协副主席，南京大学副校长。

## 矢志不渝，勇攀数学科学高峰

程崇庆 12 岁时，因母亲突然去世而跟着他的祖父母生活，家庭的困窘促使他更加奋发读书。1975 年 9 月，程崇庆高中毕业后进入泰州市一家水泥厂当工人；1977 年高考恢复后，勤奋好学追求上进的他参加了第一届高考，考入了南京工学院（即今东南大学）基础科学系力学师资班。在读大学期间，程崇庆对数学产生了浓厚的兴趣，也因此埋下了几十年如一日在数学领域孜孜以求的种子。1982 年 1 月获南京工学院数学力学专业学士学位，1984 年 7 月获南京工学院数学力学系一般力学专业工学硕士学位，1988 年 3 月获西北工业大学力学系一般力学专业工学博士学位，1990 年在南京大学天文学系博士后流动站从事博士后研究，出站后留校工作，1992 年 9 月晋升为教授。

1992 年 5 月至 1994 年 3 月，程崇庆受洪堡基金资助赴德国科隆大学进修，1996 年获得国家杰出青年基金资助。此后先后访问瑞士苏黎世联邦理工学院（ETH Zurich）、美国西北大学数学系、瑞典皇家理工学院（KTH）数学系、香港中文大学数学科学研究所、美国哈佛大学数学系。

多年来，程崇庆先后承担并完成国家自然科学基金委员会青年基金、国家攀登计划、非线性科学(首期、二期)、国家杰出青年科学基金(数学)、教育部优秀年轻教师基金、教育部博士点基金等多项国家、省部级科研项目，还承担国家 973 计划项目"非线性科学中的若干前沿问题"（首席科学家助理）、江苏省六大人才高峰"哈密顿动力系统中的 KAM 理论与轨道扩散"等重大科研项目。

2021年11月26日，应国家天元数学中部中心邀请，程崇庆在武汉大学做题为"The Dynamics in the Level Sets around the Mane Critical Value"的Colloquium学术报告

在国家杰出青年科学基金的资助下，程崇庆深入开展了"KAM理论中若干问题的研究"，围绕动力学稳定性这一主题，采用独立发展的新方法与技巧进行研究。他首先证明了近可积三维保体积映射的二维不变环面存在性定理，将KAM理论推广到保体积微分同胚系统。该定理不仅否定了保体积映射的拟遍历假设和佩辛（Pesin）的正Lyapunov指数猜测，并且在不可压缩流体研究中有重要应用。他证明了具有最弱非退化条件的Hamilton系统KAM定理，也证明了Hamilton系统共振区内低维不变环面的存在性。2001年，程崇庆作为第一完成人获得国家自然科学奖二等奖，有关研究成果得到国际一流数学家的重视，被国内外同行广泛引用，对物理、天文、力学等有关领域也产生了深远的影响。

程崇庆还以动力学稳定性为研究目标，革命性地引入了新的扩散机制，展开了Arnold扩散问题的研究，证明了两个半自由度预双曲Hamilton系统中Arnold扩散存在的通有性。因此，他也多次荣获国家级奖项。1994年获国家教委科技进步二等奖（第一完成人）；1995年获得国家杰出青年科学基金；1997年获香港求是科技基金会杰出青年学者奖；1998年获首届晨兴数学奖银奖（内地首位获奖数学家）；2000年获中国高校自然科学一等奖（第一完成人）；2001年，作为第一完成人和其他四位学者一起，以"KAM理论中若干问题的研究"项目荣获国家自然科学二等奖；2000年，任教育部"长江学者奖励计划"特聘教授；2010年在第26届国际数学家大会上应邀作45分钟大会报告，其动力系统研究方向的成果在国际数学界产生了重要的影响。

程崇庆的科研成果获得了国内外著名科学家的高度评价。诺贝尔物理学奖获得者杨振宁先生说：改革开放后中国出现的几位最杰出的数学家都来自南大，他们是田刚、夏志宏，另一位是程崇庆教授，他在解决Arnold扩散问题这一动力系统领域的著名难题中取得了突破，这一问题几十年来一直为国际顶尖数学家们所关注。世界数学最高奖菲尔兹奖获得者、中国科学院首批外籍院士丘成桐认为：南京大学的程崇庆，他研究动力系统的Arnold扩散的问题，做的工作非常重要，很多人做不出来，他做成功了。菲尔兹奖获得者、法国数学家尤科斯（Yoccoz）在世界数学家大会的大会演讲中引述程崇庆的有关科研结果。数学大师、沃尔夫奖获得者阿诺德（Arnold）在其专著中也引用过他的结论。杨乐是中国科学院数学与系统科学研究院的首届院长，他说："南京大学的程崇庆如今在动力系统领域是领军人物。"

对科学的追求是永无止境的。近年来，程崇庆在数学的动力系统方面的研究没有停歇，也常常与大家分享他的一些数学研究成果。2017年7月31日，他应邀为贵州师范大学数学科学学院老师和同学作了主题为"经典力学三百年：从Newton, Poincare到Arnold"的学术报告；2019年10月24日，在湖南师范大学作了题为"经典力学系统的动力学理论与太阳系的稳定性"的报告；2019年12月21日应邀到浙江大学数学科学研究中心作题为"从 Denjoy 到 Aubry-Mather"的专题学术报告；2020 年 10 月 27 日，在腾讯会议室举行了以"源于探究天体运动稳定性的动力系统研究的若干问题"为主题的学术报告。2021 年 11 月 26 日下午，应国家天元数学中部中心邀请，程崇庆在武汉大学做题为《*The Dynamics in the Level Sets around the Mane Critical Value*》的 Colloquium）学术报告，分享了他的研究成果。目前，程崇庆教授主持国家基金委重大研究项目"动力系统的遍历平均与逼近过程"。

数学是自然科学、社会科学、管理科学的基础。对于常人印象中相对枯燥的数学研究，程崇庆有自己的看法。他在一次答读者问中说："数学是人类生活中非常重要的组成部分，是与人们生活密切相关的一个学科，与其他学科相比，研究数学要求更加具体和抽象，其中有很多乐趣，可以培养一个人的逻辑、推理思维。"在他看来，数学是美的，具有无穷的魅力，研究数学最高兴和快乐的事莫过于"想出了一个解决问题的方法"。他认为，从做数学研究的体会上来看，第一要有目标，脚踏实地，一步一个台阶，不断有新的追求；第二还需要心静，因为这个世界日益浮躁，所以还需要有自制力，时不时提醒自己。这或许就是程崇庆在数学王国遨游的"秘诀"：安静地探索，安静地思考，安静地等待灵感迸发的美妙时刻。正是这样务实低调、谦虚勤勉的作风成就了他在数学研究上的成绩。

"希望我们以好奇的眼光来看待这个世界。"程崇庆说。他以自己在数学科学事业上的执着为我们诠释了"心中有梦、一往无前"的人生哲学。

## 薪火相传，谱写多党合作事业新篇章

2007 年 4 月 28 日，在民革江苏省第十届代表大会上，程崇庆当选为新一届主委。在他看来，新的岗位，既是一种很高的荣誉，又是一份

2016年4月19日,民革江苏省委会一行赴广西开展党务工作交流,图为程崇庆一行参观美国飞虎队桂林纪念馆

重大的责任。他认为,70多年来,中国共产党和各民主党派携手并进,谱写了卓有成效的民主政治光辉篇章,深刻证明了这一伟大政治创造的科学性和强大生命力,当参谋、帮手、同事容易,要当"好"却不是件简单的事。如何带领广大民革党员坚持走中国特色社会主义发展道路,为实现中华民族伟大复兴的中国梦作出新贡献?程崇庆有自己的思考和做法。

传承优良传统,凝聚政治共识。作为民主党派省级组织领导人,程崇庆带领全省民革党员坚持中国共产党领导,坚持中国特色政治发展道路。"中国共产党领导的多党合作和政治协商制度作为我国一项基本政治制度,是中国共产党、中国人民和各民主党派、无党派人士的伟大政治创造,是从中国土壤中生长出来的新型政党制度",他对这一重要论述有着尤为深刻的体会。坚持中国共产党领导,是民革必然的历史选择,是民革的光荣传统，是民革老一辈领导人的政治交代，也是民革的立党之本。自 2007 年开始，全省民革系统先后组织开展了树立和践行社会主义核心价值体系、"观故居，走多党合作之路"、"薪火相传，圆多党合作之梦"、抢救性采集民革前辈史料工作等一系列专项学习教育活动，把学习实践活动与弘扬民革优良传统相结合，引导民革广大党员坚定对中国特色社会主义的道路自信、理论自信、制度自信。民革江苏省委会还组织开展了《群英风采》系列丛书编写工作，内容涉及学习教育、优秀提案、江苏民革组织机构、党员艺术作品集、民革人物事迹等，集中展现了江苏民革党员学习实践活动成果，也使全省民革党员进一步坚定了坚持中国共产党领导、坚持中国特色社会主义政治发展道路的信念。

汇聚集体智慧，参政议政成效显著。程崇庆认为，作为民主党派的主委，汇聚广大民革党员的智慧，发挥工作合力是做好参政议政工作的基础。为此，要着重加强"参政议政、专题调研、专委会工作"三个机制的建设。程崇庆认为，参政议政机制要着力制度建设，形成学习、交流、表彰等系列制度，激励广大党员积极参政议政。《民革江苏省委会参政议政工作奖励办法（试行）》《民革江苏省委会反映社情民意信息工作表彰奖励办法（试行）》随之出台，进一步完善了参政议政和信息工作机制。专题调研机制是参政议政的基础，要增强选题的前瞻性、针对性、全局性，同时要加强调研的力度、广度、深度，强化调研成果的独创性、科学性、可行性。专委会工作机制是参政议政的助推器，要充分发挥专家学者的作用。2007 年换届以后，民革江苏省委会组建了参政议政工作委员会等 7 个专门委员会，整合全省民革人才资源，积极组织具有较强参政议政能力又热心民革事业的各个领域的专家学者，围绕中心工作，立足民革"三农"、社会法制、促进祖国统一等特色领域，科学选题、积极调研，发挥江苏民革的组织优势和人才优势，在全国两会、省两会、高层协商会、党外人士座谈会等参政议政平台上为服务高质量发展、全

2010年9月9日,程崇庆出席民革省直南通市支部成立大会

面建成小康社会贡献了民革智慧和力量。

立足改革创新,组织建设迈上新台阶。"加强领导班子建设是民革组织建设的重点和核心,"程崇庆说,"各级领导班子要继承老一代领导人信念坚定、道德高尚、作风民主的优良传统,不断提高政治把握能力、参政议政能力、组织协调能力、合作共事能力和解决自身问题能力,成为思想坚定、作风务实、团结奋进的领导集体"。重视干部队伍建设,程崇庆认为,发挥民主党派参政议政作用,必须加强干部队伍建设,必须关心民革党员特别是年轻干部的成长,力争创造条件让更多的年轻同志得到锻炼提高;他还要求民革党员要处理好党派工作与岗位工作、个人与组织的两对关系,坚持学习和研究的原则,大力探索民革工作的新方法、新途径,在实践中锻炼,增长才干。稳步推进组织建设,2010年民革南通支部成立;2015年,特邀民革中央领导赴南通调研,力推南通市民革组织建设再上新台阶;同时,着力在盐城地区发展民革党员,

为在盐城地区建立民革组织奠定了基础。党内监督"齐步"前进，民革江苏省委会在全国较早地建立了监督委员会，2015年民革全省11个地市级组织已全部成立监督委员会，南通市总支部也成立了监督小组，提前两年完成监委会的从"起步走"到"齐步走"的工作目标；民革中央内部监督委员会细则起草小组就中共中央统战部关于内部监督的六个问题和《〈中国国民党革命委员会内部监督工作条例〉实施细则（试行）》来苏调研，民革江苏省委会提出合理化建议，内部监督工作得到肯定。

发挥民革优势，社会服务亮点纷呈。以中山精神为纽带开展两岸交流活动是民革对台工作的重要特色和优势。多年来，江苏民革各级组织和广大党员大力弘扬"博爱"精神，开展了形式多样的公益活动。举办贵州省纳雍县农技推广骨干江苏现代农业培训班、医疗骨干免费进修培训、农业人才定向招生等活动，向灾区、贫困地区捐款捐物，关爱抗战老兵，送医送法进基层……一系列活动的开展有效地扩大了民革的社会影响，展现了江苏民革的责任担当。

对台工作不断深化。接待台湾同胞参访团，并创新交流内容和形式，将参访内容与文化认同、情感沟通、政党制度了解相结合，邀请台胞参观考察中山陵、南京中国近代史遗址博物馆、南京浦口区海峡两岸科技工业园众创码头——两岸青年大学生创新创业基地等，增进两岸同胞了解和情谊。做好涉台服务，为让在苏台胞更有归属感，民革各级组织积极发挥党派特色和党员优势，举办形式多样的海峡两岸书画展、学术交流等活动，增进两岸同胞共识，加深情谊。

多年来，民革江苏省委会在民革中央和中共江苏省委的领导下，团结奋进、开拓进取，为江苏的经济建设和社会发展作出了应有的贡献，书写了与中国共产党风雨同舟、肝胆相照的光辉篇章。

# 建言献策，用实干担当书写履职答卷

2005年12月，程崇庆加入了民革组织，从一名无党派人士转变为一位民主党派人士。2007年4月，程崇庆开始担任民革江苏省委会主委，随后又担任了民革中央副主席，江苏省政协副主席、全国政协常委等职务。"无论是政协委员的身份还是民革党内的职务，都为我参政议政提供了难得的机遇。"程崇庆说。从2003年担任十届全国政协委员以来，他就积极参政议政，提出了许多建议。

立足本职，为教育事业发展建言献策。程崇庆认为，高校要搞好人才培养就要制定一个高远的、实在的教育教学规划远景目标。在招生和人才培养目标方面，大力加强与全国历史深厚的著名中学联系，借鉴自主招生模式，创造各种条件吸引优秀高中毕业生；采取宽口径、厚基础、重特色的学生培养模式，使学生具备扎实的专业基础、发展潜力，能够适应环境的变化和市场与社会的需要。在教学方面，大力推进启发式教育，推动教学从知识传授型向研究型转变，培养学生独立思考和创新思维的能力。在学科与课程设置方面，优化学科和专业结构，扩大专业覆盖面，大力发展交叉学科和边缘学科，开阔学生的视野，增强学生的前沿意识；推进课程体系创新，继续建设精品课程，开发原创型教材，抓课程更新率和新课程开设率。在教学机构设置方面，继续推进基础学院建设，打破单一的学科平台和基地，为学生的发展搭建大平台，构建大基地，创建大舞台。在学生评价机制方面，积极创建一个既能反映学生自身水平又能反映社会满意度的学生评价体系，这个指标体系既能量化，又能反映综合素质。在教育工作者考核办法方面，采取有效措施，制定科学的考评制度，以便教育者把全部精力都投入到真正的教学探索工作中去。

紧扣"三农"，为全面小康社会贡献力量。"三农"作为民革参政议政特色领域，自然也成为程崇庆履职建言的重点。2009年，他反映

2008年11月18日，程崇庆带领民革界别省政协委员赴扬州考察新农村建设

的社情民意信息《规范民间金融组织，为新农村建设服务》，针对当时民间金融存在的问题，提出了"鼓励具备一定规模、运作相对规范的农村民间金融组织参与金融活动，帮助健全内控制度，引导其规范管理"等建议，江苏省领导对此作出批示，要求有关部门加强对农村民间金融机构的指导、服务和监管，促进其规范发展，为新农村建设提供有力的金融支持。程崇庆撰写的《加强农村师资队伍建设　促进义务教育更好发展》社情民意信息，提出了可行性的建议，如完善农村优良师资补充机制、学校领导遴选和城乡教师交流机制、优秀教师遴选机制、城乡教师交流共享机制等。

关注民生，为政府决策提供真知灼见。在江苏省政协十届一次会议上，程崇庆代表民革江苏省委会作了题为《建立完善市场调节机制，实现节能减排根本性突破》的大会发言。他认为，企业是资源能源消费的主体，节能减排的关键在企业。推进节能减排，既要靠行政手段，更要靠市场手段。要建立节能减排的长效机制，归根到底要靠市场经济手段。

只有强化市场配置资源的基础性作用，将节能减排与企业利益紧密联系起来，真正调动企业的积极性、主动性，才能实现节能减排的根本性突破。程崇庆分析了当时节能减排市场机制方面的缺陷，认为能源、资源价格未能体现市场价值规律，环境污染损害补偿机制不健全，市场化污染治理机制还不完善，节能减排专业化服务市场还未建立，节能减排激励机制力度不大、作用不明显，节能产品市场尚待培育等。为改变这种状况，要积极稳妥地推进以市场化为导向的资源性产品价格改革；在污染排放和治理环节，引入并强化市场机制；探索试行排放配额制，发展排放配额交易市场；广泛推行自愿协议等非强制性节能减排措施；大力发展专业化节能服务，走节能服务市场化之路；进一步完善节能减排政策，形成企业节能减排的竞争机制；加强市场环境建设，大力培育节能产品市场。

程崇庆还就加快科技型中小企业发展提出建议：加快特色培育，重点提升和发展一批有市场、有潜力、有特色的科技型中小企业。推进集聚发展，建设科技企业孵化中心，形成市、区、乡镇三位一体的孵化网络，切实在源头上为科技企业的落户发展创造条件。创新服务机制，健全风险投资机制，通过多元化投资模式，为企业发展提供资金保证，健全中小企业服务体系，完善服务中心网络，强化政策帮扶机制，切实把各项扶持政策落实到位，在做大做强的同时注重培优、培好。进一步加强对列入"专精特新"培育范围的科技型中小企业的运行监控，针对企业出现的问题，及时开展预警分析并帮助其解决困难。

程崇庆潜心数学，勇攀高峰，在专业研究上取得了累累硕果；坚持改革创新，强化学校管理，为社会培养了人才；实干担当，履职尽责，做好党派工作，为多党合作事业贡献了智慧和力量。

（乔文娟）

# 以赤子之心回报祖国　以勤奋敬业勇攀高峰

——记民盟中央副主席、民盟江苏省委会原主委曹卫星

曹卫星，现任全国政协常委，民盟中央副主席，欧美同学会（中国留学人员联谊会）副会长，曾任南京农业大学副校长，民盟江苏省委会主委，江苏省政协副主席、江苏省人民政府副省长、国土资源部／自然资源部副部长。虽身兼数职，但他以勤奋、敬业和奉献的精神，在每个岗位上都大放光彩，推进各项工作协同并进。作为一名海归专家，数十年来，他开拓进取，引领发展，致力于智慧农作关键技术的创新研究与工程实践，促进了农业生产管理的定量化和智能化，为国家粮食安全与现代农业提供了新的技术支撑。在担任江苏省副省长期间，他着力深化改革和推进发展，分管的教育、文化、体育等工作走在全国最前列。在担任自然资源部副部长时，他牢记习近平总书记嘱托，把"像保护大熊猫一样保护耕地"，作为自己工作的重要职责，坚守耕地红线绝不能有闪失。作为民盟中央副主席、民盟江苏省委会前主委，他带领广大盟员，始终高举中国特色社会主义伟大旗帜，不断加强自身建设，切实履职尽责，为多党合作事业贡献力量。

# 农学研究显锋芒，回国报效成果丰

1978 年 1 月，作为恢复高考后的第一批大学生，曹卫星以优异成绩考上了江苏农学院，成了全乡第一个大学生，从此，便开启了非同寻常的人生之路。

**不忘初心求学路**。作为一个在农村出生成长的农家子弟，当初选择填报江苏农学院农学专业，好像是冥冥之中注定的，这个不是那么刻意的选择，却成为他一生为之奋斗的目标。当他跨入农学院门槛，对现代农业初窥门径时，内心升腾起献身农业科学研究的强烈愿望。经过四年的刻苦学习，他成功地考上了南京农学院农学系作物栽培专业硕士研究生，3 年后顺利拿到硕士学位，并在众多优秀学子中脱颖而出，被学校选中留校任教。1985 年 9 月，刚过 27 岁，留校仅 5 个月的曹卫星，迎来了人生中又一次极为难得的机遇，被公派去美国攻读博士学位，此时的他，刚成家不到两年，怀揣着雄心壮志，暂别了妻子和尚未出生的孩子，远渡重洋，开始了新的求学之路。

在美国俄勒冈州立大学攻读博士期间，曹卫星如饥似渴地学知识，废寝忘食地搞研究，在作物生理生态、作物生长模拟等新兴科学领域内取得了可喜的研究进展。短短三年半的时间，他就在国际一级核心刊物上发表了 7 篇学术论文。1989 年 2 月，俄勒冈州立大学研究生院为他举行了博士论文答辩。走进答辩会场，他满怀信心，以清晰的思路、灵敏的反应、流畅的语言在答辩中应对自如，得到了教授们的一致好评。参与答辩的是时任美国作物学会和农学会主席莫斯（Moss）教授为首的几位农业科学界权威人士。Moss 教授称赞说，曹卫星是自己 30 年教学生涯中所指导的论文发表纪录最好的研究生，他在博士期间的研究工作取得了整个作物科学系历来最佳成绩。

曹卫星在美国取得博士桂冠后，又到威斯康星大学先后做博士后和助理科学家。此时，他有了比较稳定的工作平台，与爱人和女儿一家三口过上了幸福甜蜜的生活。那段时间，他的学术研究成绩斐然、硕果累累。在作物生理生态及计算机模拟研究中取得了重要成果，先后在国际核心期刊上发表了20多篇学术论文，还多次应邀前往加拿大、墨西哥、印度尼西亚等国参加国际学术会议并作报告。

在美国的9年生活，对曹卫星的影响是巨大的，成为他人生中十分难忘的宝贵经历和美好回忆。这九年的留美时光，使他受到了系统的学术训练，养成了独特的国际化视野和现代化理念，学会更加平和地看待世界，更加包容地合作共事，更加坚定地开拓创新，为他归国后的学术发展成绩和参政议政事业奠定了坚实的基础。至今他还保留了许多那时养成的好习惯，比如，在师生关系方面，他很欣赏美国那种既是师生又是朋友，共同参与课题、参与合作的方式，这些都为他日后同各国科学家的友好交流与合作、培养一批批学生成长成才打下了良好基础。

然而，国外再好的实验室、再先进的仪器、再优越的生活，也不能割舍他对祖国的眷恋。1994年，在得知母校南京农业大学作物栽培学科人才断层、科研乏力的状况时，他深感自己肩上的责任和使命，毅然决定回国工作。此时，曹卫星一家已拿到了美国绿卡，事业也小有成就，他仍果断放弃了优越的工作和生活环境，怀抱着一颗赤子之心，回国创业，从头开始，以实际行动回报母校和国家。

或许，爱国是人最朴素的情感。然而，在那"月亮也是国外圆"的年代，毅然放弃已有的优越生活，做出回国创业的选择，其中饱含了多少赤子情怀！

**优质小麦谱新章**。20世纪80、90年代，为解决十几亿中国人的吃饭问题，我国农业科研的重点一直在粮食产量上，作为我国主要粮食作物的小麦，基本上是用传统方法生产出来的"万能小麦"，无法满足日益发展的食品深加工等方面的需求，用于制作面包、饼干和糕点的专用面粉几乎全部依赖进口。当时，国内在优质小麦种植领域的技术远远落后于国际先进水平，虽然在小麦产业领域提出了"优质小麦"的概念，但究竟什么是"优质"，业内的理解还仅仅在籽粒蛋白质含量和种皮颜色上，根本谈不上优质专用小麦的形成机制与调控技术。

刚一回国，曹卫星就敏锐地发现了这个问题，赶超世界先进小麦种植技术的使命油然而生：中国一定要有自己的高产优质小麦，这是世界先进文明和现代农业对一位农业科技工作者的召唤。

1995年开始，年仅37岁的曹卫星带领他的科研团队毅然投入"小麦籽粒品质形成机理及调优栽培技术的研究与应用"这一前沿性课题的研究探索。项目初始阶段的研究条件十分艰苦，可以说是一穷二白，"穷"即是科研设备设施十分简陋落后，"白"则是指项目组进行的是国内科研基本空白的探索性研究。正所谓"万事开头难"，成功填补这个空白领域已非易事，再想赶超国际先进水平，更是难上加难。在这关键时刻，曹卫星充分显示出了一位优秀带头人的超前创新思想、强大引领动力和独特人格魅力。面对相较于发达国家落后得多的科研条件，他没有丝毫怨言，相反，他更是"撸起袖子加油干"，将自己"摒弃安逸，勤奋创业，踏实干事"的理念影响传递给每一位项目组成员，贯彻到项目组的各项工作之中。他还十分重视团队内部的分工共享与精诚合作，凡事身体力行，不断自我加压，成功地激发了整个团队的活力和战斗力，打造出了一支团结、和谐、拥有着不竭动力的优秀科研队伍。

在科研探索中，曹卫星始终保持着对科研工作的高度热忱和一丝不苟的严谨态度，徐州、扬州、南通、常州等十余个省内实验基地，河南、安徽、山东、河北、陕西等全国小麦主产区都有他忙碌的身影。经过十年的不懈努力，曹卫星带领着科研团队将困扰多年的小麦科研项目顺利破题，一举解决了小麦优质高产研究领域的前沿性难题。不仅如此，他和团队对课题持续不断的探索也影响和带动了一大批相关领域的专家学者投身其中,从而掀起了全国小麦品质研究的高潮。此时他们在小麦相关领域的研究与国际水平相差无几,甚至在某些方面更胜一筹,研究的阶段性成果也开始规模化推广应用,取得了突出的社会经济效益。曹卫星及其科研团队也因此荣获2006年度国家科技进步二等奖,在人民大会堂受到了时任中共中央总书记胡锦涛的亲切接见。

**数字种田写传奇**。自古以来,"经验"一直是人们确保粮食丰收亘古不变的法则。"看天、看地、看庄稼",农作物长势差了,就施点肥;地干了,就浇点水。至于施多少肥、浇多少水,全靠经验和感觉,新手种田就是超不过老把式。然而,随着现代科技的发展,利用高科技进行数字化种田和智能化管理已经成为可能。2007年《人民日报》向人们推广了一种神奇的种田方法:打开电脑,将当地的气象、土壤以及作物品种等信息输入一个管理系统,系统会马上生成一套精确的栽培管理方案,包括播种期、播种量、施肥方案等。用这种方法种田,农技人员和农民再也不用怕没有经验,只要在电脑或一种类似手机的便携式作物管理仪中装入一个叫作"基于模型的作物精确管理技术"的应用系统就可以放心种田了。新的种田方式不仅能比传统种田方式增产,还能减少化肥使用量。据专家实践测算,新方式种田亩产比传统方式增产10%左右,同时每亩氮肥用量减少15%,环保效应也凸显出来了。农民亲切地把这项神奇的农业技术称为"电脑种地""数字种田"。

"'基于模型的作物精确管理技术'是国家'863计划'项目,其原理是把系统分析原理和动态建模方法,应用于农作物生产管理知识体系的定量化分析和数字化表达。"曹卫星说。其实说白了就是把种田数字化、"傻瓜化",教农民如何定时、定量、科学地种田,而不是仅凭上一辈传下来的经验。这项技术说起来并不复杂,但是研制的经历却是漫长曲折的,不断重复着从实践到理论升华,又从理论向现实回归的科学探索过程。

曹卫星带领团队积极开展项目研发，在研究中，他发现欧美发达国家流行的农作物模拟模型虽然十分先进，但并不能直接提供决策信息；国内早些年开发的农作物专家系统，数字化、信息化程度又非常低，往往换个品种、换个地区，专家系统的知识库就行不通了，难以适应现代农业技术的要求。为此，他与课题组成员历经多年努力，新构建了立体化农情信息监测技术、数字化农作处方设计技术、精确化农田作业装备技术，形成了系统完整的智慧农业关键技术及应用体系。这项技术不仅解决了传统作物栽培模式和专家系统经验性强、适应性窄、定量化弱的难题，而且在实践生产中也表现出高产、优质、高效、生态安全的特点，整体技术达到国际先进水平，其中作物管理知识模型的构建居国际领先水平。

技术虽好，可推广时却又遇到了难题，颇费了一番周折。在农村长大的曹卫星熟知农民的脾性，他们讲究的是"眼见为实"。为了推广这项技术，他索性和农民来了个现场"打擂"。在如皋市搬经镇，他把两户稻农的田块都分为两部分，让"精确种田"技术与当地农技人员制定的传统栽培方案来个现场比试。结果到了水稻收割的季节，没有采用"精确种田"技术的部分稻田，由于多施、早施了氮肥，出现了倒伏，至少减产两成，那两户农民蔫了，后悔地说："以后我们再也不问为什么了，就照着计算机上说的做！"从那以后，这项"精确种田"技术在当地得到顺利推广，为现代农业发展提供了新手段、新载体，被赞誉为"改变中国农民千年耕作观"。

此外，曹卫星还带领南京农业大学"作物栽培学与耕作学"进入同类国家重点学科最前列，并组建了"国家信息农业工程技术中心""智慧农业教育部工程研究中心""农业农村部农作物系统分析与决策重点实验室""江苏省信息农业重点实验室""南京农业大学智慧农业研究院"

等研发平台，推动了现代农学的创新与发展。辛勤付出取得了丰硕成果，他以第一完成人获国家科技进步二等奖 3 项、部省科技进步一等奖 5 项；发表 SCI 论文 260 多篇、中文一级学报论文 330 多篇；出版专著与教材 8 部；授权国家发明专利 46 件，国际 PCT 专利 2 件；培养博士与硕士研究生 160 多名；入选国家杰出青年科学基金、全国优秀教师、全国留学回国人员成就奖、中国作物学会科技成就奖等。

面对取得的成果，曹卫星深有感触：要为现代农业作出贡献，一定要找到科学问题、发展需求和应用前景三者的交叉融合点，也就是说科研课题不但科学上要有价值，而且要有发展需求和面向未来的应用。曹卫星正是以他超前的科学思维和踏实的科学作风，不断书写着现代农业发展的传奇。

## 多重担子一肩挑，凝心聚力谱新篇

在青少年时代，曹卫星就已经展露出组织领导方面的天赋。还在村小上学时，他就因为善于精心策划、果断行动，成了孩子中的"老大"，具有极高的威信和能力。这种组织领导才能在他的学生生涯中不断予以展现，即便是赴美留学期间，他也被推选为校学生学者联谊会副会长。回国后，他先后在南京农业大学担任过农学系主任、农学院院长、校长助理、副校长等不同职务，都得到了同事和同学们的认可与好评。作为学术带头人，曹卫星深深体会到团队协同的重要性，在这种理念的引导下，他的视野变得越来越开阔，开始更加自觉地把个人价值融入社会价值中，逐渐由一名具有超前思维的科学家转变为一位集专家学者、党派人士和行政领导于一体的典型模范。

**谱写民盟新华章**。1994 年，曹卫星加入民盟，2002 年当选民盟江苏省第九届委员会主委，并于 2003 年初当选为省政协副主席。此后，

曹卫星看望李公朴后人

2007年、2012年他又连续当选为第十、第十一届主委。曹卫星凭借其突出的政治把握能力、组织协调能力、参政议政能力和合作共事能力，在多党合作事业发展、推进民盟自身建设和参政议政等众多领域都作出了许多卓有成效的贡献。

2002年初当选主委时，曹卫星就郑重承诺："要继承和弘扬民盟优良传统，以高度的使命感和事业心，团结带领全省各级盟组织和广大盟员与时俱进，努力开创江苏民盟工作新局面。"他带领江苏民盟坚持走中国特色社会主义政治发展道路，基于"立盟为公，参政为民"的理念，在践行社会主义核心价值观的基础上，创建了"爱国民主，同盟聚志，建言力行，修身立业"的江苏民盟精神，使之成为全省盟员的行为守则和自觉追求；倡导实施"人才强盟"战略，以"出人才、出成果、出经验"为工作方针，以"能干事、会共事"为基本要求，协同推进自身建设和履职尽责，全面提升盟组织的影响力和贡献度。

在曹卫星的领导下，民盟江苏省委会依据《关于民主党派组织发展若干问题座谈会纪要》《中国民主同盟组织发展暂行条例》精神和江苏民盟的实际情况，一年中先后制定了《民盟江苏省委2003—2007年组织发展规划》《民盟江苏省基层组织工作暂行条例》《民盟江苏省委关于后备干部队伍建设工作实施细则》等文件，为全省民盟组织发展作了很好的规划，奠定了良好的基础，民盟组织发展工作尤其是在凝聚高素质高层次人才方面不断取得突破性进展。他注重青年盟员队伍建设、代表人士队伍建设等，江苏民盟成员的年发展数、正高职称比例、高教界盟员占比、高校正副校长人数等核心指标连续多年位居全盟省级组织前列，江苏民盟全国人大代表、政协委员总数连续两届在省各民主党派及全国民盟省级组织中处于领先地位，领导班子中先后有2名同志到国家部委任副部长，2名同志任正厅职干部；筹划推进活力基层建设年活动，江苏民盟基层组织不断焕发出蓬勃生机。

参政议政是民主党派的基本职能。担任主委后，曹卫星把参政议政列为民盟江苏省委会的中心工作，并在全省民盟大力推行"一把手工程"，即主委亲自负责参政议政工作。他要求民盟各级领导班子、两会代表、委员，带头撰写信息、提案、议案，并身体力行。在他的带领下，民盟江苏省委会参政议政整体水平不断提升。同时，他把质量视为参政议政工作的生命线，强调要坚持围绕中心、服务大局，找准国家发展、群众意愿与民盟特色、自身优势的结合点，发挥参政党智力密集、视角客观、氛围宽松、渠道畅通的优势，从现实出发抓住急需，从趋势出发适度超前，选准课题、倾听民意、完善机制、集纳众智。为此，在他的倡导下，民盟江苏省委会成立了由他亲自挂帅的参政议政研究中心。借助这个平台，民盟江苏省委会既更好地凝聚了参政议政方面的骨干人才，又全方位地指导了全省参政议政工作。在曹卫星带领下，民盟江苏省委会在参政议政工作中取得了一个又一个标志性成果。2004年，在中央还没有明确实行免费义务教育的背景下，民盟江苏省委会根据江苏实际情况提出了"以省为主，加大投入，在江苏率先实现免费义务教育"的提案。当年,该提案被立为省政协主席督办提案,为江苏后来在全国率先实行免费义务教育起了很好的推动作用。近年来,民盟江苏省委会在参政议政工作中形成的"三农"品牌,则更是凝聚了曹卫星的心血。"发挥苏北资源环境优势,构建现代生态产业体系","关于大力扶持我省农民专业合作经济组织的建议","加快新农民培育进程,积极推进新农村建设"等提案的形成,曹卫星都是亲自带队调研、亲自参与起草论证。姑苏水城、连云新港、京口三山、盐阜大地……到处都留下了曹卫星辛勤的调研足迹。

新的历史时期,尽管江苏民盟已经取得了许多新的成绩,曹卫星却始终保持一贯的低调务实作风,踏踏实实地做好每一份工作。在纪念"五一口号"发布六十周年之际,他由衷地说:过去老一辈领导人是在长期的革命和建设实践中,与中共亲密合作、风雨同舟,形成了崇高的威望,自然成为领导核心。在新的历史条件下,民主党派面临新的形势和任务,主委也应该是具有相当影响的代表性人物,能团结带领全省各级组织和广大成员与时俱进,开创民盟工作的新局面。我除了自己加倍努力外,更多的要靠大家的支持和帮助,尤其是老同志的指点,靠领导集体的扶持,靠民主集中制原则这个法宝,适应新形势,不断推进政治交接,加强自身建设,为中国特色社会主义政治发展道路作出新贡献。

**领航发展率先梦**。2009年初,曹卫星被任命为江苏省副省长。2013年1月,在省十二届人大一次会议上再次当选副省长,分管教育、文化、广播电影电视、新闻出版、体育等工作。从相对单一的议政迈向更为复杂的议政和行政的"交响",他的人生角色再次转换,在江苏实现"两个率先"的新进程中肩负起了引领发展的重任。

20多年的教授生涯和担任高校领导的管理经历,使曹卫星谈到教育"如数家珍",对发展教育事业有着独到的见解。他坚持以推进教育现代化为统领,以重点工程为抓手,不断提升江苏教育发展的质量

曹卫星在张家港调研农民经济合作组织建设情况

和水平。他坚持教育优先发展和科学发展理念，编制并实施中长期教育改革和发展规划纲要，在全国率先制定了教育现代化建设指标体系，为监测、评估教育现代化建设状况提供了模本和依据。推动与教育部共建全国唯一的省级教育现代化试验区，以"促进公平、提升质量、增强活力"为核心，深入推进教育领域综合改革，加快提升各级各类教育发展水平，特别是在率先推进义务教育优质均衡和职业教育立交贯通的同时，组织实施"高校优势学科建设工程""江苏高校协同创新计划""江苏特聘教授计划"等一系列重大举措，有力促进了高水平大学建设和高等教育内涵发展，推动了江苏各级各类教育的全面协调发展，使江苏教育总体上处于全国领先地位，创造了江苏教育发展的里程碑。

曹卫星认为，建设文化强省就是要让江苏成为文化艺术的精华汇聚之地，新思想、新创意、新成果、新作品的发源地、产出地和扩散地。在这一理念的指导下，江苏文化艺术精品迭出：话剧《枫树林》参加第七届全国话剧优秀剧目展演并压轴演出，受到领导与专家的一致好评；

音乐杂技剧《西游记》作为林肯艺术节开幕大戏，在纽约林肯艺术中心连续上演 27 场……在精品艺术作品繁荣的同时，江苏文化惠民功能日益增强。曾以"艺术的盛会、人民的节日"为主题的江苏艺术展演月活动，4 万多名观众观看演出，11 万人次参观美展。

江苏作为体育大省，为国家培育了许多优秀运动员，竞技体育发展获得国内外好评。2013 年 8 月，南京成功举办了第二届亚青会，2014 年又举办了第二届夏季青奥会，这些都将在江苏乃至中国体育发展史上写下浓墨重彩的一笔。但是，曹卫星并不满足于此，他及时提出，要转变体育发展方式，协同推进竞技体育和群众体育，加快建设体育强省。为此，江苏正全面贯彻实施《全民健身条例》，积极构建覆盖城乡的公共体育服务体系，让体育事业发展成果惠及城乡居民。

## 赴京上任新起点，砥砺奋进再出发

2016 年 3 月，时年 57 岁的曹卫星再次被委以重任，由江苏省人民政府副省长调往中央部委，任国土资源部副部长。2018 年，随着国家机构改革和调整，转任自然资源部副部长。按照工作分工，他分管耕地保护、科技与国际合作、执法监察等工作，可谓重任在肩。有缘的是，他已经跟"土地"打了近 40 年交道。

**像保护大熊猫一样保护耕地**。耕地保护事关国家粮食安全、生态安全和社会稳定，党中央国务院历来高度关心。习近平总书记强调："耕地是我国最为宝贵的资源。我国人多地少的基本国情，决定了我们必须把关系十几亿人吃饭大事的耕地保护好，绝不能有闪失。"上任伊始，曹卫星就把"坚守耕地红线"作为第一要务，始终将总书记的话牢记在心，他说要将自己的饭碗端稳，首先要做的就是"坚守耕地红线绝不能有闪失"，只有耕地红线这一物质基础不动摇，我们才有能力随时生产出足够装进我们饭碗的中国粮食。耕地红线不光是数量，还要有质量和生态，只有同时保护好耕地的数量、质量和生态，才能让中国碗里装上"安全粮、放心粮"。其次，从源头看无疑要努力减少占用耕地，通过节约集约控制总量、减少增量、优化存量，把耕地保护好，把土地利用好，把发展保障好。为了防止城市无序扩张蚕食周边的优质耕地，在全国范围内开展了永久基本农田划定工作，通过划定永久基本农田，把最优质的耕地保住。这些一经划定就不能随意更改的永久基本农田，与森林、河流、湖泊、山体等共同成为城市的实体边界，进一步强化了"三条线"，即控制城市边线，把握生态红线，严守耕地底线。

2017年1月，中共中央、国务院印发了《中共中央 国务院关于加强耕地保护和改进占补平衡的意见》（中发〔2017〕4号，简称中发4号文），这是时隔20年，中央再一次就耕地保护问题专门发文，是新时代严格落实耕地保护制度的纲领性文件。20年前，也就是1997年，中共中央、国务院出台了一个加强土地管理和耕地保护的文件，提出了最严格的耕地保护制度和最严格的节约用地制度。这次中发4号文的印发，为新时期耕地保护工作确立了目标任务，明确了总体要求和政策措施，为在新形势下进一步做好这项关系全局的重要工作提供了重要遵循。

曹卫星说，加强耕地保护，既要坚守底线也要解决现实问题，出路在于深化改革。中发4号文的印发，凝聚了他和同事们多少智慧和心血，他们深入调研、深化研讨，加班加点、日夜苦干，反复修改、数易其稿，付出了非常多的时间和精力。在文件起草的过程中，曹卫星站在全局的高度，提出要深入贯彻新发展理念，创新政策举措，着力构建耕地数量、质量、生态"三位一体"保护新格局。他强调，当前我国的耕地保护方式正逐步转向"管控、建设、激励"多措并举、"用途管制、占补平衡、土地整治、补偿激励"综合施策，以形成更加完善、更符合新时代特征的制度框架体系。中发 4 号文明确：一方面，从目标导向出发，围绕实现耕地数量、质量、生态"三位一体"保护，系统提出了加强耕地管控性、建设性和激励约束性多措并举保护政策。另一方面，从问题导向出发，坚持统筹协调与差别化管理相统一，进一步改进耕地占补平衡政策。

耕地保护任重而道远，在曹卫星的部署推动下，先后召开了全国耕地保护工作会议，开展了耕地保护战略研究，打造"智慧耕地"管理平台，不断提升耕地保护工作水平，为确保粮食安全、生态安全、经济安全，以及实现中华民族伟大复兴中国梦，构筑了坚实的土地资源基础。

**推动国土资源科技创新更上新台阶**。党的十八大作出了实施创新驱动发展战略的重大部署，强调科技创新是提高社会生产力和综合国力的战略支撑，必须摆在国家发展全局的核心位置。在 2016 年全国科技创新大会上，习近平总书记发表了重要讲话，明确了我国科技事业发展的历史方位和奋斗目标，吹响了建设世界科技强国的号角。同年 9 月 5 日，全国国土资源系统科技创新大会召开，吹响了新时期国土资源科技创新的洪亮号角，明确提出，面向国家重大需求，全力实施"三深一土"国土资源科技创新战略。作为分管科技工作的副部长，曹卫星全力推进"三深一土"创新发展战略，优化顶层设计，围绕关系国家大局和国土资源事业长远发展的深地探测、深海探测、深空对地观测、土地科技创新等战略科技问题，以组织实施深地探测重大科技项目为引领，集中力量攻破一批核心技术，推动创建国家级创新平台，抢占科技竞争高地，国土资源科技创新特别是土地科技创新迈出重要步伐。

针对高端创新平台缺乏的问题，曹卫星提出要改革科技创新平台建设机制，制定发布《国土资源科技创新平台建设实施方案》，打造科技创新要素聚集的新高地，进一步增强科技创新的协同发展水平。推动建

曹卫星在全国政协十三届四次会议上作《优化国土空间布局 提升土地资源保护利用水平》的大会发言

设了地球深部探测及资源能源安全国家实验室和4个国家重点实验室建设，启动了9个国家技术创新平台培育基地建设，大力推进土地科技创新机构建设。针对创新体制机制活力不足的问题，他提出，要充分用好党中央、国务院关于科技创新体制机制改革的政策措施，进一步改革创新科技管理制度，提出鼓励科技创新、优化奖励评审、促进成果转化的有效措施，努力营造有利于科技创新和开发应用的良好政策环境。针对高层次创新人才较少的问题，他提出，要切实加强人才培养，集聚高端人才资源，完善人才成长体系，使优秀人才引得进、用得好、留得住，努力建设一支具有核心竞争能力、直接支撑重大科技攻关、有效带动行业整体发展的高层次科技人才队伍，探索形成"领军人才+创新团队"的组织模式，有力保障"三深一土"科技创新战略实施。

在部委的日子里，曹卫星一直处于高速、满载的运转状态。他深入贯彻新发展理念，加强统筹谋划，注重管理创新、制度创新，牵头制定了数份新条例、新意见，为统筹推进资源保护和科技创新等提供了完善的政策制度体系。

**不负新时代，整装再出发**。自2012年至今，曹卫星先后担任了第十二届、第十三届全国政协常委；2017年年底，当选为民盟中央副主席；2021年年初，当选欧美同学会（中国留学人员联谊会）副会长。

作为全国政协常委，曹卫星始终坚持以习近平新时代中国特色社会主义思想为指导，在全国政协坚强领导下，牢牢把握正确政治方向，围绕中共中央重大决策部署，努力提高自身履职能力和建言资政水平，发挥优势履职尽责，在自身建设、参政议政、政治协商、民主监督等方面取得了显著成绩。每年全国两会召开前，曹卫星提前半年就全力做好参会准备，积极提交大会口头发言和书面发言，认真起草政协提案和社情民意信息，连续多年都是每年至少提交2篇提案。2018年，在全国政协十三届一次会议期间，习近平总书记看望参加会议的民盟、致公党、无党派人士、侨联界委员，并参加联组会议，曹卫星有幸第一个发言，谈了对改革开放40周年的认识、感悟，并从提升经济发展质量和效益、加强生态环境管护、改革创新社会综合治理、持续深化对外开放与合作、加快推进人才强国战略等方面提出建议。

"我国土地资源总量虽多，但是适宜高强度开发利用的较为有限，面临多重压力。必须走土地资源科学保护和高效利用的新路子。珍惜和用好每一寸土地资源，为高质量发展和现代化建设提供有力支撑。……坚持新发展理念，树立大土地观，实行最严格的节约用地制度、耕地保护制度、生态保护制度，优化国土空间格局，全力提升土地资源保护和利用水平。"在2021年全国两会上，曹卫星代表民盟中央作了《优化国土空间布局 提升土地资源保护利用水平》的大会发言，赢得了很好的社会反响。以近几年为例，2017年，他撰写的《关于加快推进文化创意产业发展的提案》获全国政协优秀提案奖。2021年，他牵头起草的《关于试行"三位一体"耕地保护目标责任审计的提案》被评为全国政协2021年度好提案。

当选全国政协常委以来，曹卫星始终严格要求自己，全勤参加全国政协常委会议，积极参加政协常委专题座谈会、双周协商座谈会、重点关切问题情况通报会、重点提案办理协商会，参加由全国政协组织的专题调研和视察考察等活动。2019年，中国人民政协迎来了成立70周年，全国政协组织主题宣讲团，赴各省区市政协开展宣讲活动。作为宣讲团成员，曹卫星带队赴安徽省以"不忘初心、牢记使命，谱写新时代人民政协事业新篇章"为题进行宣讲，安徽全省1个主会场和78个分会场共6 000余人参会。在宣讲中，他谈了70年来人民政协和多党合作的历史功勋、宝贵经验，使大家切实感受到了执政党"虚心公听、言无逆迕、唯是之从"的胸襟和参政党"凡议国事，惟论是非、不徇好恶"的担当，增强了对我国多党合作事业和新型政党制度的理解。

作为民盟中央副主席，作为在民盟战线上奋斗过二十多年的盟务工作者，曹卫星始终牢记党盟合作的初心使命，弘扬党盟合作的优良传统，聚焦党和国家中心任务，不断增进政治共识，夯实思想根基，切实加强自身建设，提高"政治三力"，为执政党出主意、想办法，为人民做好事、做实事，践行民盟人的使命担当，努力成为中国共产党的好参谋、好帮手、好同事，为实现习近平总书记提出的"多党合作要有新气象，思想共识要有新提高，履职尽责要有新作为，参政党要有新面貌"的目标要求作出自己应有的贡献。

**全力做好参政议政**。近年来，积极参加中共中央委托大调研课题"中心城市和城市群发展问题""加快沿边战略性布局发展，支撑促进构建新发展格局"等研究，带队开展"成渝地区双城经济圈建设"调研。参加"城乡基本公共服务体系标准化""统筹国内国外粮食市场，促进国内自然资源尤其是土地资源的休养生息""黄河流域生态保护与高质量发展""立足现代化强化建设要求，提升城市品质""完善水资源综合规划，缓解北方地区水资源短缺问题"等多项民盟中央年度重点课题研究工作，分别组织召开课题调研成果研讨会，形成了高质量调研报告以有关形式上报。

积极建言献策。围绕中共中央重大决策部署，聚焦国家发展战略需求，积极开展自主调研和建言献策。近几年，先后开展了泛"胡焕庸线"生态过渡带战略研究、耕地占补平衡和盐碱地治理等多项研究，取得了重要成果。《关于完善耕地占补平衡制度，构建可持续耕地保护新格局的建议》，经民盟中央上报中共中央，获得习近平总书记的重要批示；《关于泛"胡焕庸线"生态过渡带发展战略构想的建议》和《关于推进海水淡化规模化利用，构建水资源安全保障新格局的建议》，获得李克强总理的重要批示；《关于加快我国盐碱地综合治理与可持续利用的建议》，得到了胡春华副总理的批示。

作为欧美同学会副会长，任职一年多来，积极发挥会长会成员职能作用，认真完成丁仲礼会长交办的工作任务，按照欧美同学会的统一部署和安排，参加了第八届理事会理事培训班；赴陕西西安和天津开展了"加强思想引领，推进自身发展，服务发展大局"为主题的调研；参与制订欧美同学会五年发展规划（2021—2025），参与筹备欧美同学会年会；获评进入"托福中国40年40人"榜单，参加"托福考试和GRE考试进入中国40周年"专题研讨会暨"托福中国40年40人"颁奖活动。这一年的工作也是可圈可点。

2021年10月，在上海举办的欧美同学会第二届中美经贸论坛上，曹卫星在论坛开幕式上致辞。他表示，中美经贸论坛是欧美同学会发挥民间外交生力军作用的重要活动之一，旨在凝聚海内外留学人员力量，

曹卫星副会长出席欧美同学会第二届中美经贸论坛并致辞

促进中美两国工商界加强交流合作，为中美关系良性发展注入更多积极因素。当前，世界正经历百年未有之大变局，新冠肺炎疫情影响广泛深远，世界经济复苏面临严峻挑战，在中美两国积极破冰、谋划未来的重要阶段，举办第二届中美经贸论坛，正是发挥中美两国民间力量，助力答好"世纪之问"的有益探索和积极行动，恰如秋日暖阳，必将为中美关系健康发展带去丝丝暖意，发挥积极效应，对于推动两国关系健康稳定发展具有重要作用。

在致辞中，曹卫星深情回忆了自己的留学经历，表示9年留学美国时光是人生中十分难忘的宝贵经历和美好回忆，让自己受到了系统的学术训练，感知了真实的美国社会，增长了干事创业的本领，为归国后的学术发展和参政议政事业奠定了坚实的基础，促使他为中国的改革开放发展贡献智慧力量，为中美科教人文领域的交流合作发挥积极作用。

正是这段发自内心的真实表达，让我们好像又看到了当年那个刚刚大学毕业、略带稚嫩和青涩的少年，背上行囊、脚步坚定，远渡重洋、求学报国的那一幕。数十载来，曹卫星始终以"诚实做人、踏实做事"为原则，妥善处理好业务、盟务、政务之间的关系。这些成绩的取得，很大程度上归功于他个人较高的综合素质和能力，得益于他不忘初心、牢记使命，把爱国之情、强国之志、报国之行统一起来，把个人奋斗与中国梦结合起来，矢志为全面建设社会主义现代化国家作出贡献。借用《钢铁是怎样炼成的》中的一段话来反观，人的一生应当这样度过：当回忆往事的时候，他不会因为虚度年华而悔恨，也不会因为碌碌无为而羞愧……

（王凯洋　蒙达）

# 大道至诚写担当

## ——记江苏省政协副主席，民盟江苏省委会主委胡刚

2021年3月6日下午，全国政协十三届四次会议上，习近平总书记在参加医药卫生界、教育界委员联组会讲话中指出："要做好中医药守正创新、传承发展工作，建立符合中医药特点的服务体系、服务模式、管理模式、人才培养模式，使传统中医药发扬光大。"全国政协常委、民盟江苏省委会主委、南京中医药大学校长胡刚作为医卫界委员小组召集人，现场聆听了这番话，备感鼓舞振奋。近些年来，习近平总书记对中医药工作作出的一系列重要论述每每让他激动满怀。政协会议上，另一个让他充满温暖与自豪感的是会场的布局，他发现政协委员紧靠主席台，而各部的部长们全都坐在后排。因为汪洋主席说了，政协会议政协委员才是主角。

从普通教师到大学校长、从民盟盟员到民盟中央常委、从省政协委员到全国政协常委，随着身份的变化，胡刚对多党合作制度的认识也更加深入。他说自己很幸运，在中国特色社会主义大道上，一路走来有党和民盟组织的双重关怀，有良师益友的亲密陪伴，置身伟大的好时代，在经济社会发展大潮中，与国家共同进步，与时代同频共振，何其有幸！

## 从药理学专家到中医药大学校长

胡刚出生于江苏泗阳的一个普通农家，1978年考入徐州医学院，后相继获得硕士、博士学位。毕业后回到徐州医学院任教，1999年又调入南京医科大学任教。2003年，四十出头就担任了南京医科大学副校长，2014年又转任南京中医药大学校长。

说起自己的经历，胡刚称之为顺其自然。比起上山下乡的一代人，他没有经历太多坎坷。高中毕业前一年，全国恢复高考，他也得以通过知识改变命运，成为一名大学生。他并非出身杏林世家或是因某种缘由矢志学医，报考医学院纯属现实需求——对于农家子弟来说，医生或老师无疑是最具有美好前景的职业。误打误撞的选择，却成就了一位具有傲人成绩的医学科研工作者。

在胡刚的人生经历中，从徐州医学院调到南京医科大学是一次重大选择。20世纪90年代，南医大的药理学学科面临着前所未有的重大危机——人才严重流失，当时整个学科没有一位具有博士学位的教师，国家级科研项目几乎空白。作为学校的传统优势学科，博士学位点居然面临停止招生的警告，省重点学科建设评估也被亮了黄牌。可以说，南医大的药理学学科已经到了生死存亡的危急时刻。彼时，校领导在几位知名教授的推荐下找到了刚从美国学习回来的胡刚，殷切希望他去南医大重振药理学学科。面对如此巨大的压力，胡刚有过犹豫，怕担不起这副重担。但面对前辈学者们的期望和校领导的真诚，他最终下定决心——必须重振这个学术底蕴丰厚的学科，这是一个奋斗者应有的担当！

当时，学校给他配备了一名科辅人员和一名助教，就这样，3个人组成了胡刚的团队。靠着从一位长期科研合作的教授处筹借来的3万元经费，在不足30平方米的实验室里，开始了刻苦攻关。后来，谈到这段经历，胡刚曾戏称这就是"333制"。功夫不负有心人，不到一年时间，他带领的课题组获得了国家自然科学基金项目和国家重大新药基础研究项目的资助，自此走上了良性发展的道路。一年后，他被推举为学校药理学学科带头人，正式担负起重振学科的重任。

胡刚认为，重振学科的根本在于人才，必须倡导"人才强学科"。在校领导支持下，他一方面破格从国内外引进学术骨干，充实师资队伍；另一方面采取切实举措，加强对现有青年教师的培养。由此，整个药理学学科的精神风貌都为之焕然一新，学科建设在较短时期内取得了显著进步和成效。在2002年的省重点学科验收评估中，药理学学科获评优秀。

在重振学科的路上，胡刚自己的科研也毫不放松，亲自主抓神经精神药理学的科研攻关。在研究方向上，选取了针对神经退行性疾病的神经损伤与保护的研究领域。他的团队不断取得突出成绩，成为学科发展的新生长点，逐渐助力学科形成了鲜明的特色和优势，2000年和2004年先后以优异成绩为学校申请获得神经生物学和细胞生物学硕士授权点。2005年南医大药理学学科被选为江苏省优秀学科梯队。2006年，他带领的"针对神经退行性疾病的神经保护研究"团队被选为江苏省"青蓝工程"首批优秀科技创新团队；2007年他们的实验室被遴选为江苏省神经退行性疾病重点实验室，同年，南京医科大学药理学学科成功入选国家重点学科。

《诗经》云：夙兴夜寐，靡有朝矣。自从到南医大工作后，除了出差，他几乎每天都在实验室工作到深夜，每一个周末和节假日都贡献给实验室和学生。经过多年的研究和探索，他在药理学领域不断攀

胡刚带队就"江苏率先实现碳达峰、碳中和的路径选择"重点课题开展考察调研

登,成绩斐然。先后在《自然》(Nature)等国际著名学术期刊上发表了系列重要研究成果。其中,关于神经退行性疾病发生过程中胶质细胞功能变化及其相关关键分子事件的探索,为发展相关疾病的治疗新策略积累了重要学术基础。桃李不言下自成蹊,随着学术成果的积累,胡刚2002年成为享受国务院政府特殊津贴专家,2005年当选为江苏省优秀学科带头人,2006年入围国家杰出青年科学基金获得者,2007年成为国家重点学科带头人……目前,他还获评长江学者,并担任中国学位与研究生教育学会评估委员会副主任委员、中国药理学会副理事长、神经精神药理学专业委员会主任委员、生化与分子药理学专业委员会副主任委员、中药与天然药物药理学专业委员会副主任委员等"国"字头重要职务。

2014年,胡刚调任南京中医药大学校长,他曾坦言当时心中忐忑——对于西医出身的他来说,中医药是一片全新领域。但是在组织的勉励下,他毅然勇挑重担、负重前行。他始终强调:人才是学校事业发展的"第一资源",人才强校战略是学校的"第一战略"。他不断呼吁从政府到学校层面施行"放管服"改革,破除束缚人才发展的思想观念和体制机制障碍,构建科学高效的人才治理体系。胡刚深情地说:"希望南中医成为人人皆可成才的舞台,所有教职工都能享受到学校发展带来的红利,各类人才在南中医体面地生活、有尊严地工作、有梦想地追求,成就出彩人生。"

他不断思考,要根据中医药学科自身特点打造特色重点学科。他多次说,中西医结合学科是最具中国特色的学科,是最具交叉融合学科特性、最具有发展潜力的学科领域,一定要建设出具有南中医鲜明特色的中西医结合学科。

他深情地说,学校的发展离不开全校师生——发展为了师生,发展依靠师生。为此,他举办了"校长问计问需"系列活动,每月都举行教师座谈会、学生座谈会各一场,分别邀请教师和学生代表与校领导面对面座谈。对于大家的建设意见,他认真记下;对于师生们关切的问题,他逐一耐心细致地解答。不少问题现场就要求督办并限期解决,对于短期难以解决的重大问题,也承诺将作为学校下一步改革发展的重点工作列入规划。每次会后的反馈显示了问计问需的成效,师生们问出了凝聚力、高效率,问出了满意度、幸福感,师生们切实感受到自己是"南中医人",而"问计问需"活动也已经形成常态化机制。

"上下同欲者胜,风雨同舟者兴。"这些年,他和南中医的领导班子紧紧抓住中医药振兴天时、地利、人和齐聚的大好时机,准确把握住中医药高等教育改革发展的方向,守正创新、真抓实干,南中医就此走上了飞速发展的快车道。2017年南中医入围国家"双一流"建设高校;2018年成为教育部、江苏省共建"双一流"建设高校;2020年成为教育部、江苏省和国家中医药管理局共建高校,成为软科世界大学学术排名中唯一上榜的中医药院校;从2016年起,在《中国大学评价》综合排名中连续位列全国中医药院校第一。南中医药理学与毒理学、临床医学、化学和生物学等 4 个学科进入 ESI 全球排名前 1% 的学科，是迄今为止唯一有 4 个学科同时入选的中医药类高校。学校培养的本科生和研究生就业率始终高达 95% 以上，深受用人单位好评。

胡刚认为，要讲好中医药故事，不仅让中国传统医药在中国大地扎根，还要让中医药文化在世界范围传播。近 10 年来，南京中医药大学先后在大洋洲、欧洲、美洲建立了中澳、中瑞等 8 个海外中医药中心，在世界范围内传播中医药。习近平总书记曾经去过的皇家墨尔本理工大学中医孔子学院就是南医大在外合作共建的一所学院。

可以说，南中医这些年的飞速发展是胡刚作为校长交出的最完美答卷。

## 不能忘记来时的路

1987 年，胡刚加入民盟。那时，他硕士研究生毕业不久，在徐州医学院任讲师。在那里，他遇到了良师——卞春圃。当时，卞老师是实验室的负责人。他发现这个刚刚来到学校的年轻人是个好苗子——不仅学术功底好，而且勤勉踏实，始终怀揣一股往上冲的劲。为此，卞老师很是欣赏这个新来的小伙子，在工作中对他毫无保留地悉心指导，在生活上也是倍加关爱。同样，胡刚对这位学识渊博的长者也很敬佩，多少年后，提起卞老师，他仍是感激之情溢于言表。因为卞老师是盟员，出于对老师的敬重，胡刚在卞老师介绍下很顺利地加入了民盟，成了学校里最年轻的盟员，并自愿承担起许多烦琐的盟务工作，诸如联络盟员、宣讲政策、撰写报道等等。自此，一扇崭新的大门向他敞开，目光也开始投向更广阔的社会变革和时代发展中去。

初入民盟，胡刚对党派的认识还比较模糊，但逐步地，他对民盟有了更多的了解，更知道了民盟组织的许多优良传统。比如，始终与中国共产党风雨同舟、肝胆相照；心系国家，有浓厚的家国情怀和社会责任感；修德守身、敢说真话，致力于国家富强、民族振兴和人民幸福；等等。这些优良传统是历史的沉淀，也是民盟精神的现实映照，成了党派凝聚力、感召力的根源所在。当时的民盟领导人，如费孝通、丁石孙等，他们一贯倡导的少说空话大话、多做好事实事的精神，对胡刚产生了很深影响。胡刚也一直以"少说空话，多做工作，扎扎实实，埋头苦干"为训，立足本职岗位，踏踏实实做事、兢兢业业为学、坦坦荡荡建言，为医学事业的发展尽一点自己的绵薄之力。

2016 年，民盟江苏省委会因工作需要，进行了届中调整，胡刚在众望所归中出任主委。担任主委后，胡刚越发感到只有多学习民盟的历史，传承好民盟优良传统，弘扬好民盟精神，才能增强盟员的自豪感和归属感，才能做好民盟的事业。综合考虑各方因素，他从建设传统教育基地、"盟员之家"及整理盟史档案等入手，守正创新塑造新时代江苏民盟精神，以此引领江苏民盟走向卓越。

建设传统教育基地是民盟江苏省委会开展主题教育的一大亮点。一方面，江苏沉淀了丰富的盟史资源，李公朴、史良、黄炎培、费孝通等民盟先贤成长于斯；另一方面，教育基地在教育和凝聚盟员、宣传江苏民盟等方面有不可忽视的良好作用。基于这些考虑，胡刚主张大力推进传统教育基地建设。几年来，民盟教育基地从 2016 年的 7 处增加到现在的 18 处，位居全国民盟前列。其中，吴江宋锦文化园挂牌成立"中国民主同盟传统文化教育基地"，费孝通、李公朴纪念馆被选为首批江苏省统一战线传统教育基地。教育基地为江苏民盟进一步发挥以史为鉴、以史育人的作用打下了良好基础。

建设"盟员之家"是胡刚增进江苏民盟凝聚力的又一重要抓手。从 2016 年开始，全省每年新增"盟员之家"20 个左右，到 2021 年底，全省建成各类"盟员之家"200余个,其中32个被民盟中央表彰为"优秀盟员之家"。胡刚反复强调,"盟员之家"不能只是挂个牌子,而应该建设成盟员学习成长、盟务交流、团结互助、提升能力、展示成果的平台。在这一思路指引下,江苏民盟的"盟员之家"建设格外亮眼。2017年5月,民盟中央宣传部原部长曲伟参观调研后大加赞赏,指定民盟江阴市委会到民盟中央举办的"民盟盟员之家建设经验交流会"上做交流,产生了很大反响。一时间,全国各地的民盟组织、统战系统多次来到江苏民盟的"盟员之家"参观调研、学习取经。2020年,民盟中央副主席张平也来江苏考察"盟员之家"建设情况。在全国各地纷纷掀起建设"盟员之家"的热潮中,江苏民盟可谓开风气之先。为规范"盟员之家"建设,2020年通过反复讨论后,民盟江苏省委会出台了《关于加强盟员之家建设的意见》,指导盟员之家建设进一步强化内涵、提升品质、提高质量,该意见又成为民盟组织第一个盟员之家建设的规范性文件。2018年,民盟江苏省委会机关里也新建了"盟员之家",作为盟员学习实践活动的平台,在这里开展多样的基层活动,举行庄严的入盟宣誓,多次接待了娄勤俭、吴政隆、黄莉新、张义珍、杨岳、惠建林等省委省政府及省政协领导的走访。"盟员之家"已经成为展示江苏民盟形象的重要窗口。

2019年,江苏民盟专门制作了江苏民盟传统教育基地和盟员之家等系列宣传片,既丰富了主题教育活动内容,也留存了珍贵的档案。在胡刚看来,盟员之家和传统教育基地的建设是一体两翼,这方面的建设经验是丰富的,也值得总结。

习近平总书记说过,"一个忘记来路的民族必定是没有出路的民族,一个忘记初心的政党必定是没有未来的政党"。切实抓好江苏民盟盟史研究以及资料收集整理等工作是胡刚作为主委责无旁贷的任务。近年来,江苏民盟先后编印了《江苏民盟六十年》《大道同行:践行江苏民盟核心价值观典型人物集》《携手奋进六十年：江苏民盟活动图片集》《群言·江苏专刊》等书刊，盟史已形成比较完整的文字记录。为了搜寻更多史料，2020年，特别召开了江苏省盟史与理论研究推进会，计划今后在全省范围内开展抢救性采访拍摄老盟员口述历史的活动。不让任何史料湮没在时光中，"无论他们走得多远，都不能忘记来时的路"。

2021年，在支持各民主党派省委会开展中共党史学习教育动员大会上，胡刚代表江苏民盟就下一步活动安排作了发言。他的构想是以此为契机，把党史与盟史结合起来学习，开展形式多样的主题庆祝活动，以丰富多彩的活动来强化学习效果，确保民盟在新发展阶段不掉队。他说，"重整行装再出发"不仅适用于中共，也适用于民盟。

## 重积累，善借力，讲实情

习近平总书记指出："完善政党协商制度绝不是搞花架子，要做到言之有据、言之有理、言之有度、言之有物，真诚协商、务实协商，道实情、建良言，参政参到要点上，议政议到关键处，努力在会协商、善议政上取得实效。"怎样才能参到"要点"？怎样才能议到"关键"？在胡刚看来，有两个要素：第一，选题一定要从长期研究和关注的领域入手，做到有的放矢；第二，内容上一定要少讲空话套话，要讲真话、建诤言。

从上大学后，无论是求学、教学、科研以及担任行政领导乃至各类社会兼职，胡刚始终没有离开过医学和高教领域，这是他的主阵地，也是他建言献策的主攻方向和"自留地"。从江苏省政协十届一次会议至今，他先后撰写的十多件提案，主题都是医疗卫生、高等教育和科教兴省。由于这些提案是从他的专业领域出发，加之结合了充分的实际调研，做到了实事求是、有的放矢，因而受到有关部门的重视，取得了较好的效果。

胡刚在南京中医药大学毕业典礼上为毕业生拨穗

2009年，他提交了关于加强江苏省属高校国家重点学科建设的提案，这份提案受到教育厅的高度重视。从近年来的发展看，省政府逐年加大了对省属院校国家重点学科建设的力度，提升了江苏相关学科在国内的竞争力，强化了江苏省在国内的科教和人才优势，为日后江苏省优势学科建设工程的实施夯实了基础。

2012年，他提交的提案《切实改善我省高校青年教师待遇，保障科技与人才强省战略的实施》，受到省政府多部门的重视，也为后来省政府出台建立高校青年教师公寓等政策提供了依据。

在担任第九届、第十届省政协常委和医卫体育委员会副主任期间，他曾经多次组织委员去各类民营医院实地调研。在这个基础上，他组织撰写了关于重视民营医院建设的调查报告，为我省进一步推动民营医院的健康发展提出了有益的针对性建议，受到时任省政府领导的重视并予以批示，取得了良好的社会效果。

2006年，中共江苏省委选派20名高校优秀干部到省市党政机关挂职。根据安排，胡刚到泰州市挂职副市长。根据市委市政府的分工，他主要协管医药产业工作。就在他挂职的前一年，2005年，省委省政府

2019年全国两会期间胡刚在新华网受访

做出了"加快建设医药产业园，打造中国医药城"的战略决策。随后，泰州被国家商务部确定为国家医药出口基地。2006年9月，泰州医药高新技术产业开发区正式破土动工。可以说，泰州（中国）医药城的建设与发展成了泰州经济工作中的重中之重。在这种形势下，胡刚以对事业高度负责的精神，充分发挥自己的专业优势，认真参与到医药城的发展规划过程中，积极建言献策。2009年5月，泰州医药高新技术产业开发区正式挂牌成立，成为我国唯一的国家级医药高新区。这成为胡刚挂职生涯中浓墨重彩的一笔。

在长期的高校任职经历中，胡刚深切感受到我国的一流学科建设需要锐意改革、创新思维。因此，在《统筹推进世界一流大学和一流学科建设总体方案》征求意见过程中，他力主在高校分类管理、分类指导、分类评价中，要尊重学科差异，体现学科特色，建议在传统的单一以"显示度"为主要指标的评价体系中引入"贡献度指数"，这一意见得到了教育部的高度重视。后来，他受教育部委托，起草了中医学一级学科评价指标体系。

在西医院校工作多年后，胡刚被组织上任命为南京中医药大学校长。这种跨领域的角色转换，既是对他个人的极大挑战，更是促使他跨界思考的机遇。正是这种大转型，在推动高等中医学发展过程中，他得以用更开放、更全面的眼光去看待中医学乃至整个医学的融合发展。他不是中医药出身，但他知道中医药之所以发展到今天，与老祖宗的智慧和贡献分不开。炎黄子孙，历代受其恩惠。随着医学的发展，中西医学体系更深程度、更高层次的融合已经成为可能，创建"中国医学"体系已初露端倪。什么是中国医学？他认为，这与通常所说的中西医结合是不同的概念。"中国医学"是要以富有特色的传统中医药学为主，通过借鉴、融合以欧美为主的西医学的先进知识、技术、手段去提升中医药，然后构建富有中国元素的医学体系。也就是说，他主张构建的中国医学体系，应该实现传统中医药和现代西医药的深度融合。如果把中西医结合比作物理变化，"中国医学"可以说是发生化学变化。他的构想，是将来我国可以创建一流的中医药大学，实现从中医学到中国医学的跨越。在全国两会上，他曾提议将"中国医学"体系纳入"健康中国"战略，这个提议引起了社会各界的广泛关注。

作为政协委员，胡刚的履职业绩可圈可点：提案多次获评全国政协优秀提案、全国政协主席重点督办提案、全国政协重点提案，并多次在全国政协常委会、全国政协双周协商座谈会、全国政协专题协商会上作口头发言。但作为民盟江苏省委会主委，他深刻体会到盟内自有资源的不足，仅靠党派的自身优势是不够的，要弥补不足，就必须借力于盟外的资源。他尝试着借助外力，壮大民盟的参政议政力量。

2016年，民盟江苏省委会与南京师范大学共建江苏教育发展研究院，发挥民盟界别优势和南京师范大学教育研究优势，围绕教育相关重

胡刚在全国政协双周协商座谈会上围绕"优化创新环境，改革科技评价体系"主题发言

要议题开展调研。同年，又与南京财经大学联合成立江苏"一带一路"研究院，同时着手建设"一带一路"数据库和智库。当年，在组织开展"一带一路"专家行后，报送的《关于大力支持连云港"一带一路"交汇点建设的建议》得到时任中共江苏省委书记李强的批示，促进了江苏省港口集团有限公司的正式挂牌成立。江苏省委统战部微信公众号以"'一带一路'专家行真行"为题作了专题报道。

尝到甜头后，和高等院校、科研院所共建开放型、务实型研究智库成了民盟江苏省委会打造参政议政外脑的重要抓手。2020年和常州大学共建江苏财税政策研究院、2021年和南京信息工程大学共建江苏生态环境与绿色发展研究院、2022年和苏交科集团股份有限公司共建交通运输现代化研究中心……历经6年，民盟江苏省委会和有关单位先后共建了四个研究院、三个研究中心，在参政议政研究领域已然形成了"四院三中心"的格局。它们是适应新时代要求精心筹建的智库，目的是借力发力，更好地为"强富美高"新江苏现代化建设乃至为全国经济社会发展贡献民盟力量。

胡刚的特点是讲真话、讲实话，这种"大胆"却频频受到重视，取得很好的成效。在省委省政府的工作报告征求意见会上，他提出，江苏作为高等教育重镇，在工作报告中却没有只字片言反映高教内容，这是不全面的。他的意见得到省委书记的虚心接受，反映在了修改后的工作报告中。在第十三届全国政协第四十次双周协商座谈会上，他没有准备四平八稳的发言稿，而是从实际调研出发，实事求是地指明了科创企业发展的真正难点所在。他的即席发言得到了汪洋主席的连连肯定。会后，这份发言内容被作为政协信息报送，又获得了国务院副总理孙春兰的批示。

胡刚说，在参政议政的数十年历程中，一方面，他切实感受到中国特色社会主义民主政治建设的不断向前推进，感受到参政党的工作与国家社会的发展息息相关、多党合作和政治协商制度的优越性。另一方面，他也深刻体会到，民主党派要不断增强使命感和政治责任感，充分发挥自身优势和特点，努力做中共的好参谋、好帮手、好同事，在参政议政、民主监督及建设中国特色社会主义事业中贡献属于自身和党派的力量。

时光荏苒，胡刚加入民盟已经35年了。回首过去，他不由得感慨：我赶上了中国百年来国运蒸腾日上的好时代，在这样的好时代，找准定位，贡献力量，何其幸运！

（曹素萍）

# 把爱献给绿水青山

——记水利部副部长,民盟江苏省委会原副主委陆桂华

习近平强调,各级领导干部特别是高级干部要对"国之大者"了然于胸,把贯彻党中央精神体现到谋划重大战略、制定重大政策、部署重大任务、推进重大工作的实践中去。

作为负责水土保持、调水管理、水利科技方面工作的水利部领导,陆桂华始终心怀"国之大者",认真贯彻落实党中央决策部署,完整、准确、全面贯彻新发展理念,用真情真爱做好"绿水青山就是金山银山"这篇大文章。

## 用心谋划,推动水资源科学规范管理

放眼全局谋,立足长远计。陆桂华始终认为,水资源是生态与环境的控制性要素,必须加强顶层设计,依法依规治水。2003年12月至2015年6月,陆桂华在担任分管水资源管理工作的江苏省水利厅副厅长时，就把大量的时间和精力用在立法制规和工作谋划上，在国内率先探索开展了节水型学校创建等活动，推进了太湖生态清淤等工作。

在陆桂华的积极推动下，江苏省水利厅把节水型社会建设作为破解水问题的战略举措，建立了节水型社会建设的政策和考核体系，组织开展了一大批节水型学校、节水型企业、节水型机关等载体建设，推动出台了《江苏省节约用水条例》。南京、徐州、张家港等市作为国家级节水型社会建设试点，一次性通过水利部验收并被授予"全国节水型社会建设示范市"称号。全国同批次仅有8座城市获得此称号，江苏占了3座。特别是组织开展节水教育基地创建，充分发挥小手拉大手的带动效应，走出了一条南方丰水地区搞节水的新路子。

水生态文明建设试点工作也是陆桂华大力倡导的。通过积极争取，2013年江苏省政府制定出台了《江苏省水利厅关于推进水生态文明建设的意见》，明确了江苏省水生态文明建设的总体要求、建设目标、主要任务和保障措施。全省13个省辖市中有9个被列入全国水生态文明建设试点，苏州、徐州等地取得了显著成效。苏州市通过改善水生态、城乡服务均等化等生态文明行动，使"人间新天堂"的现代水乡城市形象更加凸显。徐州市贾汪区采煤塌陷区实现了"完美变身"，涅槃重生为波光粼粼、生机盎然的国家湿地公园，习近平总书记夸赞"贾汪转型实践做得好，现在是'真旺'了"。

陆桂华着力推动出台了多项水源地保护条例和规章，实施集中式饮用水源地水质通报和突发性水污染事件月报制度。会同住建、环保等部门联合开展饮用水源地达标建设工作，指导地方建设应急备用水源地，形成河道可控、湖（库）调节、地下水备用、工业水厂深度处理等备用水源地建设模式；全面开展河湖健康评估工作，对省管湖泊进行常规监测，逐步形成饮用水源地监测、保护、建设的规范管理体系，有力保障了江苏经济社会高速发展的水资源需求和人民群众的饮用水安全。

不仅在水资源领域，作为水文学领域的专家，陆桂华深知水利现代化必须以水文现代化为基础。他组织编制了《江苏省水文事业发展规划》《江苏水文现代化规划》等一系列规划，加强水文顶层设计，推进水文现代化建设。在他的推动下，江苏水文建设在"十三五"期间取得质的飞跃，水文站网基本建设投资创历史新高，监测能力大大提升，服务领域广泛拓展，总体面貌焕然一新，为江苏水资源管理和水利现代化建设提供了有力的支撑和保障。

2015年7月，陆桂华任水利部南水北调规划设计管理局局长；2016年6月，他开始担任水利部副部长，先后负责水资源管理、节约用水、水资源保护、水土保持、调水管理、农村水电和水利科技等方面的工作。岗位不断变化，不变的是他尊重科学、注重谋划的作风。他坚持问题导向，组织完善最严格水资源管理制度顶层设计，联合九部门印发《"十三五"实行最严格水资源管理制度考核工作实施方案》，并结合实际，充分体现南北方地区差异，增加"一票否决"项和创新加分项。全面推进水资源消耗总量和强度双控行动，组织编制《全国水资源保护规划》《长江经济带沿江取水口、排污口和应急水源布局规划》，将618个饮用水水源地纳入全国重要饮用水水源地名录管理。

2020年，陆桂华组织研究提出水土保持率概念内涵、确定方法及阈值指标，"水土保持率"作为水利部提出的唯一一项内容，被列入"美丽中国建设评估指标体系"22项指标之一，并作为约束性指标列入黄河流域生态保护和高质量发展规划纲要。一系列切合实际的谋划部署，正是他深研习近平总书记生态文明思想和总书记关于长江大保护、黄河流域生态保护、高质量发展和保障国家水安全等治水重要论述的结果，也是践行习近平总书记"绿水青山就是金山银山"科学论断，推进建设美丽中国的重大实践举措。

2017年1月15日，陆桂华在贵州赤水河流域进行水土保持治理考察

## 用智引领，创新解决突出水问题

科学技术是第一生产力，创新是引领发展的第一动力。无论是为学还是为政，陆桂华重视科研、重视创新的精神始终如一。

在学校学习及在河海大学任教期间，陆桂华的主要研究领域是水文测验、水文预报、工程水文等水文学和水资源保护方向。多年来，他深耕科研，带领团队围绕水文学科的发展方向和国家需求，循序渐进，一步一个脚印，把论文写在祖国的大地上，写在祖国的河流湖泊上，取得了丰硕的科研成果，在水文、水资源、水生态等领域得到广泛应用。他先后承担国家科技支撑计划、863计划、水利部公益性行业科研专项、国家自然科学基金等科研课题近50项，发表学术论文130余篇，出版专、译著6册。科研成果获国家科技进步二等奖2项，省部级科技进步一等奖2项、二等奖2项、三等奖3项。严谨治学的态度和突出的学术贡献使他先后获得全国优秀博士学位论文指导教师、高等学校优秀骨干教师、

2021年8月陆桂华考察白鹤滩水电站

首届江苏省创新创业人才奖、江苏省优秀青年骨干教师等荣誉称号，入选国家"新世纪百千万人才工程"、水利部"5151"人才工程、江苏省"333高层次人才培养工程"首批中青年科技领军人才培养对象，享受国务院特殊津贴。

到水利行政部门工作后，陆桂华在他的分管领域内，致力于推动科技创新。2014年，他分管江苏省水利科技工作，结合治学和工作实践，规范科技项目实施与成果管理，充分激发了江苏水利科技工作者的研究热情。他以需求为导向，围绕江苏省水利现代化建设热点，广泛征集重大水利科技问题及建议，开展高层次科技项目研究，提升了江苏水利总体科研水平。他推动行政机关与高校、科研院所加强合作，成立厅科技委，作为水行政工作的决策参谋咨询补充，有效实现了资源共享，促进水利现代化事业快速发展。

2007年，太湖蓝藻大规模暴发引发无锡供水危机。水利部门作为治理太湖的主力军，没有现成的经验可借鉴，陆桂华作为分管领导，迎难而上、创新思路，带领相关部门从"湖泛"成因分析入手，揭示太湖湖体污染负荷高、水体藻类死亡，太湖流泥分布，风场、气温、水位等多种要素组合是"湖泛"产生的主要原因，并发表《太湖蓝藻监测处置与湖泛成因》《太湖生态清淤及调水引流》等专著，综合集成监测预警、蓝藻打捞以及生态清淤等措施，逐步形成"监测预警、机械化打捞、工厂化处理、资源化利用"的蓝藻治理成套技术，该项成果在太湖蓝藻监测预警、湖泛生成机理揭示等方面具有突出创新性，并在太湖水环境综合治理中广泛应用。他还主动与中国船舶重工集团公司第七〇二研究所对接，联合攻关，成功研制了适合国内富营养化严重湖泊的蓝藻打捞船，指导蓝藻处理企业开发蓝藻产品，解决了打捞蓝藻处置难的问题。在他的指导推动下，湖泛巡查、蓝藻打捞、生态清淤、调水引流等措施同步发力，逐步形成了太湖水环境综合治理的长效机制，有效保障了太湖连续安全度夏。经过多年不懈努力，太湖水环境综合治理取得重大进展，太湖水质总体向好，目前已连续13年实现"两个确保"。

陆桂华创新水资源管理体制机制，根据江苏水资源条件和特点，主持编制江苏省最严格水资源管理制度实施意见、考核办法和工作方案。会同省发改委核准同意，将用水总量、用水效率、水功能区限制纳污"三条红线"考核指标分解至市、县。通过一系列制度创新，逐步规范全省各级水资源管理工作，全省水资源管理能力逐年提升。从2013年至今，在国务院实行最严格水资源管理制度考核中，江苏省一直是优秀等次，并多次获得第一名，成为全国水资源管理的一个标杆，为落实最严格水资源管理制度积累了丰富的实践经验。

担任水利部副部长后，陆桂华针对雄安新区、长三角一体化、粤港澳大湾区等国家重大战略水安全保障任务，认真研究，组织开展黄河、黑河、太湖、珠江等重要江河、重点区域和重大工程水资源调度，顺利完成任务，有效保障了流域供水安全和生态安全。在他的积极推动下，水利部联合国家基金委和三峡集团、中国电力投资公司，相继设立长江水科学研究联合基金、黄河水科学研究联合基金，每年投入 5 亿元，着重支持水文水资源、水环境与水生态保护、江河治理和水土保持、水资源节约集约利用、水沙调控、水旱灾害防御等领域的研究，培养水利科技领军人才，推动解决长江经济带绿色发展中的重大水科学问题，吸引和调动优势科技资源投入黄河流域重大水问题研究，促进国家水安全相关领域源头创新能力的提升。

## 用情为民，参政议政做好治水实事

从江苏省第九届政协委员、第十届政协常委，民盟江苏省委会副主委，民盟第十二届中央常委，第十二届全国政协委员，到第十三届全国政协常委、第十三届全国政协农业和农村委员会委员，一路走来，陆桂华用自己的所学所长，在参政议政的过程中，提交了数十项提案建议，为美丽中国贡献着自己的智慧与力量。

陆桂华出生于有着"歌山画水"之美称的浙江东阳，家乡的青山绿水赋予他心系美丽中国的情怀，生态文明、爱水护水一直是他参政议政提案建议的主题。早在江苏工作期间，陆桂华就多次在提案建议中呼吁，在发展中一定要保护好水资源，加强水资源管理和保护。他曾代表民盟在省政协会上发言，针对经济社会快速发展带来的江苏河湖水域急剧衰减的问题，提出"两个尽快"的具体对策：一是尽快制定占用河湖水域管理办法，规范河湖水域保护和开发利用的关系，以期对河湖开发实现保护优先、分类管理、严格控制、占补平衡的目标；二是尽快划定河湖水域保护指导线，编制全省水系规划。呼吁统筹考虑开发河湖的综合经济效益、生态效益和社会效益，划定河湖水域边界，明确河湖水域合理的保护范围，实施严格的水域保护制度。2013 年担任全国政协委员后，他提出的《关于加强长江水资源保护的建议》被民盟中央采纳，民盟中央主席带队与水利部科技委联合组织开展长江中下游水资源保护现状调研，形成加强长江水资源保护的决策咨询意见，该意见得到国务院领导的批示。

为策应中央在福建、江西、贵州设立国家生态文明试验区，开展生态文明体制改革综合试验的决定，自2016年起，已担任水利部副部长的陆桂华先后赴三省有关市县、乡村开展调研，与各级干部群众座谈，从制度设计、政策落实、试点成效等方面深入了解情况，在全国政协十三届一次会议上提交了《关于加快推进国家生态文明试验区建设的提案》，建议突出系统治理，增强生态文明体制改革的工作合力；强化顶层设计与地方探索实践的良性互动；集中有限资源加快补齐生态文明建设突出短板；运用市场机制促进生态文明建设，得到了有关部门的积极答复。

不忘来时路，方知向何行。陆桂华来自农村，在参政议政过程中，总是关注老百姓的切身利益。针对习近平总书记关切的国家水安全问题，他先后多次深入流域、省市县和科研单位开展调研，在全国政协十三届二次会议上提交了《关于启动实施"流域水安全"国家科技重大专项的提案》，建议聚焦水安全保障与现代化水治理体系关键科技瓶颈，通过理念创新、技术创新和集成创新，产出一批具有重要影响力的基础理论、技术方法、仪器装备，培养一批具有世界水平的科学家和创新团队，基本建成较为完整且具中国特色的水安全保障科技创新体系，在特色重要领域"领跑"国际。习近平总书记"3.14"重要讲话后，陆桂华进一步深入调查研究，在全国政协十三届三次会议上提交了《关于加强我国水情教育的提案》，建议进一步加强我国水情教育工作，广泛凝聚共识，引导公众加深对我国水情的认知，增强公众水安全、水忧患、水道德意识，着力构建"人人参与、人人受益"的全民水情教育体系，促进形成全民知水、节水、护水、亲水的良好社会风尚和人水和谐的社会秩序，着力抓好中小学水情教育，重视水利和水土保持学科建设，加强水利知识科普和传播。

在参政议政过程中，陆桂华认真践行习近平总书记加强思想政治引领、广泛凝聚共识的嘱托，十分注重发挥专业优势和身份特征，他充分利用工作调研、会议等场合与各界人士和各族人民深入交流，积极宣传习近平新时代中国特色社会主义思想。每到一处，都要了解当地政协和统一战线工作开展情况，积极向地方政协宣传中央精神，听取地方单位意见建议。特别是在滇、桂、黔、青、藏等偏远山区、贫困地区和边疆少数民族地区，一方面通过宣传改革开放四十年来国家取得的巨大成就，鼓励这些地区的干部群众进一步坚定"四个自信"，鼓足干劲、迎头赶上；另一方面积极宣传习近平生态文明思想和治水重要论述，积极引导当地干部群众重视生态、保护生态、建设良好生态，拓展思路、发展绿色产业和乡村旅游，引导地方干部群众和各界人士深刻理解国家三大攻坚战的目标任务和政策措施，在国家战略中找到发力点，共同攻坚克难。

在工作中，陆桂华始终关注老百姓的获得感和幸福感。近年来，他针对部分地方政府反映的流域机构涉水行政审批环节多、审查烦琐等问题，积极推进"放管服"改革，推动取水许可和水资源论证合并审批。积极推进生产建设项目水土保持方案审批改革，实行不见面审批、承诺制和信用监管。特别是在 2020 年新冠肺炎疫情期间，进一步简化审批流程，通过视频会议审查和无人机、卫星遥感复核等方式，在减少人员聚集的前提下，特事特办、急事急办，最大限度压缩时间，加快重大生产建设项目水土保持方案审查审批，切实保障了一批铁路、机场、水利等重大民生项目顺利开工建设和复工复产，有力保障了党中央"六稳六保"重大决策的落实。

在打赢脱贫攻坚战过程中，陆桂华想方设法从政策帮扶、资金落实、项目监管和定点帮扶主体责任监督等多方面，积极做好各项水利扶贫工作。他曾连续颠簸 12 个小时，深入云南独龙江乡调研，到重庆市最偏远的城口县开展定点帮扶，现场协调解决水利扶贫工作中的困难与问题；

他还多次到吕梁山区等革命老区开展水利扶贫专题调研。在他的努力下，水利部圆满并超额完成城口县年度定点帮扶八大工程目标任务，开工建设松柏水库；梳理了810个贫困县水土流失情况，建立了贫困县中央投资安排情况台账；中央水土保持投资92%安排到有脱贫攻坚任务的省份，项目区超过200万名贫困群众从中受益，人均增收300～500元。在他的推动下，中国水利水电科学研究院、南京水利科学研究院、长江科学院等单位集中优势资源，扎实做好对四川凉山州7个县的水利规划等科技帮扶工作，取得明显效果。

## 用爱育人，集聚水利事业发展后继力量

一方水土养一方人。从著名的"教育之乡"东阳走出的院士、博士、教授达到"十百千万"，陆桂华和千万个渴望用知识改变命运的孩子一样，借着一股信念，靠着勤勉苦读，走出了小山村。1978年，他以优异的成绩考入华东水利学院陆地水文专业学习。1982年，他以班级第一名的优异成绩毕业留校任教。1988年，陆桂华赴爱尔兰国立大学学习，师从世界著名水文学家和水文教育家埃蒙·纳什教授，仅一年时间，就顺利获得了爱尔兰国立大学工程水文专业硕士学位。鉴于他出色的科研成绩和学术修养，回国后不久，就开始承担水利部的重要科研攻关项目。1997年，陆桂华获得了河海大学水文学及水资源专业博士学位。此后，无论走到哪里，从事什么岗位工作，东阳的自然禀赋和崇文重教的传统，都能在他身上看到深深的烙印。

静水深流润无声，于无声处成江河。陆桂华深知，不论是教书育人还是科学研究，都来不得半点马虎，来不得半点虚假。

在担任行政职务、政协委员的同时，陆桂华现在仍承担着河海大学水问题研究所所长、博士生导师的工作，坚持从事科学研究和研究生培

养。受益于斯，奉献于斯。多年来，他先后培养和指导了博士研究生55人、硕士研究生58人。经他指导的博、硕士研究生如今都奋斗在祖国水利事业的第一线，从事教学、管理和科研等工作。

作为河海大学水问题研究所学术团队的带头人，陆桂华一直以"刻苦学习、艰苦奋斗、求真务实、谦虚负责"作为团队精神，提出"态度决定能力，细节决定成败"的团队理念，教诲团队每一位成员铭记"上进心、感恩心、平常心、敬畏心、宽容心、乐观心"的"六心"工作生活心态，厚积薄发、团结协作，努力打造继承创新的精品团队。

陆桂华经常会为了取得第一手数据，而带领学生深入江河湖泊测量验证；经常会为了一个公式的应用，讨论到夜半三更；经常会为了一个参数的选择，反复运算论证。犹记得1994年夏天，他和同事一起到青海黄河龙羊峡水库测量水下地形，由于高原地区紫外线强烈，天天在野外工作，一个多月的时间皮肤晒得黝黑，回到家后2岁多的儿子竟认不出他来。

陆桂华向来以严谨的治学态度和精益求精的科研作风著称，每年开学时他总对学生进行入学教育，特别是对博士研究生，他的要求更加严格。他一再告诫学生，态度决定能力，做一件事情就一定要踏踏实实地把它做好，科学研究也是同样的道理，认准一个研究方向，就要深入地研究下去。学生论文中哪怕有一个标点、一个符号的错误，他都严厉指出。然而在生活上，陆

陆桂华和百岁母亲在一起

桂华又给予学生们无微不至的关心和照顾，是学生们的知心朋友。现在，无论工作多忙，他每天都会给生活在家乡的百岁母亲打电话，唠家常。

2022年3月8日政协第十三届全国委员会第五次会议小组会议现场

他还资助家庭困难的学生，寒暑假帮助他们回家看望父母。

在多重身份之间，陆桂华游刃有余，他将自己的时间分配得合理高效，创新性地将行政事务与教学任务有机结合，部署工作时把脉分析，像指导学生一样指出工作中的重点难点，提纲挈领谋划指导，教授学生时又借用行政管理模式，让学生轮流发言，畅谈体会，注重锻炼学生的综合能力。2010年，他荣获"全国百篇优博指导教师"的称号。他多次和他的学生们分享他的时间管理观念和学习体会经验。他常说，提高效率的关键在于创新工作模式、处理好"重点"和"一般"的关系，要学会时间规划和认识自己，根据不同时间段的精神状态特征，利用好"思维的兴奋点"来巧妙地安排学习工作。他将自己在知识积累、思维方式、研究思路、分析总结等方面的经验毫无保留地传授给学生，更是以身示范，润物无声，在点滴中给予学生春风化雨般的教导。

古人云："天下莫柔弱于水，而攻坚强者莫之能胜，以其无以易之。"在陆桂华的身上，我们感受到了这种至柔又至韧的人格力量。无论是行政管理、学术领域还是参政议政方面，陆桂华始终胸怀"国之大者"，用扎实厚重而富有创新的步伐，走遍千山万水，为美丽中国奉献力量。

（何海　黄林霞）

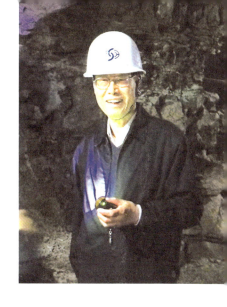

# 与水相伴逐梦路　同心履职好扬帆

## ——记民盟中央原副主席、民盟江苏省委会原副主委索丽生

严谨、沉静、谦和，这是许多民盟盟员对民盟中央原副主席索丽生的第一印象。而你和他接触越久，越会发现虽然他担任水利部副部长、民盟中央副主席等领导职务多年，但始终如一的仍然是学者气质。

他本来就是一名学者。他的履历上写着：1961年9月至1966年7月，华东水利学院（现河海大学）学生；1968年9月起在水电部第九工程局工作；1970年7月起在水电部贵阳勘测设计院工作；1978年10月起在华东水利学院读研究生；1982年1月起在华东水利学院做教师；1984年9月起在美国密歇根大学读博士研究生；1989年1月起在美国密歇根大学做博士后；1990年8月起在河海大学先后任水电系教师、副主任、主任，水电学院院长；1997年10月起任河海大学副校长，民盟河海大学委员会主委、民盟江苏省委会副主委；2001年6月起先后任水利部副部长，民盟中央副主席。

这是一条典型的工程师—学者—官员的从政之路。

# 与水相伴结出硕果累累

索丽生祖籍湖北江陵，1944年3月出生在江城重庆。从他1961年进入华东水利学院河川枢纽与水电站水工建筑专业，便与水利结下了不解之缘。

1966年，索丽生以优异成绩毕业后，先是在水电部第九工程局工作，奋战在贵州崇山峻岭中的猫跳河水电站建设工地，从一名普通工人成长为一名干练的工程技术人员，积累了丰富的实践经验。1970年，为解专业人才严重不足的燃眉之急，他被调往水电部贵阳勘测设计院，在那里他工作勤奋、业绩丰硕，曾创下全院手工计算、出图的高产纪录。1978年我国恢复研究生招生的当年，他又以优异的成绩考回母校攻读研究生，继而以全优的成绩于1981年毕业，成为我国培养的第一批硕士，并留校任教。

1984年，索丽生被学校派往美国密歇根大学深造，学习世界领先的水利技术。在那里，他以做事严谨、专业熟悉、成绩优秀、见解独到脱颖而出，深得美国导师的青睐，时隔不久就成为导师的教学和科研助手，并在研究课题中取得了可喜进展。1988年，索丽生获得了密歇根大学哲学（土木工程）博士学位，为驰骋水利水电事业夯实了理论功底。此后，因研究课题需要，他应邀作为博士后完成了美国国家自然科学基金项目"Pipeline Transients with Frequency-Dependent Factors（与频率有关的管道瞬变流）"的研究工作。1989年，他又承担了美国某著名汽车制造公司关于液压减震系统和安全气囊的课题研究，以其扎实的理论基础和超强的计算能力，在液压减震系统及安全气囊的数值模拟和性能改善方面做出了颇具创新性的研究成果。

面对美国诱人的生活条件、优越的工作环境、知名公司的高薪聘请，索丽生却不为所动，只想尽快回到祖国，施展自己的才智。他说："我国正处在水利水电建设的高峰期，重大工程相继上马，难题挑战无处不在，是世界上任何国家都没有的。"1990年8月，他毅然决然携着已赴美三年的妻女回国了。

回到母校河海大学后，索丽生做的第一件事就是开设"瞬变流（Fluid Transients）"等研究生专业课，弥补了国内该学科领域教学的不足。尽管教学任务繁重，但他并未放松科研工作，而是率领自己所在的科研小组向水利科技高峰奋勇前进。为了科研课题按时完成、科技难关尽早攻克、新编教材及时使用、专著论文发表出版，索丽生不知牺牲了多少个休息日，熬了多少个不眠之夜。功夫不负有心人，他很快进入了自己的科研工作高峰期，项目接连不断，成果层出不穷。不仅如此，在回国后的短短两年间，他还协助身在美国的导师完成了国际权威专著 *Fluid Transients in System*（《系统中的瞬变流》）一书，并独立编写该书的题解。该学科领域美版权威专著上首次出现了中国学者和河海大学的名字，为母校和中国水利科技界赢得了荣誉。

在从事深层次、高水平理论研究的同时，索丽生更注重理论联系实际和科研成果的推广应用。经过多年的不懈努力，他在水锤基本理论的应用研究中取得了丰硕成果，先后完成国内溪洛渡、棉花滩、天荒坪、琅琊山等30多个大中型水电站、抽水蓄能电站和长距离供水工程的非恒定流水力模型试验和数值模拟分析项目，经工程推广应用后，创造了巨大的社会效益和经济效益。2001年2月，由他领衔完成的"水锤基本理论及其工程应用研究"获得国家科技进步奖二等奖，索丽生出席了在北京召开的国家科学技术奖励大会，受到了党和国家领导人的接见。

在回国的10年间，索丽生共完成科研项目30余项，在国内外出版各种专著8部，研究解决了众多水利水电工程技术难题，发表学术论文80余篇，其中多篇被SCI、EI检索收录，或被其他文献引用。1992年，他荣获了国务院颁发的政府特殊津贴；1997年，被评为全国优秀留学归国人员；专著《潮汐电站》获新闻出版署全国优秀科技图书奖暨科技进步奖三等奖，还有多篇论文获奖。扎实的功底、满腔的热情和不懈的努力换来的是丰硕的成果。

作为河海大学首批选拔培养的跨世纪学科——水力发电工程学科的带头人之一，他团结同志，扎实工作，着力加强梯队建设，热心扶持青年骨干，克服了本学科人才断层现象。经努力，河海大学水力发电工程学科在1993年获博士学位授予权，他本人也被国务院学位办聘为博士生导师。该学科后被评为水利部重点学科，学科的"水电站"课程被评为江苏省一类优秀课程，获省优秀教学成果一等奖。索丽生被水利部评为优秀教师，江苏省优秀学科带头人，并获江苏省高等学校"红杉树"园丁奖金奖。

索丽生不仅科研硕果累累，教学成果也很突出，管理能力更是过硬。他引导学生学以致用，触类旁通，言传身教地感召学生刻苦攻读、严谨治学。他采用原版美国教材进行教学，既有利于学生更加直接地学习国外先进技术，也是"逼"他们更好地掌握英语。他指导过的硕士、博士或博士后，有的很快成为教学骨干，有的成为科研能手，有的当上业务领导，栽桃李、攻难关、著书立说、指点江山，在各自的岗位上尽心尽责、拼搏贡献。

在河海大学期间，他先后担任水电系的系主任、水电学院院长、河海大学副校长，和其他领导紧密合作共事，开展了一系列卓有成效的教学改革。他紧紧地抓住"211工程"建设给河海带来的发展机遇，在全校推行了学分制、选课制、教师挂牌上课、考试方式优化、素质教育和多媒体课件建设等一系列卓有成效的改革，极大地推动了河海教学改革的进程。特别在考试制度改革方面，开创了闭卷、开卷、口试、论文等多种考试方式并存的局面，使河海的教学呈现出一派欣欣向荣的景象；

在素质教育建设方面，他积极倡导全校性的"小制作，小发明"比赛，鼓励广大学生参与，锻炼动手能力，增强创新意识；在研究生教育方面，尽力提供更多的科研、教学及社会工作机会，让学生增强实际工作能力，并获得相应的报酬。另外，他还实行因材施教的方针，如在高数、英语教学中，按照学生能力分成不同层次的班，并分别采取一系列有针对性的教学方法，让不同知识层面的学生都能得到较好的发展。

面对全球经济一体化的趋势，面对高校之间竞争的加剧，索丽生把他那敏锐的目光投向了国外。在他和其他领导的高度重视下，河海大学与法国里尔大学、荷兰代尔夫特理工大学等名校先后建立密切的合作关系，每年都派出数十名本科生和研究生前往交流。此外，为了进一步扩大国际交流与合作，他还对外国留学生的英语教学大纲做了重大变动，并新编了许多符合我国国情的专业教材。

## 变换角色走上从政之路

2001年6月，索丽生被国务院任命为水利部副部长，分管水资源管理、科技教育和水利信息化等工作。上任伊始，他就奔赴祖国各地的河流湖库进行深入细致的考察调研，一年时间里就跑了20多个省（自治区、直辖市），对我国水利的宏观状况有了清晰认识，对各地水资源的具体特点更是了如指掌。例如，这一年里内蒙古他就去过3次，对内蒙古西部的黑河流域更是倍加关注。2001年夏季，正值黑河流域调水全线闭口、集中下泄的关键时刻，他风尘仆仆地赶到了那里，对黑河流域做了为期一周的全面考察。他来到位于黑河中游的甘肃省张掖地区，在深入考察了张掖地区节水灌溉工程及黑河水量调度情况，并广泛听取了各级地方政府的情况汇报后，明确指出要把水利工作与整个流域的经济建设、生态环境紧密联系起来，改变灌溉方式，调整经济结构，提高水资源利用效率和效益，修复生态环境，以水资源的可持续利用促进社会经济的可持续发展。当他来到黑河下游的额济纳旗，看到长期断流的黑河下游河道，干涸的东、西居延海，被流沙湮没的西夏边塞"黑水城"和早已枯死的大片胡杨林时，不禁感慨万千，大声疾呼："额济纳绿洲正在萎缩，金色胡杨林正在消亡，挽救生命，挽救自然，挽救人类，刻不容缓！"他还到了东北的扎龙湿地，这是丹顶鹤之乡，是我国最早列入国际重要湿地的地方。20世纪末，随着周边用水剧增，水资源短缺严重，湿地面积已由原来的650平方千米萎缩到2001年的150平方千米，直接威胁到丹顶鹤等珍稀动物的生存。水利部有关司局与当地政府决定实施补水工程。经过一段时间的工作，湿地已恢复原貌。

在担任水利部副部长的五年时间里，索丽生用自己的远见卓识、丰富阅历和辛勤汗水，贯彻执行党和政府新时期的治水方针，探索实践可持续发展水利的治水新思路，身体力行一个由专家向副部长角色转变的历程，努力完成了他所肩负的一个个神圣使命。

## 加入民盟积极履职尽责

在前辈和师长的影响下，1991年3月，索丽生加入了民盟，他积极参加民盟组织的各种活动，履行自己参政议政的职能，先后担任民盟河海大学委员会主委、民盟江苏省委会副主委，江苏省政协常委，民盟中央常委，一直到民盟中央副主席，全国政协副秘书长。索丽生加入民盟的这30年，是我国多党合作制度不断完善发展、制度化程序化规范化不断加强的30年，也是各民主党派通过政治协商、参政议政等形式，广泛参与国家政治生活，更好发挥履职作用的30年。

从担任民盟江苏省委会副主委开始，索丽生渐渐感到肩上的担子更重了，责任也更大了。他意识到，要充分发挥中国共产党领导的多党合作和政治协商制度的优越性，继承和发扬民盟在多党合作事业中讲真话、做诤友的优良传统，必须在参政议政上下功夫。鉴于他多年的高校学者身份以及长期从事水利工作，他关注的参政议政领域首先就是教育和水利。

1997至1998年，我国实行教育管理体制改革，进行院校合并。但许多学校合并后，只是将名称统一，在专业设置、师资力量配备等方面还是各行其道。有的学校甚至出现了几个计算机系并存的现象，合并后的学校不但没有形成合力，反而互相制约，出现许多矛盾。针对这种情况，时任民盟江苏省委会副主委的索丽生组织调研团队，对合并后的扬州大学和苏州大学分别进行调研，总结经验，发现问题，提出院校合并必须加强学科交叉、优势互补、互相渗透的要求。苏州大学的经验之一就是合并后就将所有院校重组，重新安排专业和师资，重塑了一个真正的新大学，整体实力和教学科研水平明显跃升。索丽生把这一调研成果在江苏省政协常委会和民盟中央举办的11省市民盟教育工作研讨会上作了发言，引起江苏省教育界和民盟教育界人士的高度重视，获得一致好评。

在2001年省政协全会上，索丽生和其他委员一起向大会提出，要努力改善民办高校的生源状态。他认为，随着普通高校的不断扩招以及高考政策的逐步放开，民办高校的生源逐年下降，学生报到率低，从而极大地影响了投资者、办学者的信心和学生的心理。为此，他建议逐步放开民办高校招生渠道，试行自主考试、自主招生，并允许民办高校与公办高校平等竞争。这一建议在当时引起了社会各界人士的广泛关注，《新华日报》报道了他的发言内容。

作为一名长期与水打交道的专家学者和政府官员，索丽生十分关心水利和环境问题。他说："人口、资源、环境是一个紧密联系的整体。比如我国的水资源总量并不少，但按人均水资源计，我国只有世界平均水平的四分之一，是一个贫水国。而人均资源少，就影响了环境，尤其是一些生态脆弱地区，人类过度的活动对环境的破坏是很厉害的。"他长期关注人与自然环境协调发展的主题，进行了许多卓有成效的调研。1996年，江苏省做出禁止在长江江苏水域采砂的决定。在进行了一系列科学的调研后，索丽生提出，目前全面禁止采砂的决定是完全正确的，但不应是一成不变的。因为，采砂虽然会造成塌岸等问题，但完全禁止后，河砂越来越多，又会造成河道淤积。况且，河砂本身也是一种资源，应制定规划，划定采砂区，有计划地采砂，对河砂善加利用。

## 持之以恒做好参政议政

2004年，民盟第九届中央委员会第三次全体会议增选索丽生同志为民盟中央副主席；2006年初起他转任民盟中央专职副主席，分管参政议政工作。索丽生深深感到，参政议政工作是参政党履行职能的第一要务，是关乎参政党事业兴衰存亡的头等大事，是民盟发挥作用、体现价值的根本所在，而深入实地、做好调查研究更是做好参政议政的源头和根基。从此，索丽生调研的脚步踏遍了祖国的天涯海角，在民盟中央重点课题的调研深度上更是做足了功课、下足了功夫。

从调研"东北生态经济区"建设发展、高校贷款情况、蓝色（海洋）经济区建设和海岛保护与开发、新农村建设和现代科技农业、文化生态保护实验区建设、成都统筹城乡综合配套改革试验区情况，到调研三峡库区移民问题、黑龙江"两江一湖"水资源利用、高原地区退耕还林和湿地保护问题、职业教育发展现状、高教改革与创新……在实际工作中，索丽生不仅将参政议政工作列入优先考虑的重要议事议程，积极制定和完善参政议政工作的各项计划和激励机制，还率先垂范、身体力行，亲自参与参政议政的具体工作。

2005年3月10日，北京人民大会堂，索丽生在全国政协十届三次会议上代表民盟中央作大会发言

2005年8月4日，西藏工布江达县，索丽生考察西藏水利时与阿沛新村藏民合影

黄河是中华民族的母亲河，是我国北方地区重要水源。早在1999年民盟中央就提出《关于加大投资力度，依法治理黄河的建议案》，此建议案被列为当年政协大会"一号提案"，引起有关部委和社会的普遍关注。此后的20多年里，民盟中央持续关注黄河的治理情况，从未间断过"保护母亲河"的相关工作。

2011年，索丽生参加民盟中央、水利部科技委联合组织的黄河河源区生态保护问题调研。在现场考察中，调研组经历了缺氧的考验，不顾自然条件恶劣，连续五天驱车沿黄河上溯1500多公里，在龙羊峡水库、羊曲水电站、唐乃亥水文站、班多水电站坝址、鄂陵湖、通天河、巴颜喀拉山区、玉树州结古镇等地考察水资源、地理、植被等生态环境现状和水文监测基础设施建设情况。

2011年7月4日，青海鄂陵湖，索丽生调研黄河源区保护时与当地村民合影

索丽生等在调研中提出，素有"中华水塔"美誉的三江源地区是中国最重要的水资源涵养区和生态功能区，对维护西北地区的生态安全及黄河流域水资源供给和社会经济发展十分重要。2005年国务院批准三江源自然保护区生态保护和建设总体规划以来，三江源自然保护区局部生态环境已有较为明显的改善，但从全局来看仍然是我国生态系统最脆弱的地区。建议国家根据青海特殊情况加大水利建设投入，给予特殊关怀，尽快为三江源地区生态移民建立长效的生态补偿机制，这既是全面实施"总体规划"的重要组成部分，也是增强各民族之间的团结、维护社会和谐稳定的重要举措。

索丽生对母亲河的关注不止于此。早在2008年11月，他就陪同民盟中央主席蒋树声到河南就黄河下游滩区综合治理情况进行调研，并向中共中央提出有关意见建议。2017年4月，索丽生已从民盟中央副主席的岗位上退了下来，但是当他收到民盟中央联合水利部科技委、黄河水利委员会在山东、河南开展黄河下游滩区综合治理调研的邀请时,不顾73岁的高龄,和调研组一行3天驱车1 000多公里,先后赴山东济南、菏泽和河南开封、濮阳、新乡、郑州等地,深入了解2008年建议的落实和完成情况,探寻黄河下游滩区治理中存在的新问题。当得知当年提出的意见建议部分得到了有效解决、有关试点和工程建设有条不紊地进行时,他深感欣慰,但二级悬河治理、滩区扶贫搬迁等新问题也引发了他的高度关注,他根据自己多年来参与河道治理的专业素养以及长期从事参政议政的工作经验,又提出了具有针对性和可操作性的意见建议。

"参政议政贵在持之以恒中与时俱进",这是索丽生在任期临近届满时的感悟和体会,也是他俯首躬身实地调研的最佳注解,而调研形成的多项建议得到了采纳和落实,部分建议直接推动了国家相关政策和机制的建立,辛勤耕耘已结出累累硕果。

2006年和2009年,索丽生陪同民盟中央主席蒋树声先后到黑龙江调研"两江一湖"开发情况和大兴安岭生态建设情况,调研成果受到胡锦涛总书记和温家宝总理等国家领导人的批示。

2009年,索丽生参与民盟中央与水利部科技委、水土保持司组成的联合调研组,赴四川和甘肃两省对我国坡耕地水土流失治理进行专题调研,相关建议向中共中央、国务院提交后得到胡锦涛总书记和温家宝总理的肯定,回良玉副总理做了具体的批示,新修订的《全国坡耕地水土流失综合整治工程规划》吸纳了部分具体建议并正式实施,在当年即投入100亿元,取得了良好的社会效益。

2010年,索丽生参与"完善收入分配机制,促进社会和谐发展"调研组赴广东实地调研社会收入分配领域的问题,并由民盟中央主席蒋树声、民盟中央第一副主席张梅颖联名提交政策建议信《关于完善收入分配机制、促进社会和谐发展的建议》,该建议获胡锦涛、温家宝等中共中央领导同志的重要批示，并由发改委召集 14 个部委开会专门落实。

2011 年，索丽生带队调研徽州文化生态保护区建设，形成《关于进一步推进徽州文化生态保护区建设的建议》，得到温家宝总理、刘延东国务委员的批示。

2013 年，索丽生率调研组赴天水市就"发掘西部先秦文化，打造西部先秦文化旅游品牌"开展专题调研，调研报告得到国务院副总理刘延东的批示，转交文化部有关部门制定相应政策并落实。

如果说调查研究是参政党履行职能、建言献策的看家本领，那么社情民意信息工作无疑是民主党派在与中共亲密合作中讲真话、做诤友的一大法宝。索丽生说："反映社情民意信息工作是参政议政工作的重要组成部分，是贯彻党的群众路线，促进党和政府决策民主化、科学化，履行好民盟参政党职能和展示民盟形象的一个重要途径"，"做好信息工作首先要领导重视，领导要亲自过问、带头撰写，要指定专人去抓"。他是这么说的，也是这么做的。

在担任民盟中央副主席期间，索丽生高度重视社情民意信息工作，不仅多次在全盟参政议政工作会议上强调社情民意信息工作的重要性，还亲自撰写辅导报告并制作 PPT，身体力行指导广大盟员如何写好社情民意信息。在索丽生的常抓不懈下，信息工作成为民盟中央履行参政议政职能的重要途径，连续多年名列全国政协系统第一位，《建议成立国家生物技术局》《乡镇农业技术推广采用"花钱买服务"的方式不妥》《建议积极开展农民集体非农建设用地使用权流转制度改革》《关于新农村建设资金来源的建议》《对完善财政转移支付制度的建议》等多篇信息得到党和国家领导人的批示，其中部分建议得到采纳。

在多年分管参政议政工作的过程中，将举办论坛和研讨会与参政议政工作有机结合起来，也是索丽生持续探索拓展参政议政途径的显著特点。他不仅注重发挥民盟的界别特色和传统优势，致力于做优高等教育、

2016年11月22日，湖北宜昌三峡工地，索丽生参加三峡工程验收时在电站厂房留影

基础教育领域系列研讨会等"老字号"，更在灾害管理、海洋经济、城市文化等方面多点开花，持续发力打造新品牌，获得社会各界好评。

海洋经济研讨会是民盟中央经济和区域发展委员会参与发起主办的一项旨在推动我国海洋事业全面快速发展的活动。民盟中央根据论坛成果报送的建议信《关于更进一步加快发展我国海洋事业的建议》《关于加强海岛管理、开发、建设和保护的政策建议》等多次得到胡锦涛、温家宝同志的重要批示，曾培炎副总理就落实批示精神提出了具体要求，研讨成果有力地促进了我国海洋事业和沿海省市海洋经济的发展，成为民盟有特色、有成效、有知名度的参政议政品牌之一。

在筹办论坛研讨的过程中，索丽生尤其注重发挥专委会和地方组织的主体作用，注重加强与部委、地方党委政府的合作，他说，"在多党合作事业蓬勃发展、执政党充分加强自身建设的今天，仅凭杰出领袖的个人崇高威望而'独当一面'的参政议政做法，已不符合当前实际""必须坚持凝聚全盟力量，充分挖掘和广泛利用盟内外资源"。因此，到今天，由民盟中央教育委员会主办的教育研讨会、民盟中央经济委员会主办的民生论坛，和有关部门联手协办的"灾害与社会管理专家论坛"等均已成为同心凝聚智慧、交流共谋发展的优秀品牌。

　　作为中国民主同盟的一员和民盟中央的原负责人之一，作为中国共产党领导的多党合作和政治协商制度众多参与者和亲历者之一，索丽生虽然已经离开领导岗位，却一如既往地默默关注着民盟和我国多党合作事业的发展，始终把国家需要放在首位，始终对参政议政履行职能充满了感情。就像他在一次盟务工作研讨班上说的那样："既然我们选择了民盟，民盟也选择了我们，盟的事业就是我们终生努力奋斗的事业。在盟一日就要——多思自我提高之方，多谋兴盟强盟之措；多建科学发展之言，多献共建和谐之策；多做兴国强国之事，多尽福民惠民之力。"这是他对广大专职盟务干部的谆谆教诲，也是他的肺腑之言。

（夏倩倩　于永芳）

# 智为政所用　策为民而谋

——记江苏省政协副主席，民建江苏省委会主委洪慧民

洪慧民儒雅、谦和，是一位学者型领导干部。他在南京理工大学任教 15 年，曾任南京理工大学经济管理学院副院长、教务处处长；在省监察厅任副厅长 18 年。1998 年，洪慧民加入中国民主建国会，2002 年任民建江苏省委会副主委，2012 年任主委。大道直行，从年轻的党外干部逐步成长为党派领导人，洪慧民忠实践行参政为民的初心使命。

## 教书育人培桃李

洪慧民 1962 年出生于福建南安。1978 年，年仅 16 岁的他参加高考，在激烈的竞争中脱颖而出，以高分考入厦门大学物理系。毕业后，他选择了继续深造，考上华东工学院，也就是今天的南京理工大学，攻读弹丸专业研究生。

1985 年，成绩优异的洪慧民选择留校任教，开始了教学生涯。当时国家急需培养经济人才，学理工出身的洪慧民服从安排，转到经济管理专业。这个领域对他而言，几乎是从头开始。带着激情、梦想和教育报国的情怀，洪慧民走上了三尺讲台。他总是能把枯燥的经济学理论用生动的语言、经典的案例讲得深入浅出。无论是学生还是学校都对他的教学给予了高度评价，学校每学期都会组织学生给任课老师打分，洪慧民得分始终位于前列。人们很难相信这个对各种经济学理论了然于胸，各类案例信手拈来的年轻老师，竟然是学理工科出身。只有洪慧民自己知道，为了上好课，自己付出了怎样的努力。为了备课，他几乎泡在图书馆，查阅了所有能查阅的资料。他的每份教案总是从薄到厚、从厚到薄一改再改。那些了然于胸的理论是他挑灯夜读的收获；那些信手拈来的案例，更是他精挑细选，斟酌再三才定下的。

一分耕耘，一分收获。江苏省教育委员会"红杉树"园丁奖银奖，江苏省优秀教材二等奖，南京理工大学优秀教学成果一等奖……洪慧民拿到了当时与教学有关的多数奖项。在科研领域，洪慧民潜心钻研，先后发表《分期付款的研究》《对我国粮食流通体制改革的思考》《试论我国关税现状及其制度改革》《"入世"对纺织业的冲击》《试论我国二板市场的构建》等多篇学术论文，36岁时被评为教授。20岁到38岁，洪慧民一生中最美好的青春年华都是在南京理工大学度过的，这段时光和这个校园，留下过他的梦想、激情和青春。

## 恪尽职守显担当

2000年7月，时年38岁的洪慧民出任江苏省监察厅副厅长，分管执法监察和纠风工作。至2018年离任，他在省监察厅工作长达18年，成绩斐然。

刚到监察厅工作不久，洪慧民就在厅长的直接领导下，贯彻落实监察部的部署，推进我省工程建设专项治理工作，率先在全省推行招投标

2007年5月,时任民建省直工委主任的洪慧民亲手将省直工委募集到的捐款递交计划生育困难家庭代表手上

2018年6月,民建省委会与爱德基金会共同发起的"思源爱民公益基金"成立仪式在南京举行

有形市场建设,促进限额以上工程招标项目全部进场交易。组织开展《中国监察机关在工程建设领域工作手册》试行的国际合作,推动建筑市场规范化建设。专项治理成果得到中纪委、监察部(2018年并入国家监察委员会)的充分肯定,在江苏召开了现场会,向全国进行推广。

主抓行政审批制度改革,大幅削减审批事项,优化审批流程,减少审批环节,缩短审批时间,推动全省行政审批服务中心建设成效明显。2005年下半年,洪慧民带队去昆山调研总结"三级便民服务网"经验,即市级建立行政审批服务中心;乡(镇)建立便民服务中心,将基层站所涉及为民办事、服务的办理事项集中办公,提供一站式服务;村(社区)成立便民服务室,服务群众、方便群众,形成县(市)、乡(镇)、村三级便民服务网。他将昆山构建"三级便民服务网"情况向省政府专题报送,列入省政府工作部署,在全省推开,进一步促进全省各级政府转变职能、提高效能。由于在推动行政审批制度改革工作中成绩突出,洪慧民被国务院行政审批制度改革办公室聘请为专家组成员。

推行重点工程纪检监察派驻制,实行对全省重点工程的全过程跟踪监督。组织协调对苏通大桥、奥体中心等工程进行重点监督。成立重点工程纪检监察派驻领导小组,洪慧民任组长,全省各地相继建立监管体系,对市属重点工程派驻监督,并在交通、水利系统全面推广。国家交通部、水利部先后在江苏召开现场会,推广江苏经验。

推行推广远程异地评标和网上招投标。2010年,我省对政府投资房屋和市政基础设施项目,率先实现网上远程异地评标"两个全覆盖"的工作目标,得到各级领导高度评价和社会各界的广泛关注,中央治工办专门编发简报专刊介绍江苏做法。洪慧民领导工作组进一步总结完善远程异地评标工作,努力提升工作水平,在交通、水利建设项目和政府采购项目上全力推行。会同江苏省住建厅招标办对全省建设工程实现网上招投标进行调研论证,召开工作推进会,与相关部门联合开展对各市的指导和督促检查。至2012年,全省13个设区市政府投资工程全面实现网上招投标,招投标全程电子化、网络化,此项工作长期处于全国前列。

组织做好重特大安全生产事故责任追究工作。会同江苏省安监局等部门,进一步加强对各市落实安全生产责任制、执行安全生产法律法规情况的监督检查,开展安全生产隐患大排查、消防安全专项检查等工作。在调查处理重特大安全生产事故工作中,他都第一时间赶赴事故现场,和调查组的同志一起认真调查取证,分清责任,研究处理意见。事故处理结果,均得到江苏省政府及监察部认可。

在全省组织开展查处土地违法违规案件专项行动。根据监察部(现国家监察委员会)、国土资源部(现自然资源部)、财政部、建设部(现住建部)、审计署和省政府的部署,会同江苏省国土资源厅(现自然资源厅)积极推行经营性土地和工业用地招拍挂制度,率先建立有形市场。对全省土地招拍挂和征地拆迁工作开展监督检查,严肃查处了一批违法用地、违规占用基本农田、以租代征等征地拆迁领域的违纪违法案件,严格追加了责任人和领导的责任。

深入开展对全省环境保护和节能减排工作的监督检查。这是行政监察的一项常规性工作，洪慧民除了参加省政府组织的检查组工作之外，每年都要组织和省环保厅联合挂牌督办一些环境违法案件，严肃追究相关人员的行政责任，推动环境保护工作深入进行。他对这项工作高度重视，亲自带队检查，一是以太湖水污染防治为重点，进一步强化对节能减排和环境保护工作的监督检查，会同江苏省太湖办、省环保厅（现省生态环境厅）对污染严重的太湖周边地区进行现场督查，明察暗访污水处理厂、生产企业及蓝藻打捞点20余处，发现各类问题20多个，向无锡、常州两市政府下发了督查情况通报。二是统一开展建设项目环评审批和"三同时"制度执行情况专项执法监察，召开专门会议进行培训，组织各地认真开展自查自纠和交叉互查，将互查中发现的问题书面反馈给有关市，督促其进一步抓好整改。会同有关部门对重点行业和企业节能减排目标落实情况开展检查，严肃处理违反能源管理和环境保护法律法规的问题。与省环保厅研究制定了《重点环境违法问题挂牌督办和责任追究办法》，对挂牌督办和责任追究作出制度规范。《中国环境报》《新华日报》作了全文刊载。他本人也获得环保部（现生态环境部）、监察部"整治违法排污企业，保障群众健康环保专项行动"先进个人。

积极推进工程建设项目信息公开和诚信体系建设。2011年，在全省发改、经信、住建等10个部门全面推行工程建设项目信息公开和诚信体系建设，推动相关部门建成省、市、县三级工程建设项目信息和信用信息互联互通数据库，并率先实现与国家级工程建设领域项目信息和信用信息综合检索平台的连通。同年11月，中央治工办联合工信部在南京召开了全国工程建设领域项目信息公开和诚信体系建设工作现场推进会，对江苏的经验做法给予充分肯定，认为江苏省这项工作走在全国前列。

牵头组织开展规范基层行政执法专项活动。2013年，在洪慧民的积极建议和推动下，江苏在全国率先开展规范基层行政执法专项行动。会同省政府法制办以及省公安、人社、国土等7部门，从梳理执法依据、推进执法公开、加强行政监督等6个方面入手，着力解决基层执法和服务中存在的有法不依、违规执法、乱收滥罚等问题。全省各级纪检监察机关加强对专项行动的组织协调和督促推动，全省各级行政执法机关共排查各类问题11 350个，整改10 894个，建立制度4 990个，受理举报行政执法违纪违规案件953件，查实397件，给予党政纪处分93人，组织处理52人，移送司法机关13人，《中国纪检监察报》2014年1月7日头版以《江苏由参与执法转向监督执法　突出"执法的再执法"》为题作了专题报道。

洪慧民分管的纠正医药购销中的不正之风、治理公路河道"三乱"、减轻农民负担、减轻企业负担等工作都取得明显成效，受到委厅领导和监察部领导的肯定。他加强行政效能监察工作，在建立政务网的基础上，推动建立电子监察系统，完善权力监督制约机制，推进行政权力网上公开透明运行。

党的十八大以后，根据党中央和中央纪委的统一部署，全国各级纪检监察机关调整工作重心，聚焦主责主业即监督、执纪、问责。洪慧民分管部分案件检查室的工作。在省纪委常委会和分管副书记的领导下，和分管的案件检查室的同志们一起认真开展工作，先后立案查处了10多起重大案件，其中8人移送司法机关追究法律责任，收到很好的政治效果、法律效果和社会效果。

回顾洪慧民在监察厅18年的工作，他的老同事给予了这样的评价：他在工作中能始终找准工作定位，正确处理好与分管书记和室主任的关系，谦虚谨慎，自觉服从常委会和分管书记的工作安排；他年富力强、知识丰富，为工作带来了许多新思想，新观念；他低调务实、积极有为，对分管的工作既注意听取意见，尊重室里的想法，又能具体指导，提出新思想、新要求，解决工作中遇到的难题；他清正廉洁，严于律己，从不利用职务之便谋取私利，从来没有违规交办过任何个人事项。

## 知无不言不讳言

2012年7月，洪慧民不负众望，当选为民建江苏省委会主委。常怀忧会之心，恪尽兴会之责，对于党派的履职工作，他一直强调不仅要有高度、有深度，更要接地气、求实效，坚持全面深入地调查研究，倾听最真实的声音，了解最真实的情况，做到"不知不言不轻言，知无不言不讳言"。

洪慧民上任之初，民建江苏省委会促成淮安"白马湖生态环境保护项目"入选国家重点江河湖泊保护计划。白马湖位于淮安境内，面积108平方千米，是江苏省十大湖泊之一，是国家南水北调东线上游重要的过境湖泊，也是淮安市中心城区第二饮用水源地。2013年，民建江苏省委会就淮安市"白马湖生态环境保护项目"提出争取国家"良好湖泊环境保护项目"立项工作的建议，得到了民建中央主席陈昌智的高度重视，经过与财政部、环保部的多次协调和沟通，该项目获得环保部的立项。迄今为止，该项目已获得国家专项财政资金超10亿元，是淮安历史上获得的最大单体工程扶持资金。中共淮安市委、市政府专门致信民建江苏省委会表示感谢。

南京海事法院的成立则是洪慧民和民建江苏省委会为江苏经济社会发展做出的另一份努力。江苏是海洋大省，随着江苏港口经济和航运事业的快速发展，发生在省内的海事海商纠纷逐渐增多，由于省内没有专门的海事法院，相关案件只能向上海、武汉这两家海事法院起诉。洪慧民通过深入调研了解到，这种由两个异地法院分割和交叉管理的体制，客观上造成了法院之间管辖权的争议和扯皮，司法效率低下，而且武汉和上海海事法院的派出法庭只负责审理，一般不负责执行。奔波、劳累、判决与执行脱钩，造成了企业负担严重。这种现状，已经成为江苏省对外经贸发展的巨大掣肘。为此，洪慧民在全国政协十三届一次会议上，专门提交了《关于在江苏省设立海事法院的建议》，得到最高法院的重视。2019年12月4日，南京海事法院正式成立。最高人民法院党组书记、院长周强，时任江苏省委书记、省人大常委会主任娄勤俭为南京海事法院揭牌。洪慧民应邀出席揭牌仪式。

洪慧民对江苏数字经济发展也给予了大量关注。数字经济的诞生和崛起，正迅速深刻地改变人类的生存与发展方式。他通过全面深入的调研了解到，江苏的数字经济发展虽然较快，但主要扮演的是产业追随者和使用者，而不是引领者和创造者的角色。多数企业以简单引进和技术模仿为主，总体处于中低端环节，缺乏有影响力的企业和平台，集聚创新动能不足。他决定，将助力江苏数字经济发展作为民建江苏省委会参政议政工作的重点。2019年民建省委会在省政协大会口头发言《关于推进我省数字经济发展的建议》，政党协商课题是"抓牢'数字丝绸之路'机遇 为我省'一带一路'交汇点建设注入新动能"；2020年在省政协大会上的口头发言《尽快布局 精准施策 力争江苏区块链产业发展国内领先》《关于加快我省工业互联网建设的建议》被选为江苏省政协重点督办提案。2020年10月，省政府办公厅印发《关于深入推进数字经济发展的意见》，对我省数字经济发展作出战略性安排和系统部署，把发展数字经济作为推动经济社会转型和改革创新的重要抓手和主攻方向。

2014年，洪慧民在全国政协全会上提交个人提案《关于我国税收体制改革的几点建议》，提出国地税合并的观点；2018年他再次提交个人提案《关于国税、地税系统进行机构合并的建议》，同年6月，省级和省级以下国地税机构合并。2016年，他提交个人提案《建设淮河

生态经济走廊 推动中东部地区协调发展》，2018年11月国务院关于淮河生态经济带发展的规划正式印发。2018年，他带队完成民建中央指定调研课题，提出《关于支持苏皖合作示范区建设的请示》，当年11月国家发改委正式批复同意苏皖合作示范区建设……洪慧民用自己的努力，将参政议政工作和国家经济社会的发展，紧紧地联系在了一起。

对于民主监督工作，洪慧民同样强调要注重实地调研。2020年，中共江苏省委、江苏省政府首次联合发文支持各民主党派省委、无党派人士开展专项民主监督。7月2日，中共江苏省委召开安全生产专项民主监督启动会，当天下午，民建省委会调研组奔赴泰州市开展前期调研。7月9日，制定并印发了《民建江苏省委开展安全生产专项民主监督工作实施方案》，成立了洪慧民为组长的民建江苏省委会安全生产专项民主监督工作领导小组。7月13日至8月21日，短短一个多月，洪慧民带队先后多次赴连云港、无锡考察调研，与党政领导、省市安委办负责同志、安全生产各行业领域主管部门负责同志和部分基层乡镇、企业负责人进行了座谈。调研组连续一周，驱车近2000公里，一一登门拜访两市16家基层单位，调研30余家企业，共召开各级各类座谈会22场次，与近200位直接从事安全生产管理的政企一线工作人员展开了面对面交流，掌握了两市大量安全生产工作第一手资料，在此基础上，完成近3万字考察报告，向两市进行反馈，并报送中共江苏省委、江苏省政府。

经过持续努力，民建江苏省委会参政议政工作硕果累累，但是洪慧民并没有止步，决定与省发改委、南京师范大学联合共建江苏经济现代化发展研究院，本着"资源共享、互惠共赢、协同发展"的原则，探索民主党派、政府部门和高校的新型合作模式。在民建中央的支持下，十二届全国政协副主席、民建中央原第一副主席马培华担任研究院专家委员会主任，白重恩、杨成长、张兆安、李虹、沈坤荣等24位知名经济界专家学者和企业家担任专家委员会委员。2018年12月21日，江苏经济现代化发展研究院成立大会暨"江苏经济高质量发展"高峰论坛在南京成功举办，邀请研究院专家委员会的专家学者共论江苏经济高质量发展。《新华日报》连续两天在"要闻"版跟踪报道了此次成立大会和论坛活动的盛况，特别以题为《打破路径依赖，激活新动力源——专家学者"支招"江苏经济高质量发展》的专稿，介绍了各位专家学者的精彩演讲，在省内产生了较大影响。研究院成立后，举办了"长三角民营经济发展论坛""数字经济与智能制造"专题讲座、企业家会员培训等一系列活动，民建江苏省委会选取重点课题委托研究院立项开展课题研究工作，持续关注和研究江苏制造业高质量发展。研究院正逐步发展成为兼具特色优势的省级智库，为推动江苏经济转型升级和高质量发展发挥重要作用。

参政议政是党派最重要的工作，洪慧民一直这样强调。他认为，做好民主党派参政议政工作，视野和格局不能局限于一时一域，要有谋长远和谋全局的高度和格局，在"两个大局"中客观认识经济社会发展面临的问题，把握工作方向，明确工作思路，深入调查研究，提出高质量的意见建议。他长期身兼数职、工作繁忙，但身体力行坚持学习。尽管离开校园多年，他仍会给会员做专业的经济形势辅导报告。

## 社会服务谱新篇

民建始终把做好社会服务工作作为履行参政党职能的重要实践活动，并打造形成了"思源工程"优秀品牌，成为社会服务工作的重要抓手。民建江苏省委会紧紧依靠"思源工程"抓手，努力整合资源、创新形式、扩大影响，在广大会员的积极参与下，持续开展"生育关怀行动""关爱抗战老兵"和"爱民助学"等社会公益项目，形成了"思源工程"鲜明的江苏特色。"思源工程——生育关怀行动"是民建江苏省委会上一

洪慧民参观南京财经大学基层委员会成立20周年展览

届领导集体耕耘了数年、逐步形成的民建江苏省委会具有江苏特色的品牌公益项目。2012年，洪慧民当选民建江苏省委会主委后，继续在全省范围内开展"思源工程——生育关怀行动"，切切实实帮助了一批特殊困难群体。2017年，"思源工程——生育关怀行动"进入第三个五年之际，民建江苏省委会和江苏省计生协决定开启以精神慰藉为主的帮扶活动，即以共建"思源工程——生育关怀行动"连心家园为主要形式，通过"政府主导、协会牵头、社会参与、群体互助"的机制开展系列精神关怀活动，引导计生特殊家庭走出悲伤、融入社会。截至2020年年底，民建江苏省委会已在苏州通安、扬州曲江、泰州刁铺、常州奔牛、无锡雪浪等五地建立了"思源工程——生育关怀行动"连心家园省级示范基地，进一步推动全社会对做好帮扶失独家庭工作的认识。

南京民间抗日战争博物馆由民建会员吴先斌个人投资筹建，是江苏省第一座反映抗日战争的民间博物馆。在赵龙和洪慧民两任民建江苏省委会主委的长期关心努力下，2014年7月10日，南京民间抗日战争博物馆被命名为"民建中央爱国主义教育基地"。该馆从2005年起坚持寻访南京大屠杀幸存者和抗战老兵，发起"关爱抗战老兵"和口述历史拍摄行动，被社会誉为"履行了一个公民的国家责任"。洪慧民深深地感觉到，这样有意义的事，不仅需要吴先斌这样的人来做，也需要民建发挥特色优势来做，还要倡导全社会共同来做。2015年7月，民建江苏省委会、民建南京市委会、爱德基金会联合发起成立"纪念抗战胜利专项公益基金"，以南京民间抗日战争博物馆为载体，通过抗战大讲堂、抗战老兵背包、抗战老兵慰问金等多种形式关怀抗战老兵，开展纪念抗战系列公益活动；9月2日，民建江苏省委会、民建南京市委会、爱德基金会和南京民间抗日战争博物馆联合发起"英雄之名 老兵未远——聚首·70年"抗战胜利纪念活动，邀请来自全国的51位曾经英勇保卫祖国的抗战老兵们欢聚一堂，与社会各界人士共同庆祝中国人民抗战胜利暨世界反法西斯战争胜利70周年，弘扬爱国主义精神，关爱抗战老兵。

此后，民建江苏省委会把募集纪念抗战胜利专项基金、开展关爱抗战老兵等系列公益项目和活动作为社会服务的一项长期性工作。2015年至今，共募集134万余元用于关爱抗战老兵的慰问活动，共计慰问老兵1900余人次。"说实话，我以为关爱抗战老兵这个活动2015年做完就不做了，结果每年到9月前后，洪主委就打电话来提醒我们，安排什么时间去看望老兵？"吴先斌说："六年来，洪主委每次都亲自带队去看望老兵，不光我很感动，老兵和家属都非常感动。很多老兵的子女说，感谢民建人对老兵的关爱，他们对民建组织有了更深刻的认识。"吴先斌回忆道："到第三年，我忍不住问洪主委，每年您都亲自带队去慰问抗战老兵，民建的公益项目很多，你们为什么每做一个项目都要把它作为一个模式固定下来一直做？"洪主委说："做好事不难，难的是一直做好事。我们要把慰问老兵项目一直做下去,坚持把好事做好。"

抗战老兵们常说,我们不怕死,就怕被遗忘。对历史最好的纪念就是铭记历史。募集纪念抗战胜利专项公益基金,依托民建爱国主义教育基地南京民间抗日战争博物馆,联合爱德基金会开展"思源工程——关爱抗战老兵活动",在关爱老兵、铭记历史、弘扬爱国主义精神的同时,也成为民建江苏省委会继"思源工程——生育关怀行动"后,又一个温暖人心的社会服务品牌。

洪慧民出生于农村,生长于农村,直到16岁外出上大学,才第一次离开农村,他对农村有着深厚的感情,深知农民的疾苦。建设幸福乡村,改变农村贫困落后的面貌,一直是萦绕在洪慧民心头的愿望。在为民建老前辈冷遹先生的纪念馆申请民建中央爱国主义教育基地的时候,洪慧民去参观过几次。冷遹先生早在20世纪20年代,就在镇江建立了黄墟农村改进试验区,身体力行地进行农村实业建设实践,在村政、农业、教育、水利建设等方面多有建树。这些实践探索,给洪慧民深深的启示。经过先期调研,洪慧民决定按照《江苏省乡村振兴战略实施规划(2018—2022年)》要求,集中会内力量,在省内打造一个实践基地,助力江苏乡村振兴战略实施。

2019年,民建江苏省委会把宿迁市王官集镇花园村设为定点帮扶村,募集捐款100万元支持花园村基础设施建设。2020年4月,为持续助力花园村建成美丽新农村,民建江苏省委会在花园村设立助力乡村振兴实践基地,专门成立企业委员会乡村振兴专委会,长期对接花园村产业发展。2021年4月,为进一步促进民主党派与高校的优势互补、协同创新,继承和发扬冷遹先生的乡村建设思想,民建江苏省委联合江苏大学共建江苏乡村振兴研究院,共同助力江苏率先实现农业农村现代化发展。

在长期的工作中,洪慧民一直在思考,民建联系经济界,有很多优秀的企业家会员,他们常年慷慨解囊支撑着民建省委会的社会服务工作,

2019年12月,洪慧民慰问抗战老兵

但企业家会员加入民建的初衷并不只是做公益。民建中央发起成立了中华思源工程扶贫基金会资助"思源工程"活动,如果江苏也能成立一个公益基金,用民建密切联系经济界的优势来广泛凝聚会内外力量,吸引全社会爱心人士参与其中,就能为江苏民建的社会服务工作不断注入源头活水。在前期合作的基础上,民建江苏省委会决定与爱德基金会联合设立"思源爱民公益基金",并向全省民建各级组织发出倡议,得到了全省各级组织和广大会员的积极支持与热烈响应。洪慧民亲自致电部分长期热心会内公益事业的企业家会员,向他们介绍了成立思源爱民公益基金的背景、目的、意义及今后的运作方式。2018年6月,民建江苏省委会与爱德基金会正式签署合作协议,成立思源爱民公益基金,对外用于开展民建省委会服务社会公益项目,彰显民建组织的社会责任、扩大民建社会影响力;对内服务会员,体现组织温暖,增强组织凝聚力。思源爱民公益基金设立后,得到民建全省各级组织和广大会员的积极支持,成立以来累计筹款 4 049 341 元,为"生育关怀行动""关爱抗战老兵"和"爱民助学"等传统社会公益项目，对口帮扶河北丰宁和宿迁花园村，新冠疫情暴发后对口援助湖北黄石等项目累计支出 3 782 329元。为了严格管理、规范运作，民建江苏省委会与爱德基金会成立基金理事会，让公益过程会员知晓，让公益行为规范有序。思源爱民公益基金项目实施后获得了良好的社会反响，极大地激发了广大会员参与民建省委会公益项目的热情，随着项目的深入开展，民建的社会服务工作也得到社会各界的广泛认同和积极参与。

2022 年 7 月 7 日，在民建江苏省十届一次全委会议上，洪慧民第三次当选为民建江苏省委员会主任委员。前一天，民建江苏省第十次代表大会隆重开幕，洪慧民代表第九届委员会作了题为《凝心聚力齐奋进 携手同行谱新篇 为"强富美高"新江苏现代化建设贡献力量》的工作报告。这也是洪慧民践行中国共产党领导的多党合作和政治协商制度的心声。他认为：百年的统战工作史，既是中共党史的重要组成部分，也是一部民主党派在中共领导下不懈努力的奋斗史。在全面建设社会主义现代化新征程上，江苏民建要坚持以习近平新时代中国特色社会主义思想为指导，坚定不移接受中共江苏省委领导，围绕中心、服务大局，用实际行动为"强富美高"新江苏现代化建设贡献力量。自 2012 年担任民建江苏省委会主委以来，一直牢记职责使命，勤勉工作，恪尽职守。老牛亦解韶光贵，不待扬鞭自奋蹄。自己将同领导班子成员一道，团结带领全省广大会员，接续做好新一届民建省委会各项工作，决不辜负大家的信任和重托。

展望未来，洪慧民表示，中共十九届五中全会系统谋划部署"十四五"时期经济社会发展，擘画了我国未来五年以及十五年的发展新蓝图。习近平总书记在江苏视察时，殷切期望江苏"在改革创新、推动高质量发展上争当表率，在服务全国构建新发展格局上争做示范，在率先实现社会主义现代化上走在前列"。我们要以习近平新时代中国特色社会主

洪慧民赴重庆开展爱国爱会教育活动

思想为指导,深入学习贯彻习近平总书记视察江苏重要讲话指示精神,深入学习贯彻习近平总书记在庆祝中国共产党成立100周年大会上的重要讲话精神,振奋精神、凝心聚力、履职尽责,以中国特色社会主义参政党的使命担当,在围绕中心、服务大局中实现更大作为,为江苏"争当表率、争做示范、走在前列"贡献力量。

(赵华　殷晓宇)

# 时光素描

——记江苏省人大常委会原副主任，民建江苏省委会原主委赵龙

江苏民建有着光荣的历史，冷遹、刘国钧、张敬礼、陈邃衡、黄孟复等等，都是江苏民建各个时期具有广泛影响的杰出代表，他们因为使命、因为情怀、因为挑战、因为担当，抱诚守真、执着不懈。

"在 21 世纪的第一个十年里，赵龙同志担当起了江苏民建的主要领导责任。由于工作关系，我对赵龙同志比较熟悉。仅仅在最近几年，他在全国政协大会上作关于全运会体制改革的个人口头发言，得到贾庆林主席的称赞；在民建中央常委会议上作关于领导班子建设的发言，受到昌智主席的充分肯定，发言被印发各省级组织。赵龙同志以其强烈的工作责任心、出色的领导艺术、丰厚的人文素养和独特的人格魅力，赢得了民建中央领导和同志们以及江苏民建各级组织和广大会员的充分认同和广泛尊重，这不仅是赵龙同志个人的荣誉，也是江苏民建的骄傲。由于年龄的原因，赵龙同志不再担任民建江苏省委的领导职务，我建议，大家以热烈的掌声向赵龙同志表示衷心的感谢和崇高的敬意！"这是时任民建中央副主席王永庆在 2012 年民建江苏省第八次代表大会闭幕会上的一段讲话。他还说："灵机一动的事情不能成为特色，只有通过坚持积淀下来的东西才能成为特色，这是江苏民建的传统和优势，是财富，决不能丢掉。""任何的创新都来自对工作的能动思考和能动实践。民建江苏省委的创新还有很多，希望新一届领导集体把这种能动气质继承下来，创新并坚持出你们新的特色……"

## 相逢民建

1968 年，从南京邮电大学毕业后，22 岁的赵龙被分配至无锡市邮电局，从分拣员、机务员干起，他凭着骨子里与生俱来的勤勉、认真、好学、善思，先后研制出盘板双翻式包裹分拣机、可控硅稳压充电机、长途电话叫号设备、报刊发行数据微机处理系统等。邮局的工作效率得到了极大提升，赵龙也从一名普普通通的技术人员逐步成长为设备组长、科长，1986 年 12 月，40 岁的赵龙被任命为无锡市邮电局副局长，成为局里当时最年轻的领导之一。

1987 年，民建的组织发展工作进一步明确以中年知识分子为主，把经济师、会计师、统计师、工程师等作为重点发展对象。41 岁的赵龙因其出色的工作业绩，被当时刚刚从副市长转任市政协副主席的民建市委会副主委李永锡看中，经过几番深入的交谈后，赵龙加入了中国民主建国会。那时，距离民主党派恢复活动才刚刚几年，会员队伍老化严重，赵龙等一批中青年知识分子的加入，不啻一股新鲜血液，为民建事业的发展注入了新的活力。入会以后，赵龙遇到了他在民建道路上的良师——时任民建无锡市委会主委的庄申，在庄申的关注和爱护下，他开始接触民建的会务工作。1988 年 10 月，赵龙当选为民建无锡市委会副主委。

1996年，赵龙接过庄申手中的接力棒，成为民建无锡市第八届委员会主任委员。多年以后，庄申85岁寿诞，已是民建江苏省委会主委的赵龙专程前往贺寿，在满堂民建后生面前，赵龙重又提及庄申当年对民建组织那番情意深重的告白，"在改革开放新时期脱颖而出的人才，一定能够紧跟历史前进的步伐，回答时代的召唤，使自己成为跨世纪的高素质的骨干，使民建担当得起跨世纪的历史任务"，"虽然从领导职务退了下来，但作为一个会员，一个民建'老兵'，是'终身制'的，今后凡组织上要求会员做到的，我一定照做不误。我要努力保持民建的优良传统，努力保持自己的晚节"。老前辈当年的话语，赵龙始终铭记于心，老前辈的风范与担当时刻提醒着他身处领导岗位就要为民建事业殚精竭虑。

无锡民建是在江苏地区成立较早的民建市级组织，会员人数多，会员队伍老龄化现象比较突出，并且随着经济形势的发展变化、国有企业的改制，在企业工作的民建会员工作生活都受到很大影响。会员队伍怎么带？组织凝聚力和向心力如何增强？这不比在邮电局里弄技术、搞管理，如今的赵龙，作为代表性人物，站在无锡民建各级组织和全体会员的最前端，一举一动都在会员眼里，一言一行全在会员心中，每一个决定对组织来说都至关重要。赵龙要求民建机关的各项工作要在说理性、针对性和人情味上下功夫，通过一系列的思想引导，让大家找准角色定位，明确会员责任和义务，同时也通过协调解决会员在医改、房改、教改、拆迁中遇到的具体问题，坚定他们对稳定、改革、发展的认同感，大家都对怎么当好一个民建会员达成了共识。

创建学习型支部，是赵龙一直以来对民建基层组织建设工作的期望。在民建无锡市委会机关的引导下，无锡民建各基层组织根据自身实际进行学习型支部的创建，无锡市机械科技支部在这其中脱颖而出，他们在支部中充分尊重会员的主人翁地位，"会员即支部""人人都是支部主任",支部开展的互动式学习,人人是老师,人人是学生,形成了良好的学习共享与互动。2002年10月、2003年11月,民建中央主席成思危、副主席路明先后亲临无锡,参加了机械科技支部的组织生活。民建江苏省委会也因无锡民建基层组织建设的蒸蒸日上,选择在无锡召开了"二十一世纪与参政党——基层组织建设理论与实践研讨交流会"。有了民建中央、民建省委会的充分肯定,又有现成的机械科技支部的示范带动,民建无锡市委会基层组织出现了学先进、争先进、创建学习型支部的热潮。

进入2000年以后,无锡民建老会员占会员人数近50%,特别是一批原工商业者,走访、慰问、谈心、交流,尽最大努力给予他们关心和帮助,是赵龙特别要求民建市委会机关要做好的工作。2002年4月,民建无锡市委会对原工商业者生活情况进行了全面普查,2003年上半年,无锡民建原工商业者及13位原工商业者遗孀生活困难问题全部得以解决。

2002年6月,无锡市政府和民建考察团在副市长、民建市委会主委赵龙的带领下,赴革命老区延安进行考察和扶贫助学,赵龙代表无锡市政府向延安市医疗急救项目进行捐赠,民建考察团成员向延安工业学校的特困学生捐赠了来自无锡民建会员们的捐款。2003年,延安、无锡两地民建组织签订了《友好合作备忘录》,缔结友好协作关系,开展长期的深层次合作。由赵龙倡导的延安助学活动一直持续到了2012年,在长达10年的捐资助学中,通过民建无锡市委会牵线结对直接受到资助的延安市优秀贫困生近2 000人,捐款捐物折合人民币近千万元。

## 合作共事、从政为民

新世纪到来之际,民建无锡市委会主委赵龙出任无锡市副市长,分管文化、教育、卫生、体育等工作。两副工作担子，都是既重要又繁忙。刚刚走上市领导岗位，赵龙内心是忐忑的。在邮电局任副局长，既搞技术又抓管理，他是一步一个脚印从基层做起的，由简入难，倒也得心应手。在民建市委会当主委，他有会务工作经验丰富的驻会副主委及工作班子可倚重，还有德高望重的民建前辈时时可请教。在这副市长岗位上，他分管的样样工作、件件事情都事关无锡百万市民的起居生活，他可以依靠的恐怕就只有他在走上这个岗位时给自己定下的原则：坚持党的领导，勤政为民，廉洁奉献，用实际行动回报党和人民。

多年来，受计划经济影响，医疗机构在政府包办、多头主管的背景下，成了一个非常奇怪的联合体，医院的院长看上去既独特又无奈。到了 2000 年前后，无锡的公立医院机构运行不畅、经费投入不足、工资分配不活、市场竞争力不强，已经陷在"群众看病喊贵，医院在改革中叫穷"的怪圈中难以自拔。怎么办？再难办也得办！就在这时，国务院八部委《关于城镇医药卫生体制改革的指导意见》出台，为探索新形势下医院管理和运行机制的新模式提供了政策依据。赵龙找来了市卫生局局长商量，找来了市体改办、计委、人事、财政、物价、国税、地税等部门合计，事关百姓生活，事关医院的工作积极性，事关政府职能改革成败，赵龙组织大家开会讨论，商量方案，再开会，再讨论方案，协调配合……

2001 年 6 月，无锡市政府正式批转了市体改办等八部门《关于市属医院实行医疗服务资产经营委托管理目标责任制的意见（试行）》。至此，无锡卫生行政部门不再直接干预医院的管理和经营，仅对公立医院从国有资产增值保值等五个方面进行宏观监督和管理。2001 年，无锡卫生系统被江苏省委、江苏省政府命名为"江苏省文明行业"。随后，被中央文明办、国务院纠风办评为"全国创建文明行业活动示范点"。据统计，2002 年无锡市三级医院门诊病人和出院病人平均医

2003年"非典"期间，赵龙主委率人大检查组开展执法检查

疗费用均低于全省平均水平。在2002年的一项关于无锡市委、市政府为民办的15件实事中，"加快卫生事业建设步伐"的市民满意率达98.9%，位居榜首。

无锡，有着"近代中国民族工商业发祥地"的美称，但这份美誉需要有更深刻的文化内涵来支撑。那些随着城市的发展即将消失在时光里的历史遗存在赵龙的内心深处不断敲打着他。于是，赵龙要求市文化局邀请全国知名的文物专家来无锡考察，同时，他特别点名务必请来同济大学建筑与城市规划学院教授、国家历史文化名城研究中心主任阮仪三。2001年，阮仪三来了，普查完成了，无锡市现有的吴文化资源、运河文化遗产、工业遗产和江南水乡文物古迹等具体名单以及相应的保护措施与方案形成了。剩下的，就看市政府的决心了。赵龙开始了与文化、规划、建设等所有相关部门的一系列协调会议。

梁溪河下游北岸的荣巷至今已有600多年历史，中国近代民族工商业先驱者荣宗敬、荣德生兄弟从这里走出去,"红色资本家"荣毅仁在这里诞生。荣巷不仅见证了中国近代民族工商业的发轫,巷内建筑形式之多、品种之全、内容之丰富,在江苏省内也是十分少见、十分珍贵的。当2006年阮仪三再次受邀来到无锡时,又一次来到荣巷,看到他当年提出要特别关注的这个古镇在城市发展中安然无恙而感到十分欣慰。

2002年,钱钟书故居经过一年的抢救性维修后正式对外开放,并被列为江苏省文物保护单位;同一年,创建于北宋时期的东林书院在东林小学整体搬迁并经过修整后终以典雅秀丽的东林旧迹呈现在世人面前;同样在这一年,阿炳故居在挖掘机的挖斗下被抢救下来,经过修复后于2005年对外开放;2006年,阿炳故居和东林书院一起获批全国重点文物保护单位;接着,"古运河畔,清名桥边"的南长街以文物、文创逐渐呈现别样生机……随着一批批历史遗存和文化遗迹被保护、被修复,无锡的城市品质因文化气息的逐渐深厚而增色不少。赵龙心里的叩问声轻了一些,他暂时松了口气,但那时,他并不知道由他主导的这一系列抢救性保护工作将为几年后无锡成功申报全国历史文化名城奠定坚实的基础。

城市的历史与文化被保留了下来,可城市知名度和城市形象又该如何提升呢?在赵龙的策划下,先有第五届全国舞蹈比赛于2001年国庆中秋佳节双至之际在太湖之滨舞动,后有第六届中国合唱节的余音在锡山惠山间久久回荡,更有第十一届中国金鸡百花电影节暨无锡太湖国际经贸节、太湖旅游节三节联办的盛况空前,全国人大常委会副委员长、民建中央主席成思危应邀作为嘉宾到场宣布"三节"开幕。随着3大系列19项活动有条不紊地开展,无锡形成了以市场运作为主、政府扶持相结合的办节机制,既实现了中国金鸡百花电影节办节形式的创新和经济效益、社会效益的同步提高,也强势宣传了无锡城市的整体形象。

看着"金鸡"在太湖高歌,"百花"在无锡怒放,赵龙的心里有种满满的自豪感，自豪的不仅仅是他在无锡市副市长岗位上工作的这3年自我价值的实现，更是他倾心付出所体现的社会价值被大众接受、受大众欢迎。颁奖晚会的舞台上星光闪耀，而赵龙也即将登上他人生当中一个更大更高的舞台。

## 履新接力

2002年，民建江苏省第六次代表大会召开。赵龙在此次会议上当选为民建江苏省委会主委。此时的他，既是无锡市副市长，又是民建无锡市委会主委，是上千名无锡民建会员的领路人，庄申在1996年对他说的话犹在耳边，如今，另一位民建老前辈陈邃衡对他的叮嘱很简单，也很深沉："民建的接力棒今天就交给你了，以后还要一代代传下去。"赵龙深知，这番交接是传承，是寄托，是期望，更是沉甸甸的历史责任。他深知，要承担好这份责任，不仅仅要承担好在中国共产党领导下高举中国特色社会主义旗帜的责任，还要承担好弘扬民建优良传统、推动民建政治纲领更好地延续和发展的责任。

在新形势新阶段里，民建面临建设一个什么样的参政党、怎样建设一个合格的参政党的历史性课题，对此，赵龙陷入了深深的思考。在无锡担任主委的时间不算短，但一地是一地，一省是一省，更何况民建江苏省委会的各项工作历来在民建中央都是数得上、叫得响的。重任在肩，赵龙不敢有丝毫懈怠。代表大会闭幕后，他随即奔赴省内各地，深入到市级组织，与班子座谈，与机关干部座谈，和当地统战部门负责人就民建工作沟通交流。在2002年民建江苏省六届二次常委会上，赵龙就明确提出了民建的工作方向：努力把江苏民建建设成为具有时代特征、江苏特色、民建特点的充满活力的地方组织。这个工作方向，在他任期的10年时间里，得到了一以贯之的执行，并且随着工作的不断推进，他的工作理念和思路越发成熟、清晰和开阔。

2007年，中共十七大召开之年，也是民主党派换届之年。在新老交替的基础上实现政治交接，再一次提到了民主党派新一届班子成员至关重要的议事日程上。继承和发扬民主党派老一辈长期以来与中国共产党团结合作形成的政治信念、优良传统和高尚风范，坚持走中国特色社会主义政治发展道路，巩固多党合作和政治协商的政治基础，这是民主党派的政治立场、政治理念、政治纲领和优良传统等代代相传的动态过程。可通过什么样的方式、采取什么样的办法，让这种交接变得清晰可见呢？赵龙思考了很久。

早在2006年4月，民建江苏省委会就曾邀请民建中央主席成思危在南京作了"继承传统，开创未来"的主题报告。紧接着，民建省委会组成"五个坚持、四种精神"宣讲团，从2006年下半年至2007年上半年，巡回全省各地开展宣讲，促进全体民建会员对民建的优良传统以及政治交接的基本内容和要求深入了解。接着这个构思，结合江苏实际，赵龙考虑要对"五个坚持、四种精神"巡讲活动做延伸和拓展，于是他又提出了一个从2007年到2008年贯穿两年的系列活动设想，经领导集体讨论并完善后，便形成了"代代薪火传后人"图片巡展、"薪火相传显风采"人物巡访的活动方案，从"我说你听"拓展为"我展你看""你说我听"。

如果说，赵龙用巡讲、巡展、巡访的"三巡"活动方式引导各级组织和民建会员把看不见摸不着的思想政治教育转化为"听看说"的自我学习、自我升华，那么，对他所带领的那个领导班子，他则是采用了一种更为直接的方式。2007年换届以后的第一次主委会议，他将班子全体成员带到镇江黄墟冷遹故居，在那里感受民建先贤的情怀与风范，重温自己当初入会时立下的誓言。他婉转又明确地告诉大家，无论我们身处何处，从事何种工作，担任哪一级领导，我们的根深植于民建。自身素

2007年6月，民建江苏省委会在无锡召开创建学习型组织与推进政治交接研讨会

质固然重要，但如果没有民建，没有党的统战政策，我们不会有今天这个位置。从冷遹故居回来以后，经赵龙提议，民建江苏省委会决定，将冷遹故居设为爱国爱会教育基地，嗣后，这里成为省内各地民建新会员入会第一课的必到之处。

"2009年即将过去，新的一年马上就要来临了，让我们告别昨天，因为昨天的成绩已经过去；让我们避开等待，以只争朝夕的精神不断向前；让我们远离空谈，以真抓实干的精神迎接挑战；让我们杜绝平庸，以改革创新的精神创造卓越。"这是赵龙在民建江苏省七届四次全委会议闭幕会上讲话的结束语，这是他向全体委员说出的心声。因为这次会议决定，2010年民建江苏省委会的工作重点是加强自身建设、提高会的建设科学化水平。在赵龙看来，这不仅仅是从文字上提出了科学化水平的目标，而且将自身建设赋予了更多新的内涵，对目标、任务、要求、内容有了进一步的丰富和提升。赵龙形象地将党派的自身建设比喻为系统工程，其中包含着丰富的子工程，有其自身的规律，而要实现科学化目标就要进行科学的路径设计。于是，赵龙在全委会议上出了一道题：如果将加强领导班子建设称为引领工程，将加强思想和理论建设称为核心工程，将加强组织建设称为基础工程，将加强制度和机制建设称为创新工程，那么，这几项子工程应通过怎样的路径来实现科学化水平的提高？至于如何破题，赵龙希望和大家共同努力。通过数次主委办公会议，最终，根据民建江苏省七届四次全委会议提出的"进一步提高会的建设科学化水平"任务，为落实推进引领工程（领导班子建设）、核心工程（思想建设）、基础工程（组织建设）和创新工程（制度建设）四项工程建设的要求，决定在全省民建各级组织中实施以推进四项工程建设为主题，以开展大调研、大培训、大宣传三项活动为载体，达到增强创新活力、履职能力、发展动力三项目标的"433"自身建设计划。

于是，2010年，民建江苏省委会开创性地把多党合作理论研讨班办到了民建中央，民建中央第一副主席张榕明来讲会史，著名经济学家白重恩给大家说经济；这一年，在全省民建各级组织和全体会员中开展了以"学习社会主义核心价值体系，学习会章会史和会的优良传统；争创先进集体，争当优秀会员"为主要内容的"双学双争"主题教育活动，并举办了全省"双学"知识竞赛；这一年，民建省委会机关组织了6个调研小组，由联系副主委带队，分赴各地，采取听汇报、参加支部活动、召开座谈会等形式，开展自身建设大调研活动，完成了全省自身建设情况的调研综合报告，并向省委会主委会议作了专题汇报；这一年，为促进全省会务工作整体协调发展，具有制度规范要求的《关于建立全省民建工作绩效测评体系的试行意见（框架）》出台了，确定了"以实绩为基础、效能为重点、创新为导向，促进全省会务工作整体协调发展"的测评原则，全省民建工作制度化建设迈出了积极而坚实的一步。

## 建言资政、力谏国祭

数十年来，民建江苏省委会在参政议政工作中对推动江苏省沿海地区发展一直给予持续的关注。从 20 世纪 90 年代初起，针对沿海开发中面临的各种情况和问题，以陈邃衡、黄孟复为代表的民建江苏省委会历届领导集体利用各种场合积极建言献策。深入一线搞调研，是邃老一贯的工作作风，这就像是民建江苏省委会的家风，接力棒交给赵龙以后，他亲率调研组到南通，一直深入到海岸线那里摸情况、搞调查。为了合理利用大海的资源，民建省委会一代一代的领导都在海边眺望过、思考过，从"打造欧亚大陆桥新桥头堡"，到"建设海上苏东"，再到"加快建设洋口港"等一系列调研成果的积淀，使"助推沿海开发"成为民建江苏省委会参政议政工作中一个"叫得响"的品牌。

2007 年到 2011 年的四年时间内，在赵龙的主持下，围绕"助推沿海开发"中有关科学围垦沿海滩涂、加速金融创新支持沿海开发、加强沿海地质环境保护等，民建省委会又接续开展了一系列调查研究。这期间，2008 年，面对世界金融危机的影响，民建江苏省委会在省政协全会上提交的《关于打造苏东新增长极的建议》，从战略高度提请省委、省政府在实施江苏省沿江开发的同时，抓住机遇推动江海联动，加快苏东发展。省委、省政府及有关部门对此建议给予了高度重视，一些举措很快得到采纳并落实。为此，当年 2 月 4 日，中共南通市委、市政府专门给民建江苏省委会发来了感谢信，指出民建江苏省委会的建议"不仅为省委、省政府提供了科学决策的依据，更为我们深入推进沿海开发提供了重要的指导"，对建议为南通发展所起到的重要作用表示感谢。

2004 年，赵龙在又一次参观完侵华日军南京大屠杀遇难同胞纪念馆后，再一次陷入了沉思——"南京大屠杀是第二次世界大战中发生的人类三大惨案之一，另两处惨案发生地，波兰的奥斯威辛集中营和日本广岛原子弹爆炸死难者和平纪念馆均为国家级纪念馆，并均已申报为'世界文化遗产'，而南京大屠杀遇难同胞纪念馆才仅仅是个地方纪念馆，每年也仅有地方层面的悼念活动，这与它的历史意义以及国际影响力有着太大的差距。""南京大屠杀这一史实，不仅仅只是南京的惨痛历史。南京之痛，民族之痛；南京之悼，国人之悼。"一番深思熟虑后，2005年的全国政协全会上，赵龙提交了提案——建议将每年的12月13日定为国家公祭日。"每年的此日，在南京大屠杀遇难同胞遗址举行有国家领导人出席、社会各界人士及国际友人（包括外国政要）参加的公祭活动，并以法律或制度形式固定下来，使世界永不忘记，让国人永世铭记。"与这份提案同时提交的赵龙的另一份提案是《关于将南京大屠杀遇难同胞纪念馆升格为国家级纪念馆并申报世界文化遗产的建议》。这一年，正逢抗日战争胜利60周年，与抗战有关的提案比较多，而将纪念活动提到国家公祭的高度，赵龙的提案一枝独秀。

自2005年提交了相关提案后，赵龙在全国政协会议召开期间，数度口头阐述了他对设立国家公祭日的观点。2012年，是赵龙全国政协委员任期的最后一年，在当年的全国政协会议上，他又一次提交了将南京大屠杀遇难同胞纪念馆升格为国家纪念馆并申报世界警示性文化遗产的提案。2014年年初，第十二届全国人民代表大会常务委员会第七次会议决定，将12月13日设立为南京大屠杀死难者国家公祭日。这表示以后每年的12月13日，国家都会用公祭活动的形式表明中国人民反对侵略战争、捍卫人类尊严、维护世界和平的坚定立场。在2014年12月国家公祭仪式紧锣密鼓筹备阶段，侵华日军南京大屠杀遇难同胞纪念馆举办了一个简朴庄重的颁奖活动，向赵龙等11名利用各自优势为历史真相的传播出谋划策、对南京大屠杀历史研究作出极大贡献的中外各界人士颁发了"特别贡献"奖章，以表达对他们的敬意。

2019年，中华人民共和国成立70周年、人民政协成立70周年。为展示人民政协在新中国70年发展历程中发挥的重要作用，彰显中国共产党领导的多党合作和政治协商制度的独特优势，全国政协从1949年以来的14.4万多件提案当中，评选出了100件有影响力重要提案。这在全国政协历史上属首次，而赵龙的《关于将每年的12月13日定为国家公祭日的建议》在千里挑一中光荣入选。

## 情系民生、生育关怀

2005年12月，号召民建会员企业家"致富思源、回报社会"的民建"思源工程"启动仪式在北京举行。次年，中国计划生育协会等10部委联合，为帮助那些计生特殊家庭重燃生活信心，在全国广泛开展"生育关怀行动"。

此时的赵龙，既是民建江苏省委会主委，又是江苏省人大常委会副主任，还兼任江苏省计划生育协会会长之职。经过充分调研和论证，赵龙提出了一个崭新的工作思路，为民建的社会服务工作与群团工作开展找到了非常好的结合点，那就是时至今日仍为民建江苏省委会社会服务工作品牌项目的"思源工程——生育关怀行动"。

在2007年初召开的江苏省政协九届五次全会上，民建省委会提交了《关于扶助独生子女伤残死亡困难家庭的建议》的集体提案，被列为当年省政协主席重点督办提案，受到省委、省政府领导和有关部门的高度重视。随即，民建江苏省委会与省计生委、计生协会就"思源工程——生育关怀行动"开始了全面合作。从2007年2月在南通拉开序幕，到2011年10月全省推进会在徐州召开，这期间，全省各地相继举行了启动仪式。5年当中，"思源工程——生育关怀行动"通过对计生特殊家庭精神慰藉、经济救助、安置就业等方式，大力弘扬了"以人为本"的生育关怀精神，也成为政府部门、民主党派、社会团体协力参与社会管理创新的有效途径。据不完全统计，5年当中，由全省民建各级组织和各地计生协会共同筹集、发放慰问款、慰问物品及项目帮扶资金总额约389.10万元，引导其他资金投入数千万元，慰问、帮扶计划生育困难家庭4553户（次）。在省政协主席督办提案后，民建江苏省委会更是一鼓作气，又以一份"关于推动计划生育基本国策的可持续发展，完善独生子女伤残死亡家庭扶助制度的几点建议"的大会发言，催生了《江苏省独生子女伤残死亡家庭扶助制度实施意见》的出台，全省计生特殊家庭从此得到了制度性的关怀保障。

赵龙的构思创意和工作理念在团队执行过程中得到了不断丰富和发展，全省民建组织和计生协会因地制宜创新工作内容和方式，积极拓展品牌内涵，有针对性地把"造血式"帮扶、服务社会管理创新等具有时代特点的工作要求，融入"思源工程——生育关怀行动"之中。于是，计生特殊家庭自助互助的平台应运而生，这就是近年来在江苏大地四处开花的"连心家园"。在这个家园里，有心理疏导、法律援助、生活保障、医疗保健、休闲娱乐等关怀服务，以后还将逐步完善政府主导、专业介入、部门联动、社会参与、个案帮扶的服务体系，计生特殊家庭获得感、幸福感、安全感将大大增强，为和谐社会作出的贡献将不可忽视。

## 薪火相传、一路芬芳

硕用长材高举去，梁溪九载倍依依。

待人平易成员悦，治事精勤业绩奇。

一席赠言明指向，几番把晤蕴深思。

情怀一样今犹昔，奕奕精神勃勃姿。

——《赠赵龙主委》 庄申 作

从1987年入会，1988年当选副主委，1996年当选主委，到2005年赵龙在民建无锡市九届五次全委会议上正式辞去民建无锡市委会主委职务，近20年相处的时光，庄申对这位爱将既依依不舍，又深感欣慰，他将这种复杂的心情用56个字表达出来。而对于赵龙来说，庄公是他一生都无比尊敬的人生导师。庄公的儒雅、睿智、文采以及博学，为赵龙及所有认识庄申的后辈们所折服，他无疑是一个榜样、一种风范、一股力量。而赵龙，正是有庄公的爱护、提携和引领，才能在事业上有更大的开拓，才能在本职工作和会务工作两方面都取得令他自己满意的业绩。

"2001年，我刚任滨湖区副区长不久，正好碰到无锡市城职院、企管培训中心、干部学校三校合并。这三所院校，一所是区里管辖，两所属于市管。校区的调整、干部及行政工作人员的安排、教师队伍的稳定、内部制度的完善等一系列问题，各方思想不统一，涉及市、区两级财政体制，三校内部人员性质不同，整合中教师情绪不稳定，各方关注度都很高。当时，赵龙主委任无锡市副市长，分管这项工作，我在区里负责配合他做好工作。赵主委深入学校现场调研，耐心听取各方意见，多次召开专题会议，统一各方认识，争取发改、规划、财政、人事等各有关方面的支持，这整个过程，我是亲历者。三校整合工作历时近一年，终于稳妥顺利地完成了，解决了无锡教育发展中的一个阶段性难题。而在这整个工作过程中，赵主委展现出的知识、学识、领导艺术、协调解决问题的能力，给了我特别深刻的印象，也润物无声地对我起到了言传身教的作用。"这是无锡市人大常委会副主任、民建无锡市委会主委华博雅的一段回忆。2005 年，赵龙辞去民建无锡市委会主委职务，是她接过了赵龙手中的接力棒，带着民建无锡市委会继续朝着建设中国特色社会主义参政党市级组织努力。

"跟赵龙主委相处 10 多年，可以用 6 个字来概括——事达亲，友如直。事达亲是指通过各种会务活动，以及他对我创办的博物馆的支持，彼此达到亲情的程度；友如直是指我们相处的纯真而朴实的情感。他不断用自己的行为在教育我，我也用自己的行为在影响别人，彼此正直可言。"这是南京民间抗日战争博物馆馆长吴先斌对他和赵龙之间关系的描述。

"在赵主委来之前，我心中充满忐忑。那是我加入民建后即将见到的民建的最高领导。但见面握手时，赵主委一句话完全消除了我心中的顾虑。他说："你好呀！哎呀，你手这么冷，要多添衣服"。亲切的语调，如家人关心，顿感消除寒冷之暖。"这是吴先斌回忆与赵龙的初次相遇。那是 2005 年，那时的吴先斌刚刚 40 岁出头，刚刚加入民建，也刚刚关掉了他经营的一家工厂，把工厂改成了一个以反映南京抗战历史图片的陈列馆。为了扩大陈列馆的影响，在 12 月 13 日这个南京人都无法忘怀的特殊日子，吴先斌在南京市文化艺术中心举办了"南京城的控诉——南京大屠杀史料图片展"。当天，赵龙带着民建省委会机关全体工作人员前往参观。

参观图片展时，赵龙边听介绍边询问，他问得仔细，吴先斌答得详尽。"那一刻，让我感觉赵主委不是一个普通的观众，俨然一位历史学家。当然，我知道赵主委不是历史学家，但他又为何问得仔细，是因为赵主

2005年12月13日，赵龙参观"南京城的控诉"图片展

委有一颗求真的心。"多年以后，吴先斌回忆起那次初相遇，仍然清楚地记得每个细节，"因办展经费所掣，没有使用空调，室内室外温差无别，一个多小时看下来，我担心赵主委会受凉，请他赶紧穿上大衣，他说：没事，不冷。一来是被你激情所染，再则是历史足有余温"。参观临别，赵龙应邀在留言簿上写下了"牢记历史，珍爱和平"。题写完毕，吴先斌在一旁鼓掌，赵龙微笑说道："不要为我题写鼓掌，应为今天的和平鼓掌。"

"历史对旁观者而言，只是一段影像和故事；对亲历者而言，则是一次相逢和感悟。"陶克中1995年调入民建省委会机关，历任调研处长、秘书长、驻会副主委，先后在陈邃衡、黄孟复、赵龙的领导下开展工作。作为另一个亲历者，为自己能在人生路上有幸相逢江苏民建团队并且偕行，陶克中每每回顾，拳拳在念，意惹情牵。

"秘书长就是兵头将尾"，作为由主委、驻会副主委、秘书长构成的"三驾马车"里的"第三匹马",做过 20 年办公室主任的陈杰认识非常到位:"那些年,虽然工作任务艰苦、工作量大,但民建上上下下、民建省委会机关都非常团结、非常和谐,大家都心情愉快,以苦为乐。"前些日子,陈杰又念叨起这些。

其实,整个机关绝大多数同事都深深怀念着那段岁月。大家都还记得赵龙主委参加读书会、机关青年座谈会,与机关同志分享读书体会,畅谈人生感悟的情景。谁都知道那是"三驾马车"在精心培育、悉心营造和谐进取的机关文化,大家齐心,朝着"服务好、效率高、风气正"的机关建设目标共同努力。

## 时光素描

从无锡市邮电局副局长到无锡市副市长,从民建无锡市委会主委到民建江苏省委会主委,从无锡市政协副主席到江苏省人大常委会副主任,乃至出任江苏省社会主义学院院长、江苏省计划生育协会会长,工作岗位和工作内容各有不同,但赵龙对于工作的追求从来没有发生过变化,那就是专注、敬业、进取、审慎。

因着身为民建会员并担任民建领导职务,赵龙深刻领悟了民建的优良传统,将薪火相传、科学规划和能动实践的发展愿景作为己任,以全局的视野拓展思路、谋划工作,在宏观上加强战略思考,在实践中注重统筹协调,在各项工作的推进中缓缓图之、渐次展开。上任之初,他将民建江苏历届省委会所秉持的建设理念和愿景提炼为"时代特征、民建特点、江苏特色"。这是有着丰富基层工作经验的赵龙对政治交接的深刻认识、对会情态势理性研判的准确把握和对会的建设基本经验的现实归纳。

赵龙任主委的 10 年,民建江苏省委会以时代特征为总揽,民建特

2017年12月13日赵龙与吴先斌在国家公祭日主会场里

点为主线，江苏特色为着力点，从推动政治交接学习教育"三巡"活动的深入开展，到实施"433"自身建设计划的扎实推进；从围绕江海联动建设、环境保护治理等课题建言献策，到打造沿海开发、经济金融、社会民生三大系列参政议政成果；从"思源工程——生育关怀行动"到"连心家园"；从开通省委会、市委会网站，拓宽会刊编辑思路，设立教育基地，到推动形成全省大宣传的共识和格局；从加强各级机关作风建设，规范基本制度、基本秩序、基本管理，到悉心培育和谐进取的机关文化、提升执行能力和服务能力；从成立文化委员会、青年委员会以及各项工作理念的创新和机制的完善，到建立全省民建工作绩效测评体系……这些全都基于逐渐凝聚成的对参政党理论和民建理论的深刻认识，对履行职能和加强自身建设措施的整体规划，对建立会务工作规范和创新管理模式的严谨实践，展示的是对"建设成为具有时代特征、民建特点、江苏特色的省级地方组织"一以贯之的价值追求。赵龙就像一个总指挥、总调度，省市民建机关就好比铆足了劲的传动机构，省市民建组织既分工又合作，谱写了一部精彩动人的乐章，而每一个跳动着的音符，都真实地刻录了赵龙团结带领全省民建各级组织和广大会员一心一意实现建会目标任务的闪亮轨迹。

"十年风雨，锻炼并考验着我，在责任和期望之下，不敢有丝毫的懈怠和闪失；在任务和挑战面前，不曾有任何的动摇和退却，念兹在兹的皆为会的建设与成长，所思所愿的莫非会的发展与贡献。十年耕耘，虽不敢说硕果累累，却因为倾注了精力和心血，交付了情感与追求而感到无比充实。"这是在民建江苏省第八次代表大会闭幕会上赵龙的一段讲话。这次会议结束以后，66岁的赵龙正式卸下民建省委会主委的工作担子。通过扩音器，在场的人们能够明确捕捉到赵龙在说这段话时声音里包含的各种情愫。这声音、这语调，以及共同经历的一切，透过时光，深深镌刻在每一个亲历者的心间。

加入民建以后，在中国共产党领导的多党合作和政治协商制度中，在民建前辈的引导下，赵龙在民建的领导岗位上以自身工作实践充分体现了参政党"一个参加，三个参与"的政党职能，并且在民建优良传统的熏陶中，靠着对人生价值、对手中权力的真实理解，靠着对民建组织、对自己生活的这方土地、对这个国度血肉相连的爱，真正赢得了他每个工作岗位上的上级与下属，包括广大民建会员的充分认同和广泛尊重。他以他的胸怀、气度为民建打造了积极向上的精神底色，成就了短暂却恒久的民建记忆，他为民建立下的规范，成为江苏民建历史进程中一个不能被遗忘的典型。

我们的各项事业像一场没有终点的接力赛，既是永远向前奔跑，又是一棒交一棒、一棒接一棒的。我作为这次换届退下来的一个老兵，不论这一棒跑得怎么样，总算跑完了自己名下的这段路程，顺利地把接力棒交给了新手，我用满含深情的目光期待着新的民建各级领导班子，把他们手上的这一棒跑得更好、更出色。

——庄申，1998年3月

（朱芳草）

# 睿智师者的公仆情怀

——记民进中央副主席、民进江苏省委会原副主委朱永新

腹有诗书气自华。他身板硬朗、双眸明亮、笑容憨厚，正是茫茫人海中一位普通读书人的模样，这就是明星政协委员、著名教育学者朱永新。

朱永新是十三届全国政协常委兼副秘书长，民进中央副主席，中国陶行知研究会会长，中国教育学会第八届理事学术委员会顾问，同时还担任苏州大学教授、博士生导师，北京大学、北京师范大学、同济大学兼职教授。他从政，心念凝聚民心、汇聚民力、福聚民生；他从教，情注教育鼎新、教育扶贫、教育树人。

## 诚心念民生　一往情深

习近平总书记指出："人民对美好生活的向往，就是我们的奋斗目标。"民生是人民幸福之基，被人称为"身边亲人""敢于说话的人"

的朱永新，将发挥专业优势为人民谋幸福作为自己的使命。

朱永新出生在苏北大丰县（今盐城市大丰区）一个农村小镇，父亲是乡村教师，母亲在镇招待所工作。他在这个平凡而温暖的家庭里成长，父母的敬业、勤奋、正直，给了他无限力量。父亲告诉他说："要么不做，要做就做最好的。"这位乡村教师后来被教育部评为"全国优秀教师"。1975年高中毕业后，朱永新先后做过泥水匠小工、翻砂工、搬运工、营业员、棉花检验员、大队会计、供销社秘书等，最后被县棉麻公司抽调做通讯员，直到全国恢复高考时才继续读书深造。朱永新青年时期就曾"凭良心说话"，为保护棉农利益而仗义执言，常与厂技术员争得面红耳赤，为民的种子从小深埋心底。

"没有全民健康，就没有全面小康。"1997年，朱永新从教育战线调任苏州市副市长，分管文教卫生、妇女儿童、广电出版、城市管理等多方面工作。特别是一上任就接手了创建全国卫生城市总指挥的重担。当地方官，就得为民办实事。"好日子都是奋斗出来的"，有着"拼命三郎"绰号的朱永新大刀阔斧干了起来。他明察暗访调研，科学制订规划，多方听取专家及群众意见，多次现场办公，抓重点、攻难点、疏堵点。心中有信念，脚下有力量。4个多月时间，苏州大街小巷跑了个遍，100多天走过的路远超他在苏州20多年所走的路。功夫不负有心人，1998年苏州终于被正式评为"国家卫生城市"。在往后的日子里，他没有停歇，而是乘胜追击，组织城市联动，滚雪球似的扩大战果，把苏州所辖的6个县级市全部建成国家卫生城市。这在全国当时是"第一""唯一"，为此受到国家通报表扬。

朱永新先后担任了民进苏州市委会主委、民进江苏省委会副主委、民进中央常委，全国政协常委、副秘书长，民进中央副主席等多种职务，肩上为民的担子越来越重。民生连着民心，民心凝聚民力。朱永新一直认为参政议政是民主党派最根本、最关键的一个职能，建言资政是民进会员必备的重要素质，是为民之体现。他坚信，作为一名全国人大代表、政协委员"参加两会，绝不是为鼓掌而来，而是要代表人民群众的整体利益，关心群众疾苦，适时反映民意，帮助政府发现问题、解决问题"，"你不称职，就意味着67万人的缺席；你的沉默，就意味着67万人的失语"。他自勉的信条：有思有行当委员，鞠躬尽瘁不畏难，集智聚力提建议，建言献策敢为先。多年来，朱永新遵循自己的诺言，一如既往，从民进自身特点出发，积极履职、频频出招、连连发力，建良言、献实策。

针对人民最关心、最直接、最现实的利益问题，朱永新带头调研，亲自撰写提案。生活在网络时代，他征集民意有着厚实的群众基础，曾经的腾讯微博受众490万，新浪微博受众449万，许多网友直接给他留言，反映民间实情。在全国层面参政议政18年以来，他提交了约200份提案，每年提交都是两位数之多，最多的一次24份，内容涉及民生等多个方面。

朱永新的提案有着广泛的社会基础。譬如，他发现我国教育中缺乏生命教育的内容，不少学生对生命缺少珍惜、缺乏敬畏，发生了一些悲剧。他认为教育是为提升生命质量而存在，提议把珍惜生命、热爱生活、成就人生教育纳入中小学课程，把生命教育纳入全面立德树人的根本任务之中。学校应将安全教育、心理教育、健康教育等多内容多学科渗透与社会实践活动相结合，相互融合、共同推进。这些呼声与社会、学校、家长的心声相共鸣。

朱永新的提案有着明显的时代特征。譬如，在新冠肺炎疫情之前人们并没有完全认识到，"线上教育"无论在硬件建设、资源整合，还是在质量评价、队伍素养方面都明显落后于技术和时代要求。疫情期间，河南洛阳一名高三学生在平房楼顶"蹭"邻居家的网络上网课；河南洛宁县14岁女生在父亲陪伴下晚上到村委员会院子支了一张桌子"蹭"网学习。这些事例背后的无奈不言而喻。朱永新以此为支撑，提交了一份充满时代感的高质量提案。

朱永新的一些提案站位高、立意深，备受认可。比如他建议有条件的地方可以逐步建立模拟政协实践基地，学校可成立模拟社团，适时组织学生观摩地方政协常规活动。他认为青少年开展"模拟政协活动，可使青少年真实地接触社会，了解民生，也可在实践中锻炼公共品格的成长，学会按照法定程序用和平、正义、理性、民主方式表达自己的观点和诉求，还可以使学生更加深刻地了解我国的协商民主等政治制度，加深对国家治理的理解"。

朱永新的提案还有全局思考，在高校工作多年，他的提案不仅涉及中小学教育、社会教育、家庭教育，而且对高校这块领域的提案更是切中时弊。2000年全国高校管理体制调整后，我国高校基本分成中央部属高校和地方省属高校两类。其中教育部直属高校主要分布在北京（24所）、上海（8所）、江苏（7所）、湖北（7所）等，而河南、河北、江西等13省区均为零。为了改变这一优质高等教育资源分布严重不均格局，他提出在以上空白的13个省区各设置1所教育部直属高校的建议，这样有利于促进高等教育资源的相对均衡，缓解部分高校招生属地化造成的负面影响，满足部分省区对优质高等教育资源的现实诉求，也有利于带动区域经济社会发展。

特别令人感动和敬佩的是，朱永新用日记的形式记录了2013—2017年两会期间，自己以民主党派成员的视角，反映出在两会中参政议政的实践历程，洋洋洒洒39万字，取名《春天的约会》。权威人士指出，这是一部全景式、多角度、专门记录中国两会少有的政协委员日记。它打开了一扇窗，让广大读者得以从个人的、民间的视角观察和了解两会堂奥，多侧面呈现中国民主政治建设的历史进程。更有人称它为"以勤勉之行赴春天之约的全景记录，以委员之职尽担当之责的生动展现"。此前，他已经出版过《我在政协这五年》、《我在人大这五年》、"见证十年"丛书等反映代表履职两会的著作。

2021年3月8日，全国政协举行了2020年委员优秀履职奖颁奖仪式。这是70多年来全国政协首次对委员进行表彰，朱永新也在受表彰的20名委员当中。他的颁奖词这样写道："'耕好读书田，书香伴履职。'他是全国政协委员读书活动的探索者，首位群主，引导委员投身'书香政协'建设，调研途中，笔耕不辍，记录下泥土芳香的基层民情。他把履职的点滴心得集合成册，成为政协委员履职的参考书。"这是对他多年来勤勉履职的最好认可。

## 深情系教育　一腔热血

习近平总书记指出："教育是国之大计、党之大计。"我们时下生活在一个信息量大、物质财富不断增长的时代，更可能陷入精神的空虚和灵魂的空白，只有用良好素养陶冶情趣，用传统文化铸造性情，用人文品格指导人生，才能彰显人生价值，呵护成长旅程，规范发展轨迹，而这一切却离不开教育。

朱永新在教育领域摸爬滚打几十年，血管里流淌的是对教育的热爱、对祖国的一腔热情。他对教育有着深邃的剖析、透彻的理解、睿智的见解。党的十九届五中全会胜利闭幕以后，面对百年未有的大变局，朱永新早早思考着"十四五"教育规划的制定，他提议规划可涵盖四个根本性战略问题：建设学习中心，架构全民终生学习的现代教育体系；夯实教育新基点，建立国家教育资源与评价平台；改革课程结构，推进教育内容综合化、个性化；推进教育公平，关注弱势人群的教育权益……

"教育是我的至爱"，朱永新一直这样说。有人说，朱永新是教育之子，天生为教育而生，他出生于教育家庭，大学学的是教育学，讲台上传授的是教育学，大学当的是教务处长，当副市长分管的是教育，民进又是"教育党"。教育方面他著书立说几十部,先后在国内及美、英、日等国家发表教育论文、文章400余篇,做过的报告、演讲数百场。原国家文化部部长王蒙曾赞誉他:"从事教育工作的人很多,这样有头脑、有心灵、有实践、有文采的教育家我所知有限,朱永新先生是其中一个。"

"教育是民生之基。"朱永新是教育世家,故提案中"教育"词频最高,以十二届全国政协期间为例——他的提案有《关于设立"国家阅读节"》《关于建立国家全民阅读指导委员会》《关于建设国家教育基础信息数据库》等。他还是新教育实验的发起人、拓荒者。"我相信教育的理想一定会奏响中华民族新乐章,我相信理想的教育一定会结出华夏文明新硕果。"这便是他新教育实验的宣言书。这是一个以行动研究为特点的教育探索,其核心理念旨在帮助新教育共同体师生"过一种幸福完整的教育生活"。1999年该理念萌芽以来,20多年间,新教育实验从最初的1个地区1所学校的实践,发展成现在的在全国拥有187个实验区、8 360多所学校、830多万师生共同参与的"规模最大的民间教育改革",已经成为中国素质教育的一面旗帜。新教育的专著、书籍已被译为英、法、德、俄、日、韩、阿拉伯等28种文字在全世界出版发行,增进了我国同国外的教育交流,同时也展示了我国教育改革所取得的巨大成就。

朱永新的教育著作一问世,便引起社会强烈反响和广大教育者的共鸣,教师们写的各类读书笔记、读后感也是层出不穷。不少感悟者纷纷留言:"桌子上摆着一本朱永新教授的《新教育》,手握着一只黑色签字笔便开始了我的阅读时光,《新教育》这本书可以说是新教育人的根本书籍了,读后使人受益匪浅,让人悟性大开,从而对教育事业有了一种新的认识。""读了朱永新老师的《新教育》,对书中第五章《新教育的儿童课程》感触颇深,他所倡导的晨诵、午读、暮省是一种回归朴

2008年6月18日，汶川大地震后朱永新赶往四川绵阳八一帐篷学校，参与灾后教育重建工作

2016年12月19日，朱永新在湖北武汉调研学前教育

素的儿童生活方式：晨诵——与黎明共舞，唤醒生命；午读——阅读属于自己的童年书籍；暮省——编织有意义的生活。""寒假期间学校精心挑选送给老师的一本书——《致教师》，其中分享了关于教学、学生、教育、教师等问题。对于一名刚参加工作进入教师角色的新教师来说如获至宝，它以一位朋友的口吻谆谆教导，用信件的方式循循善诱，与我们进行心灵的交流与碰撞，读起来亲切又不乏高度，须细细品味，方知其教育的深思、用心之良苦、教学的方法以及成长的秘籍。"

教育是一种塑造，也是一种选择。

朱永新挥洒智慧、倾注真情的新教育，选择的是以立德树人为基，呈现民族精神、传统文化、地方特色、时代风貌、人文气息，多维度对学生进行正向引领，引导学生涵养家国情怀，弘扬传统文化，加强品德修养，关注时代发展，它是"爱"的教育、"心"的教育、"信"的教育、"行"的教育，似一颗神奇的种子，播撒到哪里，哪里就会绽放出耀眼的光芒。十九年前《中国教育报》报道他提出的"营造书香校园"，现在可谓是遍地开花，儿童阅读已成为全社会的一道亮丽风景线。不少学校读他的书、听他的话，成立了读书会，开展了课程化的晨诵、主题化的午读、规范化的暮省。不少学校，师生共提笔，思绪凝笔端，进一步营造了学校的书香氛围。不少学校开展了图书漂流活动，有的开办"教师大讲堂""家校合作活动"，还有的实施基础课、个性化课、特色课齐头并进，使学生"动"起来，"乐"起来，"活"起来，从而梦想"飞"起来。

因为努力推进一线新教育实验的行动，朱永新被评为"中国改革十大新闻人物"，颁奖词这样写道："教育改革，放飞梦想。强调教育者反思，诉诸被教育主体的心灵追求，为打破教育异化和矫正扭曲的教育改革做出了有力的探索，被称为发于民间的希望工程。"全国人大原副委员长、民进中央原主席许嘉璐这样评价朱永新："作为一名教育理论家，朱永新教授形成了自己的风格：论述、抒情、问答并举，逻辑严密的理性语言、老百姓习惯于说和听的大白话、思维跳跃富于激情的诗句兼有，依思之所至、情之所在、文之所需而施之。有的文章读时需正襟危坐，有的不禁击节而赏，有的还需反复品味。可贵的是，这些并非他刻意为之，而是本性如此，自然流露。这本性，就是他对教育事业的热爱。"

"阅读是高效的教育，是教育的基础。"朱永新充分肯定阅读与教育的紧密关系。早在1993年担任苏州大学教务处处长时他就开出了大学生必读书目清单；从1995年开始，组织专家学者研制中小学生及教师的阅读书目。他曾建议"让阅读成为我们的生活方式，成为教育的主要内容，成为我们的国家战略"。他还积极倡导和推进"高铁阅读"，认为高铁车厢内相对舒适、卫生、安全，有好的阅读环境，高铁阅读有利于促进全民阅读，促进文化消费，增强阅读意识，培养阅读习惯。他提议突出宣传，提高认识，政府主导，开放合作，统筹兼顾，整体推进。在他的宣传呼吁下，吸引聚集了一大批阅读推广人，"领读者大会"成为全国阅读推广人的学术研究探讨之所，网络读书会有10万多位读者，

"亲子阅读工作站"遍及80多个城乡，领读者培训惠及几千人。

2020年5月4日，朱永新获首届国际儿童读物联盟"IBBY-iRead爱阅人物奖"，他也是目前国内首位且是唯一一位获奖者。颁奖词这样写道："他致力于从多方面推动儿童阅读，从儿童到家长到教师、从乡村到城市再到整个国家政府，每个方面都取得了丰硕的成果。"

天下之本在国，国之本在家。家庭教育系社会教育的重要一环，朱永新的父亲是一位农村小学教员，曾获"全国模范教师"称号。朱永新自己既受良好家风的沐浴，又传承其衣钵，浸润自己的子女。小时候，父亲对他教育很严格。自上小学起，无论寒冬还是酷暑，父亲逼他每天凌晨五点左右起床临摹字帖。练字的时候，父亲要他一笔一画，规规矩矩，笔笔到位，不得偷懒。告诫他做人要老老实实，本本分分，不得耍滑。母亲在招待所工作，身兼数职，所长、招待员、会计、出纳、清洁工一肩挑，从无怨言。母亲勤俭持家，朱永新还清晰地记得母亲用小碎花布缝补拖鞋和积下淘米水洗菜、洗衣水二次利用的情景。"随着渐晓人事，体谅到母亲的乐观、柔韧、顽强，越来越感佩这样平凡的中国女性的伟大。"

他也将这一切对子女言传身教。就像他给上大学的儿子写的一封信那样："我看到你把黄仁宇的《中国大历史》《万历十五年》以及一本本哲学、宗教的著作放进书包，我知道你已经在思考自己的未来。其实，真正要读的是人生这一部大书，真正要带走的是人生理想。""你的行囊里什么都可以少，就是不能少了理想。""从现在开始，你应该学会自己去选择，自己去面对，自己去承担。不要轻易放弃任何一个机遇，也不要轻易做出一个承诺。""用理想引领行动，用行动实现理想。"

这与其说是一封给儿子的信，还不如说是给广大青少年的一本教科书。"真正要读的是人生这一部大书""真正要带走的是人生理想"。虽然他儿子少年得志，多有光环，但是朱永新告诫儿子："这些东西已经过去,只有理想才能够让你重新开始。""只要你拥有理想,你迟早会找到自己的道路。"

## 硬骨担使命　一身垂范

习近平总书记指出:"打铁还需自身硬。"

朱永新是在改革开放的伟大时代成长并走向成熟的,他珍惜时代机遇,努力投身时代变革的大潮中,把握时代脉搏,很好地处理传承与创新的关系,运用多重"身份"的优势,使行政工作和教育研究相得益彰、互为补益。他的能力在于他深入生活,感受现实,获得原发动力,将多种经验集中起来转化为自己的创作能量,以思在笔先、以思带行的实践方式,将书外之能转化为笔下之意,从而使他的著作充满了讴歌时代的开阔明朗的意境、生机盎然的气韵、明快清新的格调,折射出蓬勃的新教育理念和高昂的时代精神。

朱永新德位相配,荣誉多多。除上述提及的奖项外,他多次被评为"中国十大教育英才""中国教育风云人物""中华十大财智人物",中央电视台"感动中国"候选人、国家新闻出版总署"全民阅读活动形象代言人""为了公共利益"年度人物等。集美身垂范,尽责道可师。朱永新在他身后的道路上留下了深深的两行脚印:在爱国为民的大道上书写教育新篇章,在创新教育征程中唱响为民主题曲。

朱永新有着坚定的政治抱负。立身先立业,立业先立志。朱永新在青年时代就渴望有一个组织,他认为没有组织就没有主心骨,没有方向感,没有动力源。1988年,他被为民用权、为国寻路的民进宗旨折服;被马叙伦、叶圣陶、冰心等民进老一辈领导人忧国忧民、不屈不挠的爱国精神吸引,在民进老同志邱光教授等人的启引下加入民进组织,从此与民进结下不解之缘,决心把职业当作事业,为民立命,把密切联系群

2018年3月10日，朱永新代表民进中央在人民大会堂作大会发言

众作为履职之基，把替人民代言作为职责所系，把为人民谋利作为使命所在。

朱永新坚信理论的引领力量。思想是"魂"，思想领先才能行动争先。"用坚实的理论研究照亮前行的方向。"朱永新始终认为读书学理论的目的是树信仰、求真知、养心智、促实践、增效能，故此，他一直有着良好的读书学习习惯，坚持每年阅读100多部教育书籍、200多部童话书籍，特别是他调任民进中央领导职务后，除继续坚持阅读专业理论书籍外，更是注重深入学习习近平新时代中国特色社会主义思想、政党理论、民进会史。他告诉我们，要学而信，学而用，学而行，"这些书就像一轮太阳或者夜晚的明月，让我们不再胆怯，不显孤单，坚定地行走、跋涉"。

"要在联系机制中发挥作用，在履职渠道中发挥作用"，"讲好中国共产党领导的多党合作与政治协商故事，为发展新型政党关系贡献自

2018年5月16日,朱永新随全国政协在广西就"解决深度贫困地区脱贫问题"开展调研

己的绵薄之力",朱永新如是说。他要求自己要有深邃的历史眼光、高远的时代站位,在传承中发展,在发展中创新。就民进而言,他提议要坚持合作初心,以主题教育实效提高凝聚共识水平;坚持精准发力,以协商建言成果提升协商民主制度效能;坚持创新发展,以能力建设实绩助力履职尽责工作。在当前和今后一个阶段,加强顶层设计和科学规划,把握新发展阶段、新发展理念、新发展格局,继续在改革、开放、创新上做足文章,为高质量发展落实"十四五"规划和实现2035年远景目标贡献民进力量。

几乎所有的优秀者不是优秀才自律,而是自律才优秀。朱永新不仅是教育的思考者、研究者、传播者、实践者,而且也是一位民主党派的重要领导者。他每天要处理大量信息、电话,参与会议、调研等多重行政事务,还是多家重量级报刊、电视台的特约评论员、嘉宾、撰稿人,每天坚持阅读和写作,雷打不动。因此,在别人还未晨起之时,他或许

已经阅读、写作两个小时了。出差时,火车、飞机上阅读思考是常态,请看他 2022 年参加两会期间的一篇日记时间表:

早晨 5 点起床后,先完成雷打不动的读书计划;

给孩子写作"童书过眼录";

给父母写作"新父母晨诵";

写《语文课》读书笔记。

疫情期间,线下活动停摆,他转战线上,隔三岔五,网上"出镜",打破时空局限,拉近彼此距离。平日,每天晨读一本书,微博上发一则感想,这是他坚持多年的惯例。

朱永新遵照习近平总书记"调查研究是谋事之基、成事之道。没有调查,就没有发言权,更没有决策权"的指示精神,深入第一线,躬行调研之风。2020 年是我国全面建成小康社会收官之年,也是脱贫攻坚战决胜之年。脱贫攻坚振兴乡村一直是朱永新重点关注、心中牵挂之事。多年来,他以公仆的炽热和勤勉,关注农业、关心农村、关爱农民,他带着一颗赤子之心深入实际、深入基层、深入群众、深入贫困地区,多层次、多方位、多渠道调研,访贫于民、问计于民,掌握第一手资料,为脱贫攻坚、助推经济发展、改善民生而共谋发展之路。

真正的好提案不是用笔写出来的,是用脚走出来的。这些年来,朱永新一直走在调研的路上——

2015 年就留守儿童、村级经济发展以及教育事业、"同心助学"医疗帮扶等问题,赴贵州金沙县调研;就民进组织建设问题赴河南焦作调研;就海水淡化问题,赴河北沧州调研;就特殊教育问题赴重庆调研。

2016 年就学前儿童教育问题赴湖北武汉调研;就教育扶贫、对口帮扶问题,赴贵州安龙调研;就精准扶贫问题,赴湖南把脉献计。

2017 年就普通本科高校转型发展问题赴山东青岛调研;就职业教

育改革助推制造业发展展开大面积调研。

2018年就科尔沁沙地治理问题赴内蒙古通辽调研；为了解中缅边境替代种植现状，破解困境，搞好边境安全，赴云南调研；就教育扶贫财政投入保障机制问题赴湖南怀化市调研；就技能劳动者培养过程中存在的问题，在全国进行系列调研。

2019年4月，他去湘西土家族、苗族地区调研脱贫情况。同年11月去武冈市调查群众最为关注的"看病难、看病贵"及危房改造等现实问题。在这之前又去长沙指导召开专项座谈会，总结交流脱贫攻坚民主监督经验体会，并要求将有史料价值的材料梳理整理结集成册。

2019年他去湘西围绕实现"两不愁三保障"面临的问题，义务教育到村到户的情况，深度贫困地区脱贫难题、稳定脱贫主要困难和挑战，脱贫工作中的政策协同和作风等问题，亲自考察了湘西民族职业技术学院、花垣县双龙镇十八洞村和岩锣村、十八洞小学、花垣职业高级中学等单位和地区；走访当地农户家庭，了解脱贫相关工作。他俯下身子查看生活条件，促膝谈心询问教育扶贫、教师待遇、学生阅读以及学校建设和发展等相关问题，勉励学生好好学习、努力成才，回报家乡和国家。

有一年，为调研教育经费投入问题，他一鼓作气，先后赴四省一市走访调研近百所学校并多次"蹲在民间"，直面特殊教育、弱势群体，为他们鼓与呼。

全国第36个教师节主题之一便是"教育脱贫托举希望"。他认为教育是阻断贫困代际传递的关键，先后去四川、广西、湖南、云南等深度贫困地区调研，关注教育扶贫。调研中，发现几个突出问题：辍学问题，某县就有160名小学生、初中生辍学；中年贫困人口文盲、半文盲居多，村民普通话程度低，交流困难；职业技能培训落伍，因学返贫、因学致贫是贫困重要原因等。朱永新在多种场合呼吁"教育扶贫""科技扶贫"，并关心和支持民进与黔西南州安龙县定点挂钩教育帮扶。在民进中央的倡导下，各地民进组织闻风而动。

行者恒远丹心随。时光如流水般在生命的缝隙中轻轻穿过，成长的年轮在无情的岁月中无声地碾过。数十年，朱永新把为民熔铸于灵魂，把教育镌刻于心中，把担当彰显于行动，把自律贯穿于始终，不依恋昨天，不迷醉明天，而奋斗于今天。他以师者的睿智，以公仆的情怀，继续践行着心底的誓言。

（丁榕）

# 怀凌云志　孚众望归

——记江苏省政协原副主席，民进江苏省委会原主委陈凌孚

  2012年的7月12日，是陈凌孚人生中难忘的日子，这一天，他正式卸任已15年的民进江苏省委会主委职务。在告别的时刻里，他满怀深情对大家说："'落红不是无情物，化作春泥更护花'，我愿作'落红'，化为'春泥'，滋润民进这片热土。更愿做一匹老马，尽识途之能，继续为江苏民进做一些力所能及的事情……今后我们将聚少离多，不能再像以前那样常相聚，然而，'知音偶一时，千载为欣欣'。不能常相聚，但愿常相思，在思念中慰藉，在思念中祝福。"这一刻，一批亲历其间并为之努力的民进会员流泪了，一批跟着他开展调研走访、履职尽责的民进机关干部流泪了。一路走来，大家深深懂得，这位只在真理面前低头的领导，无论是在祖国的事业中，在高校的教学管理工作中，还是在民进的职责范围内，甘作"落红"与"春泥"，为他人搭建平台、创设契机，为国家的繁荣与富强贡献绵薄之力，心甘情愿做好一枚螺丝钉，他的一生何尝不是"落红"与"春泥"的写照。

## "祖国需要什么，我们就去做什么"

1946年11月，陈凌孚出生在浙江天台一个书香人家。虽然是地道的南方人，但因为父亲工作的缘故，成长求学于东北，再加上他身材高大，嗓音浑厚，一口标准流利的普通话，做事干净利落，显得粗犷豪放，更像北方人。

陈凌孚从小就热爱学习，中学时代即展现出卓尔不群的学习天赋，酷爱俄罗斯文学，对于抽象的逻辑和数字，也有着天然的敏锐和过人的聪慧。谈起中学时光，陈凌孚至今十分怀念。那是20世纪60年代初期，全社会求知的热情高涨，学习完全是纯粹的精神享受和热爱，所以吸收能力很强。除了课本，课外可学习的内容也很丰富。那个时候，他特别喜欢看《数学通报》，对里面介绍的科普知识和深奥内容都感兴趣，有时候看得吃力，但依然孜孜矻矻、坚持不懈。文艺类的作品也追，看了不少。他回忆说：许多西方的经典作品，像法国左拉的作品，自然主义的表现手法写得很细腻；苏联的作品读得更多，像《钢铁是怎样炼成的》《静静的顿河》等等，读了一批这样的作品，也积淀了一些文学的功底。当时在书店里蹭书看，看半天也没有人驱赶，是非常令人难忘的岁月，唯一的遗憾就是光线不太好，眼睛大概就是那个时候近视的。

60年代也是"学好数理化，走遍天下都不怕"的时代。那一代人，从旧社会中走出来，对祖国的那份眷念和赤诚，恐怕是现今的年轻人很难设身处地感受的。"祖国需要什么，我们就去做什么"正是陈凌孚朴素的想法。那时国家急需一大批懂得科学技术的人才，充实到各行各业中去，特别是数理化成绩优异的学子。于是陈凌孚毫不犹豫地选择物理作为毕生的研究方向，最终以辽宁省理工科榜眼的成绩，考入北京大学物理系，并从此走上理论物理的研究探索之路，并乐此不疲。杨振宁先生就曾经高度肯定物理之美，他的阐述很能解释陈凌孚此后一生徜徉于理论物理研究的陶醉和自得："描述一个学物理的人在了解一个基本结构的时候，其感受最好能用诗来表达。犹如200年前的这样一段话：一粒沙里有一个世界，一朵花里有一个天堂，把无穷无尽握于手掌，永恒应非是刹那时光。""还有一些感受，这个感受是诗人没有写出来的，这是一个光明感，是一个神圣感，是一个第一次看宇宙秘密时候的味觉感，包含着设计师所要歌颂的一切崇高美、灵魂美、宗教美和最终极的美。"

1970年，陈凌孚从北京大学物理系毕业，分配到辽宁省昌图县中学做了一名普通教师。1973年他又调到抚顺二中任教。尽管当时社会受着"知识越多越反动"的影响，辽宁又是受"交白卷"影响的重灾区，但他坚持一面勤恳教学，一面认真钻研物理基础理论，期盼着有一天用自己所学报效国家。1978年恢复研究生制度后他又考回母校物理系，主攻凝聚态物理，成为"文革"后北京大学的第一批硕士。毕业后，他被分配到东北大学物理系，由于教学科研成绩突出，1985年作为优秀人才被引进到南京师范大学物理系。从此，与江苏结下了不解之缘。这里成为他第二故乡。

## "中国是我家，我应该回家"

1987年，陈凌孚到加拿大渥太华大学做访问学者，和国际上晶体缺陷理论的著名学者宋公燮教授合作，开展自陷态激子的研究工作。当时国外对计算机能力水平要求很高，这对陈凌孚是个很大的挑战，由于当时的局限性，他虽然很快掌握了理论，但是编程要求很严格，出一点小错，整个程序就是瘫痪的。有一次陈凌孚的编程很简洁，但与老师的更为复杂的编程不同，到底谁对呢？陈凌孚自己内心也很忐忑。后来请了另一位计算机权威作评判，他说两者都可以。这件事给了陈凌孚很大的鼓舞

1999年,江苏民进向盱眙铁佛乡捐建希望小学,捐建仪式上乡党委书记向陈凌孚主委回赠锦旗

2002年9月,陈凌孚就"加快苏北发展"在淮安调研

和信心,让他非常振奋——计算机这一关总算过去了,而且为中国人争了气!

陈凌孚与宋公燮教授合作研究的领域非常专业,是包含发光动力学、光化学及凝聚态物理的一个交叉跨界的学科领域。由于这一研究与新一代光通讯及光计算机中的高性能光敏器件及光开关的研制有密切关系,因而一直是热门的研究课题。1989年,他们合作分析了所有收集到的关于晶体激光的吸收带、发射带及自陷态激子的资料,经过分析计算,推翻了传统的"自陷态激子的中心模型",得到一个新公式,预言了电子激发能和发射光谱波长及偏离中心距离之间的定量关系,第一次把微观激子形态和宏观可测量联系起来,同时每个量都有明晰的物理意义,这就是"宋-陈理论"(自陷态激子偏中心模型及其理论)。它带来了晶体缺陷理论的革命性思维突变,引起了世界同行的广泛关注。"宋-陈理论"至今已被引用了百余次,并被收入英国大百科全书和世界上最权威科学著作出版社——施普林格出版社出版的关于自陷态激子权威著作之中,美、日、德许多大学、实验室都把它作为实验中的主要参考公式。

按理说,陈凌孚的研究取得突破性进展,完全可以留在那里继续研究,而且许多到国外的人朝思暮想的"绿卡",那时对他来说唾手可得,也有很多人劝他留下来,可他始终认为"中国是我家,我应该回家。国家拿钱送我们出去学习,人不能不讲信用"。1989年9月,政治风波刚过,正是一些人头脑发热往海外走的时候,陈凌孚却归心似箭,是当时一千多个在渥太华的留学生中第二个如期回国的。提起这段往事,陈凌孚记忆犹新,他说当时回国的飞机、火车上,没有多少人,一路都空荡荡的。

归国后虽然行政事务牵扯了他的主要精力,但他始终没有丢掉自己的专业,没有忘记教育的本质在于教书育人。他指导研究生采用"从头计算""密度泛涵办法"研究半导体、原子团簇等系统中缺陷的各种物理性质，发表了许多高质量的文章。名师出高徒，他的学生在工作态度、教学水平、科研能力等方面无不受到用人单位的一致好评。提起学生们，陈凌孚饱含深情地说："我要特别感谢我的那些学生们，感谢他们这么多年来给我带来的欢乐和充实感，给他们上课，从来不是我的负担，我喜欢在课堂上和他们交流的感觉，不过做我的学生很不容易，我的要求很高，所有的女生包括男生可能都哭过鼻子，我不能容忍他们得过且过式的敷衍，现在依然如此。"

多年来，陈凌孚先后承接多项国家、省重点基础研究项目，曾在超导材料、低维物性研究及晶体发光动力学研究方面，在美、日、英、荷等权威国际学术期刊及国内学术期刊上发表学术论文近百篇，其中被收入国际学术榜的占一半以上，他的有关表面解吸机理研究等多篇学术成果为多人所引用。陈凌孚还获得过江苏省中青年科技奖，"江苏省中青年科学家"、"江苏省有突出贡献的中青年专家"，人事部、教育部授予的"全国优秀回国留学人员"，"国家级有突出贡献的中青年专家"等称号。1995年被美国纽约科学院聘为院士，是享受国务院特殊津贴的知名物理学家。

## "行事见于当时，是非公于后世"

作为一名热爱学术、心无旁骛的研究者，陈凌孚没有想过有一天，他会成为学校的行政管理人员。因此，1989年从加拿大回国，校党委组织部部长找到他，希望他担任物理系主任的时候，陈凌孚非常犹豫。1992年组织又来找他，希望他担任校长助理，他依然纠结，在拿不定主意的情况下，他选择了到加拿大做访问学者，希望通过时间来换取空间。结果1993年回来后，组织上还是找到他，希望他担任副校长，这一次他没有再动摇和犹豫。"既然组织上这么信任我，当了就要当好。"

他先后分管过研究生、学科建设、学位点和"211工程"建设、科技开发和人事工作,每一项工作他都做得非常认真。

师范院校的科研和学科建设历来是弱项,而陈凌孚任副校长后正是学校申报"211工程"的紧张时期,他所分管的工作又对申报成败起到关键作用。他上任后,强调要练内功,将规模、结构、质量和效益有机结合起来,协调发展,以提高学校综合实力。

高校科研管理,建章立制是根本。为了加强科研工作,他带领科技处同志制定了《关于科研奖励的暂行条例》《关于改革和发展研究机构的意见》《关于校科研发展基金的条例》等一系列鼓励科研创新的条例,极大地调动了科研人员的积极性,使学校的基础研究和应用研究上了一个新台阶。

高校学科发展,人才是关键。为了引进高素质人才,他每年都对学校各个学科进行分析,根据学科建设和市场变化确定引进人才的目标任务。他经常外出奔波,争取和考察想引进的人才;也经常深入系科、实验室,了解引进人才的困难和要求,尽力帮助解决。很多特聘教授找他,无论多忙,他都会尽可能放下手中的工作,亲自接待并了解情况。为了帮助一些引进人才解决小孩上学问题,他亲自跑学校商谈联系,他做事的诚心真心感动了很多人——用了5年多的时间,引进了130多位优秀领军型人才。

他从不说空话、大话,脚踏实地,真抓实干,而且认准方向便雷厉风行地去做。对重大项目他都亲自过问。在组织开发新一代生物菌肥、绿色食品基地建设和现代生物制药等重大项目研究工作中,他几乎跑遍了整个江苏,深入企业、深入现场,了解情况、解决问题。对校内每个重点实验室、工程中心重点科研基地建设,都全身心投入,帮助解决实际困难。在南师大与美国耶鲁大学联合建设分子医学生物学重点实验室项目中,他为了解决房子问题,先后十余次召开会议,同众多有关部门协调，从而仅用短短 3 个月时间，便建成了一个现代化、高水平、新体制运作的实验室。耶鲁大学傅新元博士评价说，比耶鲁和清华的同类实验室还要好。

地理系是学校的传统学科，为了使其焕发青春，陈凌孚引进相关院士，并投资 30 多万元建立地理信息工程实验室，在很短时间内拿到了博士和硕士点，成为江苏省重点实验室。在此基础上，又由学校、教师共同出资建立了有限公司，走产学研结合的道路，极大调动了广大教师的积极性，聚集了一批科研骨干。南师大地理科学学院蓬勃发展，被全国地理界誉为"发展最快的一匹黑马"。前人种树，后人乘凉，功夫不负有心人，多年的浇灌和培育，换来了累累硕果，在 2018 年教育部的双一流学科评审中，南师大地理学科脱颖而出，成为该学校唯一一个入选"一流"学科的学科点。

南师大人这样评价陈凌孚：为人正直，敢于坚持原则，敢讲真话；工作作风严谨，具有前瞻视野和创新思维。当年同事评价他："刚开始感觉他比较严肃，难以接近，但相处久了，才发现他为人厚道，待人真挚诚恳，是扶掖后生的长者、温厚真诚的友人，也是童心未泯的伙伴。"回首在南师大几十年的工作生涯，陈凌孚很感慨："这些年来，应该说不是没有遇到一点儿波折和困难，也有人觉得我'不太好讲话'，我想'行事见于当时，是非公于后世'，只要大家觉得这个人还是为南师大做了一些事情的，我就满足了。"

## "民进是我无悔的人生选择"

1997 年，在民进江苏省委会第六次代表大会上，陈凌孚当选为民进江苏省委会主委，在民进中央第八次代表大会上当选民进中央常委，在 1998 年江苏省八届政协一次会议上，当选省政协副主席，同时被推举为全国政协委员，开启了他人生的新历程。

提起这段往事，陈凌孚坦言："在江苏省委统战部老部长林玉英、李熙诚同志的引导和关心下，1995年我加入江苏民进这个大家庭。走进民进，一开始，我是不同意的，统战部部长亲自找我谈，张怀西副主席也找我谈过，他们说加入党派可以为更多的人服务。现在看来，走进这样的政治舞台，人生视野境界大不相同。我们省委会各位常委、委员，很多都是各个方面各个领域的专家，无论是表演艺术家、著名画家、著名教育家、教授、作家，包括我们从事机关工作的同志，可以说，谈笑皆墨客，往来无白丁。大家学科和知识背景比较宽泛，可以互相学习、互相支持，没有尔虞我诈，也没有文人相轻，就像一个大家庭。"

从一个潜心做学问的学者到江苏省民进组织的主要领导，从在微观世界里探寻晶体的奥秘到研究全省乃至全国的物质文明建设和精神文明建设的宏观重大事项，从自然科学到社会科学，对陈凌孚来说，所面临的是一个全新的天地。为了挑好这副重担，他发扬民进"以党为师，立会为公"的光荣传统，一步一个脚印，扎扎实实做好工作。在此期间，老一辈民进领导人了不起的人生历程，给了他很深的触动。特别是当年马叙伦老、王绍鏊老，在国民党独裁统治之下，在反饥饿、反内战、反对黑暗统治的政治条件下，冒着生命危险，坚定一个信念，选择跟着共产党走，很不容易！

上任伊始，陈凌孚即拿出了科学研究的热情，积极谋划、推陈出新。2006年，他调整了专委会结构，把原先以省直工委和南京市骨干会员为主体的6个专委会重新调整为由全省骨干构成的教育、文化、科技等7个专门工作委员会，使专委会从参政议政的助手转化为主力军，参政议政的内容走向多元化、专业化。在他的建议下，省委会在全省范围内建立了重点课题招标机制，加强与政府部门的对口联系，加强与民进中央和兄弟省委会的交流与合作。谈及当年想尽办法进行人才资源整合的探索与尝试,陈凌孚说:"参政议政是党派存在的价值,展示了一个党派整体的水平。我在这个位置上待了15年,深感做好党派的主委很不容易。最不容易的一点就是参政议政需要有很广博的知识,谈社会问题,谈经济问题,不断要求你发表意见,而且是和中共省委主要领导面对面谈,这代表的是全省民进的形象,压力确实很大。现在改革发展进入攻坚阶段,剩下的都是硬骨头,有的积重难返,有的涉及方方面面,真要提出一个考虑周到全面、可行性强的方案,很不容易,需要一批专家学者一起参与,做系统工程,所以就需要科学的参政议政工作机制来有效整合资源,发挥最大效能。"

每年的大会发言,陈凌孚都高度重视,把其作为民进发挥作用、提升影响的窗口。他说参政议政就要"议大局之势,立发展之功,建肺腑之言,献务实之策,知民所想,思民所虑,亲民所爱,忧民所患"。1999年大会发言《让民营科技企业成为我省经济新的增长点》得到时任中共江苏省委书记陈焕友批示;2001年该条建议又得到季允石省长批示。此后连续三年以行政体制改革为主题的大会发言,受到普遍关注,引起广泛反响。2007年《激活农村发展内生动力,建设农民所需要的新农村》的建言材料被评为年度全国政协优秀提案。

作为教育文化出版传媒为主界别的参政党,对于文化和教育持之以恒的关注是陈凌孚一贯的追求。民进曾经连续六年对江苏文化状况建言献策,形成文化系列提案,在社会上广有影响,教育的建言更多。2008年陈凌孚的政协大会发言《让体育成为素质教育的突破口》全文刊载在《光明日报》上。陈凌孚引用陶行知名言"我们深信生活是教育的中心,我们深信健康是生活的出发点,也是教育的出发点",振聋发聩。2009年,陈凌孚将对于幼儿教育的关注带到全国两会,他代表江苏省委统战部和江苏民进作大会发言。此后幼儿教育的问题成为教育部连年关注的重点,提案中涉及的问题也逐步得到解决。

2004年9月教师节,陈凌孚主委与会员交谈

　　陈凌孚非常重视民进江苏省委会的政治交接和组织建设工作。将政治交接的主线贯穿于党派思想、组织、作风、能力建设等各项工作中,落实到全省会员的行动上。他不赞成搞形式主义,提出政治交接要有"四个一":继承一个传统,选好一个班子,制定好一些制度,总结好一批经验。坚持政治交接一定要和参政议政履职实践结合,要把学者专家的个人专业优势转化为参政议政履职优势,坚持政治交接要和领导班子建设、组织建设结合,和制度建设结合,有好的制度,才会有好的结果。他经常深入各市和基层倾听意见、了解情况,他也始终将自己看作南师大基层组织的一名普通会员,过组织生活他都尽量参加。

　　回首担任主委的15年时光,陈凌孚说:"后浪推前浪,新叶催陈叶。我担任民进江苏省委会主委已有一十五个寒暑了,我深深体会到,民进的事业是众志成城的事业,民进事业的传承犹如接力赛,我在大家鼓励与支持下,跑完了承上启下的一棒。能把个人融入民进事业,能够置身于改革开放的伟大时代,为中国特色的社会主义民主政治的发展与中华复兴的伟业贡献才智,这是我的幸运,也是我无悔的人生选择。

这十五年是我人生中最为壮丽的华章，会永远成为我生活中无法忘怀的美好回忆。"

## "只有跟着共产党走，才是在正道上行"

2012年7月12日，民进江苏省委会第九次代表大会召开，这次会议上选举产生了民进江苏省委会第九届领导集体，陈凌孚对此倍感欣慰，他说："以朱晓进为首的新领导班子成员中既有我省教育、文化、出版等界的知名学者专家，也有长于会内事务、善于组织协调的行家里手，他们年富力强、精力充沛、知识渊博、阅历丰富，参政议政能力突出、素质优秀，他们将团结协作，共同肩负起江苏民进未来发展的重任。"

退休之后，陈凌孚有了更多的个人时光，终于可以多陪一陪家人、朋友，他很享受这份来之不易的宁静与休闲，一觉睡到自然醒，有时间就看看书，练练字，下下围棋，他笑称当年靠着理工科的知识谋生，退下来之后，重新补齐了文科生的必修课，《道德经》《心经》《易经》等等，耳熟能详。他感叹中国传统文化、国学典籍是一个大宝藏，藏着人生的大智慧和哲理，当年高考的时候，作文分数全省第一，总分全省榜眼。要是走文科的道路，倒是另一种人生风景了。

有一次，几个机关干部去看望他，他见其中有刚进机关的青年干部，语重心长地说：年轻人还是要想办法做点事情。要有心气儿，动点儿脑筋，不要荒废了大好时光。做事，就总会有不如意的时候，要善于因势利导，有时候也要有逆势而行的勇气。

他依然关注国家发展、关注社会民生、关心公共政策的制定与实施，保持着一个知识分子的忧国忧民之心，他常常会发短信提醒会员需要关心和重视的一些社会现象和舆情，他也会将一些事情的思考和意见及时转发给会员，供会员做社情民意信息时参考。

2007年10月，陈凌孚调研"新农村五件实事"建设情况

他始终坚信：只有跟着共产党走，才是在正道上行。在党外人士庆祝新中国成立暨多党合作制度确立70周年座谈会上，他深情地说："我出生于1946年，在与新中国一同成长中，见证了中国共产党带领全国各族人民，进行艰苦卓绝的探索，将一个满目疮痍、积贫积弱的旧中国，建设成举世瞩目的世界第二大经济体，中国面貌发生了翻天覆地的变化，人民群众的生活得到了前所未有的改善，科学技术飞跃发展，开创了改革开放的历史新时期，走进了中国发展的新时代，成功走出了一条中国特色社会主义发展道路。我们坚信，在中国共产党的坚强领导下，在习近平新时代中国特色社会主义思想的指导下，中国共产党领导的多党合作制度欣欣向荣、生机勃发，中国的发展前途光明，中华民族伟大复兴必将实现！"

（云建　季伟）

# 学养与才智俱在正道行

## ——记江苏省政协副主席，民进江苏省委会原主委朱晓进

  每年全国两会结束后，民进中央都会对履职情况进行盘点，全国政协委员朱晓进的名字不出意外又出现在了获表扬的名单里，连续多年获得民进中央年度参政议政成果一等奖。他的建言紧贴时事、量质俱佳，年年保持着高水准，曾在几千件提案中脱颖而出，被全国政协评为年度好提案。这位履职成绩突出的政协委员身兼多职，他是民进中央常委、江苏省委会原主委，是民主党派省级组织的原负责人；他曾担任南京师范大学的副校长，是学养深厚的教授、博士生导师，是现当代文学领域的领军人物；他还担任江苏省政协副主席、省社会主义学院院长等职务。每个岗位都责重事繁，每份工作都不容懈怠，朱晓进几十年如一日，全身心地进入角色，时刻保持着昂扬向上的斗志，用一丝不苟的态度和敏捷高效的思维，充分展现了"为执政党助力，为国家尽责，为人民服务"的能力和情怀，用优异的工作实绩，赢得了广泛的认可好评，并在实现自身价值的同时带动了周围的一大批人。他始终践行着老一辈民进领导

朱晓进在全国政协十二届一次会议上作大会口头发言

人"只有跟着共产党走，才是在正道上行"的政治嘱托，书写了新时代民主党派成员的动人风采。

## 术业专攻，勤勉治学育桃李

青年时代的朱晓进曾在家乡江苏泰兴的农场插队，在那里度过了三年融入人民群众的宝贵时光。那里条件艰苦，却能磨砺意志、锻铸精神，令他终生受益。1978年，朱晓进结束了知青生涯，以优异的成绩进入北京大学中文系文学专业学习，他在如饥似渴地吸纳各方面知识的同时，很快选定了重点钻研的方向，开启了对中国现当代文学的研究，将其作为终生的事业。

学海无涯，皓首穷经。为了提升学术水平、探究更加精专的学问，在顺利结束本科阶段的学习后，朱晓进于1982年进入北京大学中文系中国现代文学专业攻读硕士，师从我国中古文学研究的开拓者、现代文学研究的奠基人之一王瑶先生继续深造。1984年获得文学硕士学位后，他进入南京师范大学任教，并于1995年至1998年在南京大学顺利获得文学博士学位。

朱晓进在南京师范大学从教三十余载，在现当代文学领域深耕细作、上下求索，成为国家教学名师和国家文科基地教学团队的带头人，为本专业培养人才传播火种，助力现当代文学专业跻身国家重点学科之列。无论是作为教授、博士生导师，还是担任文学院院长和南师大的副校长，他始终没有离开自己深爱的学术研究事业，多年来潜心于中国现代文学史、中国现代文学与文化关系、中国现代文学思想史和学术思潮史等方面的研究，著作等身，桃李遍地，成为中国鲁迅研究会副会长、全国叶圣陶研究会副会长，为引领和推动相关领域全国性的研究作出了积极贡献。

几十年躬耕于教学第一线，朱晓进留下了一串辉煌的足迹：主讲的本科基础课"中国现当代文学史"被评为教育部首批国家级精品课程；主编《鲁迅研究教程》《中国现当代文学》《新编大学语文》等全国性教材6部，其中主编的教材《中国现代文学史（1915—2018）》（上册、下册）2021年获评全国优秀教材奖；指导博士生、硕士生多次获评教育部和江苏省优秀博士论文、优秀硕士论文，本人也被授予全国优秀博士学位论文指导教师奖；先后主持国家社科基金重点项目1项、基金项目

朱晓进参加全国第一届高等学校教学名师奖表彰大会

4 项、教育部人文社科项目 2 项；3 次获得教育部人文社会科学优秀成果一等奖、二等奖和三等奖，3 次获得江苏省哲学社会科学优秀成果一等奖，2 次获得江苏省哲学社会科学优秀成果二等奖；先后获得全国首届高等学校教学名师、全国模范教师、全国高校优秀青年教师、全国教育战线师德先进个人等荣誉。

## 结缘民进，书斋之外展才具

1994 年，朱晓进加入中国民主促进会，成为一名光荣的民进会员。说起为什么结缘民进，其实也与他的学术研究领域密切相关。中国现当代文学诞生于黑暗的旧中国，很多章节是沉痛的，是悲郁的，饱含着民族苦难的血与泪，朱晓进沉浸其中，要为国家发展和民族复兴贡献更大力量的意愿日渐强烈。作为中国现当代文学的研究者，他对于叶圣陶、冰心、赵朴初等鼎鼎大名的民进先贤是再熟悉不过了，进而了解到他们与中国共产党风雨同舟、荣辱与共的那些峥嵘岁月，这些更促使朱晓进对这个组织产生了敬慕和向往。

更重要的是，朱晓进工作所在的南京师范大学与江苏民进有很深的缘分。1952 年全国高等院校院系调整，在当时金陵女子文理学院的旧址建立了南京师范学院，而蜚声海内外的著名女性教育家、社会活动家，民进老一辈领导人、江苏民进的第一任主委吴贻芳先生正是当时的副院长。民进 1956 年 11 月就在南师大建立了全省最早的基层组织，目前民进南师大基层委员会下设 5 个支部、拥有分布在各个学院和专业的 126 名会员，是民进省委会省直会员人数最多的基层组织。

民进先贤的精神感召，所在单位组织的积极影响，自身在更大舞台上建功立业报效国家的强烈愿望，促使朱晓进走出书斋，为自己增添了一重民主党派成员的政治身份，让他的人生足迹留印在另一片沃野之上，开辟出新的天地。

加入组织之后，朱晓进融入其中，加快从单纯的学者向学者和参政党成员双重身份的转变，开始双岗建功、大展身手。他热心会务、团结同志，积极履行会员职责，迅速脱颖而出，在会内外赢得广泛认可，很快成为组织重点培养的后备干部。2001年朱晓进顺利当选为民进南京市委会主委，次年当选民进江苏省委会副主委和民进中央委员。走到主委的岗位上，朱晓进深知，从此他的责任，便不止于作为一个单纯的个体去履职尽责，更要自觉担负起聚人心、带队伍的使命。他一方面以连轴转的状态、极高的效率和奉献精神处理着教书育人、政协履职等本兼职的各项工作，一方面着力思考如何做好一个民进组织的领头人，把握正确的政治方向，充分调动党派成员在各自专业领域里各展所长，提升参政党履职的能力和水平。

参政议政是民主党派的基本职能之一，作为民进南京市委会的主委，朱晓进拓展思路、创新方法，致力于有效调动会内智慧力量，建立了一整套科学有效的参政议政工作机制。他积极抓好教育文化这个民进界别主阵地，先后围绕"南京市教育均衡发展""关注学校教师心理健康""加大保护开发六朝文化力度""加强社区文化建设"等方面开展专题调研，形成了高质量的参政议政成果，并实现了成果的有效转化。朱晓进深知"功以才成，业由才广"的道理，以会员中的人大代表、政协委员为核心，以各个专委会为基础，对内聚智，对外借力，聘请多名会外专家担任特约调研员，打造出一支高素质的参政议政骨干队伍。直到今天，这套机制还在民进南京市委会有效运行，当年建立的那支队伍，仍然热情不减地在资政建言方面贡献着智慧和力量，并发挥了薪火相传的作用，是南京民进长期以来相关工作保持领先优势的坚实保障。

优异的成绩证明了朱晓进的素质能力，证明了他挑得起重担，绝不会辜负组织和会员的期待，也给他带来了新的任务和挑战。2009年，朱晓进成为民进中央监督委员会的委员，为推进会内监督工作作出积极努力。2012年7月，在民进江苏省委会九届一次会议上，产生了民进江苏省第九届委员会和新的领导集体，朱晓进高票当选为新一任的省委会主委，正式成为江苏民进自身建设和事业发展的掌舵人。2013年，朱晓进当选江苏省政协副主席，成为全国政协委员。多重身份的获得，是一种信任，是一种重托，更是用德行才干和一年又一年实实在在的成绩赢回的认可。正如朱晓进在2012年就任民进江苏省委会主委讲话中表态的那样："作为主委要干好自己的本职工作，在自己的专业上不断取得新的突出的成绩，以保持自己的界别代表性。同时，党派主委作为兼职，要处理好本职工作与兼职工作的关系，要有奉献精神，在兼职工作中同样要对自己高标准严要求，不断取得新的工作成绩，努力做双岗建功的模范。"他是这样说的，更是这样做的。

## 定向领航，凝聚共识做表率

坚持正确的政治方向，做好思想引导工作，是朱晓进作为民进江苏省委会主委放在头等重要位置的大事。抓会内思想政治建设工作，朱晓进首先从自己做起。他特别注重自己在会内的正向发声，经常性地在主委会、常委会等场合开展专题辅导。每年全国两会结束后，朱晓进都会自己精心备课制作教案，分享履职经历和心得体会，面向民进会员进行宣讲。因为宣讲并不是照本宣科，而是始终心怀"国之大者"，充分融入自己的学习体悟，紧密结合江苏民进的自身实际，让每个收听者都感到身临其境、大有收获，做到了"知其然""知其所以然""知其所以必然"，非常务实生动，所以极具吸引力，闻讯而至的省市两级会员每次都把会场挤得满满当当，其中还不乏白发苍苍的退休老会员。每年的两会精神宣讲，已经成为江苏民进思想政治教育工作的一道靓丽风景线。

面向江苏民进一万三千余名会员凝聚思想共识，单靠个人的力量是远远不够的。对此，朱晓进的秘诀是抓好"关键少数"，充分发挥领导班子成员和代表性人士的作用。朱晓进十分看重同江苏民进各级组织主委们的交流，和大家共同进步，不断提高政治判断力、政治领悟力、政治执行力，以团结的力量推动会内的思想政治建设。他多次带着地方组织的主委们学党史、学会史，去中共一大会址、西柏坡，去民进的会史基地，通过实境教育，带着他们重温民进在中国共产党领导下共同致力于国家富强、民族复兴、人民幸福的合作初心。朱晓进不止一次在交流时恳切地说，民主党派的领导班子在顺应时代要求、不断提升自己学习能力的同时，还要时常反省自己，是否具备把学习成果转化到实际工作当中的能力，特别是要把学习的成果转化到会员的教育当中。要把凝聚共识融入履职全过程，紧密关注和掌握会员的思想动态，有针对性地进行思想引领。要坚定理想信念，发挥好榜样的作用，带头践行社会主义核心价值观，确保同心同向，做社会主义思想道德的自觉遵守者、示范引领者和坚定维护者。要在复杂多变的形势面前把好政治方向，坚持以德育人、以理服人、以情感人，提高讲话的权威性和影响力，发挥好正向作用。他的话接地气、讲道理，不是行政命令的口吻，却都说到了主委们的心坎里，也落实到了他们的行动上。

思想政治建设要靠关键少数的引领示范，也要营造积极向上的浓厚氛围。朱晓进坚持将政治建设与民进文化建设结合起来，力求将民进的参政党文化体现到广大会员的日常工作和生活中去。每个党派都有自身的文化，民进的文化价值是什么？朱晓进认为，几十年来民进人与中国共产党风雨同舟，形成了"知行统一、爱民亲民、淡泊名利、不尚空谈"的"老实党"作风，踏踏实实地做好每一件事，营造"爱满民进"的浓浓氛围，正是民进文化的特点和优势。他将这一理念概括为四个字，即"真""善""美""爱"。"真"就是对党忠诚，坚信"只有跟着共产党走，才是在正道上行"，就是学做真人，讲真话，真心做事；"善"就是讲社会责任，讲社会担当，讲公平公正，讲平等待人，真心向善，与人为善，兼善天下；"美"就是超越庸俗，拒绝低级趣味，追求美好的事物和健康的审美文化品位，追求高尚的人生境界；"爱"就是以人为本，关注民生幸福，关爱他人、关爱生命，扶弱济贫、助人为乐、无私奉献，这是一种无疆的大爱。这四个字是数十年来民进会员以坚忍不拔的开拓精神，用坚持不懈的工作实践，一步一个脚印走出来的。只有传承好这份鲜明的民进文化，才能真正做到画好同心圆、汇聚正能量，沿着正道阔步向前，建设与新时代、新要求相匹配的参政党省级组织。

党派机关工作人员直接联系服务广大会员，在保障各项履职活动正常开展、党派自身建设深入推进之中发挥着不可或缺的重要作用。在思想政治建设方面，朱晓进对他们同样寄予厚望。尽管非常繁忙，他仍会抽出时间，去参加江苏省委会机关的集体学习、年终述职考核等重要活动，同机关干部们交流思想，督促他们不断提升思想道德、个人修养、职业道德，改进工作的作风。朱晓进要求机关同志不断提升政治理论水平，要求他们老老实实学原文、悟原理，把基础打扎实，且自觉落实到行动上。他还乐于为大家"开小灶"，结合自己的体悟和党派工作实际进行辅导领学，时常带领大家共同回顾民进与中国共产党团结奋斗、风雨同舟的光辉历程，激励大家发扬和继承好民进的光荣历史；或为大家讲解近期召开的会议精神，或是新出台的文件条例。他的辅导高屋建瓴、深入浅出，幽默生动、春风化雨，帮助机关干部们尽快实现了真学、真懂、真信、真用的目标。

## 不负使命，履职建言结硕果

岁月匆匆从未虚度，朱晓进在不懈努力下，成功由一名大学校园里

朱晓进在宿迁调研苏北农村教育状况

朱晓进走访无锡民进基层组织

潜心学术探究的专家,成长为一位综合素质过硬、履职成效突出的政协委员。民进中央主办的《民主》杂志曾以《知名的学者,参政的专家》对朱晓进进行过专题报道,用十个字的标题精练概括了他成功的转型。

在朱晓进看来,政协为自己提供了一个实现学人兼济天下志向的广阔舞台,因此从成为政协委员的那天起,他就从严自我要求,发扬俯身案牍做学问时形成的严谨精神，自觉契合"守纪律、讲规矩、重品行""懂政协、会协商、善议政"的要求，让自身的能力素质与新角色迅速匹配。立德立言既有所成，双岗建功也不在话下。成为党派主委后，他更是带头组织开展调研，亲手撰写材料，兢兢业业，交出了极高质量的履职答卷。

2013年当选为全国政协委员之后，每年的全国两会都成为朱晓进履职的重要平台。这些年来，经常跑两会的媒体记者都知道，这位来自江苏的政协委员不仅提案数量多，而且质量高，采访起来和善可亲、娓娓道来，每次都能如沐春风、收获满满。中央电视台、人民网、《人民政协报》等国家级媒体，都曾留下他建睿智之言、献务实之策的精彩影像和采访。由于出镜率极高，是一位名副其实的"明星"委员，曾有人当面调侃，说这是因为朱晓进仪表堂堂、非常上镜的缘故。朱晓进却解释道，接受的采访多确实是事实，但这主要还是因为提案的质量高、有亮点，说完还忙不迭地补充道，这主要是集江苏民进全省之力，形成了有见地、有水平的参政议政成果，这是大家的功劳，要感谢大家不计个人名利，给民进添光彩。这份功成不居的谦逊，深深打动了在场的每一个人。

政协履职时有"出圈"的惊艳之作，很大程度上得益于朱晓进有着从工作实践中捕捉参政建言突破口的敏锐眼光和创新思路。朱晓进深知，参政议政不能纸上谈兵，要善于从民进的履职实践中找素材，这样才能有的放矢，提出更多有建设性的善言良策来。担任全国政协委员以来，朱晓进通过课题调研、教学研究、出席重要会议等渠道不断收集社情民意信息，每年都上报数十篇，其中《警惕资本对新疆地区农业炒作带来的破坏性风险》得到中共中央领导人批示，《科技创新战略实施需关注的三个研究脱节现象》《关于完善高校新工科专业设置，破除智能制造人才培养瓶颈的提案》等被全国政协采用，《关于加强我国科技服务业转移经理人培养的提案》转化为全国政协提案，还有多篇高质量成果得到了中共江苏省委、省政府主要领导的批示，建言内容涉及教育、财税、环保多个领域，有效推动了江苏省公共政策的优化。

朱晓进的建言成就，还有很多光彩熠熠的成绩：《切实提高文化惠民工程实效》调研报告，在人民大会堂全国政协大会上做发言，先后被民进中央评为2013年度优秀参政议政成果一等奖，获得2013年度江苏省社科应用精品项目成果一等奖；题为《加强抗战遗址遗迹保护和利用》的调研报告，被列为全国政协2015年度重点提案，该成果被民进中央评为2015年优秀参政议政成果一等奖；2016年提交的《关于重视我国特殊教育学校教师发展的建议》提案，入选全国政协双周协商会上发言，该成果被民进中央评为2016年度参政议政成果二等奖；题为《关于切实解决制约农业现代化发展的两个短板问题的提案》，被列入2021年全国政协重点督办提案；先后40多件全国政协提案被《中国政协》《民主》《人民政协报》等国家级报刊发表或报道，所提建议均被中宣部、教育部、文旅部、民政部等国家部委采纳，产生了良好的社会效果。

朱晓进始终高度关注脱贫攻坚和乡村振兴等涉农议题，先后向全国政协提交了《关于乡村振兴战略实施中充分激发起农民的内生动力的建议》《关于稳妥推进农村土地"三权分置"改革的建议》《关于抓好乡村教师支持计划，夯实高质量建设乡村教师队伍基础的建议》等提案，涉及乡村振兴、脱贫攻坚、乡村教育发展方方面面。之所以选择这些题目，朱晓进曾在接受人民网采访时做过解释——因为近十年来一直在参与民进中央组织的对口贵州省金沙县和安龙县的支教帮扶"彩虹行动"，他看到了真实的城乡差距，更认识到了发展农村的文化和教育对"扶贫先扶志""扶贫先扶智"的意义，以及对阻断农村贫困的代际传递的重要性。朱晓进对此投入了巨大的心力，他亲自带队深入黔西南，找准帮扶对象的需求，广泛征集会内外专家的意见建议，反复思考和推敲如何更好地为推进农村的农业产业现代化和人的现代化建言献策。与此同时，他还坚持不懈地领导和整合江苏民进会内力量，推动资源集聚、精准施策，对各地方组织的主委定职定责，发动教育一线和企业家会员力量，捐款、捐物、捐赠教室，送教、帮教、培育师资，民进江苏省委会和南京市委会合力打造了被民进中央领导称赞为"教育帮扶工作的一个奇迹"的"同步课堂"项目，将江苏民进的对口帮扶工作打造成了民进社会服务的一块标杆品牌。议政建言和社会服务双管齐下、相互促进，也在新时代脱贫攻坚战取得完胜的壮丽篇章中，书写下了属于江苏民进的篇幅。

朱晓进的率先垂范，实实在在地引领带动了江苏民进的更多同志投入其中、积极参与议政建言，聚焦中心工作履职尽责，坚定不移同中国共产党想在一起、站在一起、干在一起，最大限度地发挥出民进组织的自身优势。在他担任主委期间，江苏民进相关工作的成绩有目共睹，特别是在民进中央唯——项以积分制对各省级组织进行考核的社情民意信息工作中，江苏民进优势明显、一骑绝尘，冠军宝座从未旁落。朱晓进立足于制度和人才建设，充分发挥专委会作用，不断深化资源共享和对外合作，种种务实有效的举措和精密周到的组织安排，更为江苏民进的参政议政工作长足发展、欣欣向荣提供了强有力的保障。

## 老骥伏枥，牢记初心犹奋进

时光飞逝，初心如磐。如今，朱晓进已经年过花甲，但他对自己的要求是，只要在工作岗位上一天，就要尽心竭力，发光发热，做一个斗志昂扬的新时代见证者、开创者、建设者。

2020年是新中国历史上极不平凡的一年，年初新冠疫情来势汹汹，打乱了大家学习、工作、生活的节奏，给党和国家乃至各行各业都带来了严峻挑战。作为一名高等教育战线上的老兵，朱晓进立足本职岗位，毫不犹豫地投身于奋力夺取疫情防控和经济社会发展"双胜利"的大局当中。南京师范大学为了确保教学不受太大影响，于4月下旬结束了居家学习，率先实现了大规模返校复学。学校组织全校学生自4月21日起分批错峰返校，制订了周密计划，实行封闭式管理。教职工组成了志愿者队伍迎接学生返校，朱晓进主动请缨、投身其中。根据分工，返校期间他要负责随园校区的指导督察工作。有着"东方最美校园"美誉的南京师范大学随园校区春暖花开，他却无暇欣赏，从校园这头走到校园那头，事无巨细，反反复复地进行摸查，认真排查可能出现的风险隐患，组织开展测温验码。学生从四面八方涌来，严防死守容不得半点分心，而且学生们到校时间分散，朱晓进的工作时间，往往要从太阳初升，直至夜幕降临。他毫不懈怠地坚守在岗位上，即便有其他方面的紧急事务必须立刻处理，也始终以学生返校工作为重，坚持奋战在南师大第一线。

作为时任民进江苏省委会的主委，即便是在疫情形势最为严峻的时期，朱晓进带领着全省组织，依然没有停下履职尽责的脚步。他们在确保安全的前提下，拓展思路，更多采用线上形式开展工作，有条不紊地推动各方面任务扎实向前推进。保持定力、凝聚共识，在抗击疫情的大局中更有针对性地开展思想政治工作，引导江苏民进各级组织和广大会员在思想上、行动上和党中央保持高度一致，积极投身医疗救助、科研攻关、捐款捐物、复工复产、建言献策等各项工作。江苏民进在微信公众号上开辟专栏，专门刊载各地组织和会员抗疫的相关报道320余篇，大力弘扬爱国主义、集体主义、社会主义精神。有效发挥会内的人才优势、智力优势和联系广泛的优势，第一时间发出"我为抗疫献一计"的倡议，全省会员撰写了抗击疫情相关信息389篇，其中42篇分别被民进中央、江苏省政协、中共江苏省委统战部采用，5份建议信被中共江苏省委省政府领导批示，两篇针对疫情防控和公共卫生体系建设的材料被政协常委会选为大会发言。会内的企业家和爱心人士纷纷慷慨解囊，捐资捐物近4000万元，会员中涌现出了"全国卫生健康系统新冠肺炎疫情防控工作先进个人"肖佩华等一大批在抗疫大局中作出突出贡献的组织和会员，危难时刻显身手，充分体现了新时代民主党派成员的能力和担当，为江苏民进增添了光彩。

形势有所好转之后，朱晓进更是带领江苏民进提质增效，以更加饱满的热情和时不我待的劲头积极履行服务江苏高质量发展的政治责任，进一步激发新型政党制度效能创新。在被中共江苏省委委托开展的对镇江、淮安两市安全生产专项民主监督工作中，朱晓进高度重视，确立了"帮忙不添乱、助力新发展"的工作基调，有序开展相关工作。他个人带头，要求民进江苏省委会领导班子全部参与到这项工作中去，群策群力，分别带队开展多个层面、多种形式的调研座谈和现场查看，调动两地民进组织和会员的力量，形成了高质量的调研报告，提出了有见地的意见建议。在加强和完善江苏省政府部门与民主党派江苏省委会、省工商联对口联系的工作中，他也是精心谋划、扎实跟进、亲自带队，确保了工作的成效，努力为深化多党合作制度的江苏实践、促进政府部门科学民主依法决策作出积极贡献，充分展现了新时代民主党派工作的新风貌、新气象、新作为。

"莫道桑榆晚，为霞尚满天"，新时代呼唤所有人投入携手奋进现代化新征程的大局之中，朱晓进勤勤恳恳地奔忙在各个岗位上，希望自己在有限的时间里，为祖国的繁荣富强、为人民的幸福安康，多做一些有益的工作；为江苏民进事业的健康有序发展和后继有人，打下坚实的基础，多增添一些积极的助力。他用自己的不懈奋斗，努力让所热爱的民进组织持续迸发出强大力量，在"强富美高"新江苏中再接再厉、再创佳绩，不负期待，不负时代，继往开来，坚定扛起"争当表率、争做示范、走在前列"的新使命，展现出新的更大作为。

（朱丹藜）

# 秉承报国初心　育人资政为民

——记农工党中央副主席、江苏省委会原副主委杨震

在南京邮电大学 2018 级新生的开学典礼上，时任校长的杨震告诉他们"76 岁的南邮，改变的是'容颜'，不变的是初心。南邮发展蒸蒸日上，旧貌换新颜。但培养英才、信息报国的初心始终未变。"作为在南邮上学、工作、生活了 40 年的一位资深南邮人，杨震也如南邮一样，始终秉承着报国的初心。

## 一

20 世纪 60 年代初，杨震出生于江南名城苏州的一个书香世家，江南地区的灵山秀水、人文氤氲，孕育了他精干中透着灵气的儒雅气质。之所以大半辈子投身于邮电事业，与其幼时的经历分不开。多年后杨震回忆道，幼年时奶奶住在上海，外公外婆家在无锡江阴，虽然同处长三角地区，但是当时交通不如现在便利，随父母在苏州生活只有靠一纸信笺、鸿雁传书才能寄托对奶奶和外公外婆的思念。交流情感、互通信息的通信、电报等信息沟通形式给他的儿时留下不可磨灭的印记。回忆起那段往事，杨震说："虽然写信是当时非常重要的一种通信方式，但是周期太长，要好几天甚至一周才能到达，一般用于日常沟通，急事还要用到电报。"提到电报，杨震至今仍心有余悸，"如果有时候老人身体不太好了，情况比较紧急，就会打电报。所以只要家里一收到电报，就知道肯定是老人家有急事，才需要这么快地告诉我们。"

从此，对于通信方式影响生活深有感触的杨震，产生了深入研究通信技术的想法。1979年，杨震报考了南京邮电学院（即现在的南京邮电大学）当时并不热门的电报与传真专业，被顺利录取，从此与通信工作结下不解之缘，一干就是四十年。他至今清楚地记得，是在1979年9月份到南京邮电学院报到的，住在2号楼，按照专业分在7941班，属于通信工程专业的电报传真专业。杨震说："当时只有三牌楼老校区，我刚入学时背着行李下了汽车经过中山北路、和会街，拐进广东路38号进入校园，印象特别深刻，现在每次想起来就像发生在昨天一样。校园小巧美丽，池塘已经有了，绿树成荫是最大印象。"杨震没想到在这校园一待就是四十年，这里不但是他成长的摇篮，也是他起飞的平台，成就了他教书育人、钻研科技的梦想。

上大学在那个年代是一件很难得的事情，适龄青年只有百分之三左右的人可以上，而且因为前面1978级扩招缘故，南京邮电学院1979年那一届是恢复高考后迄今招生人数最少的一届，仅仅250人左右。能在那个时代进入南京邮电学院，是相当不容易的。杨震非常珍惜这个学习机会，尽管学校所在的省城距离他的家乡并不十分遥远，但是一年之中也只有回家一到两次，其余时间基本上是宿舍、教室、食堂三点一线，课余主要在无线楼教室自习，哪怕是星期天也是在教室、图书馆中度过的，可以讲整整四年的大学生活他没有浪费一点儿的时间。

1983年大学毕业前，杨震前往南京电信总局实习。"当时工作的场景就是老电影里呈现的那些话务员通过交换机切换线路画面，不断拔插接通线路。"遥想第一次"实战"，杨震印象深刻。"除了电话设备，机房里还有电报和传真设备。而重要的通信一般用专线，跟一般民用线路会完全分开，所以安全等级挺高的。"加之任何进入电信总局工作的员工都需要通过严格的政审，杨震至此意识到通信对于国家的重要性。这短短几个月的实习经历也为杨震成为教师乃至担任南邮校长后不遗余力地培养通信人才埋下了一颗种子。

四年的刻苦学习，杨震在学业上取得了极大的收获，凭着在政治和学业上的双优成绩，获得留校任教的机会，对此，他谦虚地说："是我内向的性格决定了这一切，这也正是'文革'后有幸上大学那代人的真实写照，我只能说是比较努力的，因为还有比我更努力的同学。"

## 二

正值祖国改革开放时考入大学的杨震，可以说是与我国通信行业共同"成长"起来的。杨震留校任教的那许多年，正是我国通信事业开始迅速崛起的时期，当时社会上最热门的行业大概就是人们用于联络的通信业了，杨震所从事的研究领域正是这个行业中的"金饭碗"专业。他的同学、学生中有很多已经进入国内外著名公司的领导层，收入水平、生活条件远在他之上。对此杨震付之一笑："我不得不承认许多同学、学生的生活条件、收入水平是要高出我许多，但是我已经很满足了，因为对金钱的追求是无止境的，何为终点？这不是我看重的。我看还是少年时代那些想为国家做点事情的初心才是我毕生追求的目标，这才是'根本'！一个人不能忘'本'。"

正是凭着这种初心，杨震耐住了校园里的寂寞，拒绝了校园外的诱惑，多年来默默地耕耘在校园中。好学上进的他留校后没有停止前进，百尺竿头更进一步，1985年攻读南京邮电学院电路、信号与系统专业硕士学位，1996年又考取上海交通大学通信与信息系统专业博士研究生，1999年顺利获博士学位后继续回南邮任教。1992年和2003年，杨震分别赴联邦德国不莱梅大学和美国马里兰大学进修。两次国外进修经历对杨震影响颇大。第一次出去时，国家经济和科技还比较落后，当时国外的教学设备、实验设备已经很先进了，由此可见国内和国外的差距。2003年，十年后的第二次访学，他感到情况有较大的变化，同时也参观了大部分美国的世界知名大学，如哈佛、麻省理工、斯坦福等，这时已经能明显感觉到中国也发展起来了，可以和对方平等交流。这两次访学经历使杨震对中国未来的发展充满信心，同时他也清醒地认识到，20世纪90年代末，中国高等教育大发展，国外已经比较平稳，因为起点比较高，而我们国家在飞速发展，进步的速度很快，虽然有些地方甚至已经超过了国外的学校，但在人文方面、软实力方面还存在很多差距，发展不是很均衡，所以缩小这个差距也是他们这代人的使命。他越发感受到肩上的重担。

留校后杨震一直致力于信息、通信理论与技术的教学与科研，通过学习、深造、交流、合作研究，不断追踪学科前沿，取得了累累硕果，在业界形成了一定的影响力。即使是后来担任校长，也从未在教学科研上有丝毫懈怠。他坚持定期给本科生、研究生授课、交流，定期给研究生发送最前沿的学术论文，亲自给研究生修改论文。杨震说："作为一名教师，教书育人是我的天职，我要对我的学生负责，例如数字信号处理和语音信号处理这两门课，于我而言已经很熟悉了，不备课肯定是没有问题的，但是技术在发展，我只要走上讲台，之前都会备课，每次都要加一些了解到的新知识进去，要对学生负责，虽然是基础课程，但也需要让他们适当接触最前沿进展，激发他们的科学兴趣，与学生接触原本是我喜欢的事情，我要把更多有志于科学研究的年轻学子扶上科研之路。"正是对教学的这份执着，对学生的这种负责精神，使得他成为年轻科技工作者的引路人和护航人。他指导的学生获得"中国青少年科技创新奖"和2007年度"全国大学生年度十大人物"称号，还有两名研究生先后获得中国通信学会"全国信息通信领域优秀博士论文奖"和论文被评为江苏省优秀博士学位论文的荣誉。

经过多年的努力和耕耘，杨震已经成长为通信业内一棵参天大树了。他主持完成国家科技支撑计划重点项目、国家973课题、国家863重点课题和面上项目、国家科技重大专项、国家自然科学基金、省部级和合作科研项目近30项；在国内外学术刊物和会议上发表学术论文200多篇，出版专著2部，获得国家发明专利20多项。2002年9月作为项目负责人攻坚国家863项目"可编程自组织移动网络关键技术"，2004年被专家组验收评审为优秀。2008年承担国家科技支撑计划"电信运营商业务支撑软件测试与服务平台建设"项目，2012年5月顺利通过科技部组织的项目验收。2009年承担国家863项目"基于联盟博弈认知模型的动态频谱接入技术研究"，2011年6月通过科技部验收。2011年承担国家重大基础研究计划973课题"物联网混杂信息融合与决策研究"，2013年11月以优秀成绩通过科技部验收。迄今，他还一直在主持国家自然科学基金项目。

参加工作至今，杨震获得的奖项也是难以计数，先后获得：国务院政府特殊津贴、"全国优秀科技工作者"称号、全国教学成果一等奖和二等奖、教育部"全国多媒体课件大赛"高教组二等奖、中国通信学会一等奖、中国通信标准化协会CCSA二等奖、中国人民解放军科技进步奖二等奖、中国电子教育学会"先进学会工作者"称号、江苏省科学技术奖二等奖和三等奖、江苏省教学成果特等奖，主讲课程被评为省普通高等学校一类优秀课程、省社科联"省社科应用研究精品工程"优秀成果

2009年杨震获国家教学成果一等奖

一等奖、省哲学社会科学优秀成果二等奖。另外，杨震入选江苏省"青蓝工程"培养人选，省普通高等学校333跨世纪学术、技术带头人培养人选，省普通高等学校新世纪学术带头人培养人选，同时还担任多个学术学会的职务——中国通信学会副理事长和学术工作委员会主任，工业和信息化部电信经济专家委员会副理事长、工业和信息化部科技委常委，中国通信企业协会常务理事，《通信学报》编委会副主任，江苏省通信学会理事长，通信与网络技术国家地方联合工程研究中心（江苏）主任，江苏省互联网协会理事长，江苏省学位委员会委员，南京市高层次人才举荐委员会委员等。

谈到这些年来取得的多项成绩，杨震很淡泊地说："我从没有觉得自己取得了多大的成绩，只是觉得工作比较努力勤奋而已，学习和工作是我一如既往的追求。"

## 三

2000年，杨震的身份有了一次重要的转变，或者更准确地说，是身份叠加的开始。这一年4月，他就任南京邮电学院信息工程系副主任，从单纯的教师身份，转换为教师加行政领导，行政管理、教学科研双肩挑。2001年12月升任南京邮电学院副院长，主管全校教学工作，也是在这一年，他加入了中国农工民主党。2006年7月正式担任更名后首任南京邮电大学校长，全面主持行政工作。

在通信行业人才辈出、高效运转的背后，最重要的就是人才的培养。"大学之用，在于对社会贡献之大"，高校在培养高层次通信信息人才方面肩负着重大责任。在全国的通信专业院校中，被誉为"华夏IT英才摇篮"的南京邮电大学是通信行业的重要"人才储备库"，作为其校长，自然要担当起培养更多优秀通信人才的使命。

担任南京邮电大学校长以来，杨震非常注重理念创新，以先进的理念引领学校内涵式发展。作为校长，他结合工业化与信息化相融合的国家战略，率先提出"大信息"的办学理念，即"学校的学科专业布局覆盖信息学科各主要领域，包含信息的采集、处理、传输和应用各个领域，涉及信息材料、信息器件、信息系统、信息网络各个内涵；各个专业相应融入信息技术，创建大信息人才培养体系；培养的各级各类人才都能够掌握信息技术，并应用到社会各个领域"，从而实现了南邮从单科性高校到多科性高校的转型。2012年，在南邮办学70周年之际，他又提出"一体两翼、协同发展"的学科建设战略，明确"一体"为"大信息"的特色发展之路，"两翼"分别为南邮的传统信息通信领域办学优势和新兴交叉的光电信息材料领域的办学优势。"信息与通信工程"和"有机光电子学"这两个学科获批江苏高校优势学科建设一期项目立项学科，获得资助金额1亿元，令两个学科的发展如虎添翼，也助力了学校事业的发展。

抢抓机遇、腾笼换鸟是杨震和校领导班子带领学校快速发展的另外一个秘诀。2013年合并南京人口管理干部学院，使得学校规模和学科结构得到扩展和加强；2012年南邮通达学院迁址扬州使得学校资源紧缺状况大大改善，为研究型人才培养规模的扩大、研究型高校的转型奠定了基础；与南京鼓楼区政府、栖霞区政府、雨花台区政府的合作，与盐城、南通等多个市政府的合作，使得学校校外研究基地不断扩展，成果逐渐走出了象牙塔。

2009年8月，"物联网"概念风靡学术界，在大多数人对此还是雾里看花的时候，杨震敏锐地抓住了这一战略机遇，不仅在全国高校第一个成立了物联网学院、物联网研究院，还创立了物联网科技园；2013年南京邮电大学牵头申报的物联网技术与应用协同创新中心成为江苏省首批协同创新中心。在开展国际学术交流的过程中，他发现，仅仅占领先机并不足以掌握话语权，还要提出被认可的技术标准。2010年7月，杨震提出要尽快制定物联网标准，在"便利性、连通性、泛在性、安全性"等方面做出规范。他负责的国家物联网973计划研究课题组，积极将研究成果应用于国际电信联盟的物联网技术标准化的工作中，许多建议被采纳到物联网标准中，部分建议被采纳到国际电联发布的第一个物联网技术标准建议中，2011年，南京邮电大学成为国际电联首批学术成员单位之一。2014年7月，杨震应邀出席国际电联无线电通信局会议，并作大会讲话。

多年学术研究与交流的经历告诉杨震，要想在信息与通信领域领先，个人的力量微不足道，有团队、有平台，才能产生1+1＞2的效果。在杨震的大力推动下，2009年宽带无线通信技术教育部工程研究中心在南邮成立，杨震兼任中心主任。该中心共108人，固定人员47人，高级职称人员33人。拥有宽带无线通信系统、电信业务支撑、宽带无线多媒体智能终端和显示技术四个研究开发平台，在智能视频分析、智能交通、智能电网等研究领域已取得多项科技成果。自成立至今，中心承担省部级以上科研项目近百项，总经费近2亿元；承担企业委托横向项目数十项，总经费2000多万元；申请发明专利百余项，形成了丰厚的技术积淀。此外，中心还通过和地方合作，建设了 8 个示范工程，服务企业 10 余家，技术辐射产生经济效益过亿元，培养技术人才 100 余人，起到了引导行业技术进步、服务行业的作用。在此基础上，2015 年又带领团队获批国家发改委通信与网络技术国家地方联合工程研究中心并担任主任。

回想担任校长期间的工作，杨震说："也许是我办事力求认真，力求公正、公平、公开，所以才得到了大家的信任和支持。"正是由于包括他在内的南邮各任领导和全校师生的上下齐心协力，注重吸引高层次人才，严格考核制度，不仅使得南邮的教学和科研队伍发生了深刻的变化，而且社会影响力大增，南邮机制在变、人才在变，教学科研及环境条件都发生了重大的变化。2017 年南京邮电大学顺利进入国家双一流大学的行列。

## 四

在杨震的专业生涯中，有一件事令他触动很深，使他对我国社会主义制度优越性也有了更加深入的体会。2011 年 7 月 23 日，甬温线发生动车组列车追尾特大铁路交通事故，举国震惊。当时正值暑期，杨震正带领学校相关学科负责人在南昌大学开展调研交流活动。8 月 1 日，杨震带领调研组刚到南昌大学，就接到国家安监总局的电话，说受国务院委托请他参加"7.23"甬温线特别重大铁路交通事故调查。杨震是学校调研组组长，如果这时候离开，调研活动肯定受影响，加之国家安监总局来电中也没有说明具体参与方式，于是杨震和安监总局沟通，看能否把相关数据资料通过网络传过来，从个人专业技术的角度提出一些分析意见，这样可以一边参与事故调查，一边进行学校间调研交流。总局同意了。但是不曾想，次日便再次接到国家安监总局电话，说经过国务院常务会议研究，委派他作为事故调查专家组副组长，要求8月3日下午3点之前就要进驻调查组。作为国家多年培养的技术人员和民主党派高级干部，国家有需要，定当以国事为重。杨震当即买了机票飞回南京，简单收拾随身衣物就直奔温州。当时南京到温州还没有高铁，航班也只有下午3点以后才有。为了按时进驻不影响调查工作，杨震坐汽车经过7个多小时奔波准时抵达温州。事后杨震曾说，当时他的心理压力非常大，一方面是因为当时正是中国高铁发展的起步期，老百姓对高铁这个新事物充满期待，突发这样的意外，一时间舆论一片哗然，社会关注度非常高，而他的研究领域虽是信号处理，但对铁路部门专用数字移动通信系统研究不深；另一方面是因为第一批的事故调查专家已经开展工作近一周了，他这时突然参与进来，怕比较难以融入调查组。但是多年在行政岗位上历练出来的沟通和领导能力，以及过硬的专业素质，使他非常圆满地完成了这次国家交给他的任务，事故调查结束后国家安监总局还给他本人发来感谢信，对他的工作予以充分肯定和衷心感谢。

进驻事故调查组后，杨震首先向大家表明了态度，说是来向大家学习的，充分尊重大家，将会尽其所能，和大家共同努力，尽早从技术层面把事故的原因查清楚，拿出经得起历史和人民检验的调查结果。虽然调查组成员来自不同地方和单位，有中共党员和民主党派成员，但是大家齐心协力，白天一起开展调查工作，晚上各个小组正副组长汇总情况开会研讨，经常工作到三更半夜。调查期间，杨震主要负责对列车沿线通信信号场强测试、通信系统软硬件分析等相关工作，他和专家组各位专家共同努力，反复进行实地勘测，反复查阅书证物证，反复进行试验论证，反复进行谈话询问，为技术组、管理组深入调查提供了有力支撑。在前期工作的基础上，经过近10天的努力基本还原了事故情况，拿出了初步报告，查明了事故发生前后的各种情况和具体技术原因，找出了系统和软件设计的问题，数月后公布的最终调查结论获得社会广泛认可。杨震说，温州动车事故教训是惨痛的，但是事故发生后，中共中央、国务院调动了一切可以调动的人力物力，用最快的速度查明了事故原因，给历史和人民一个负责任的交代。德国1998年6月也曾发生过高铁事故，但那次事故的调查却历时两年之久。我们这次调查的高效率充分体现了社会主义的制度优势。温州动车事故之后，我国吸取了教训，在相关方面进行了改进，中国的高铁也步入了突飞猛进的发展时代。今天，无论是技术层面还是安全层面，中国高铁都达到了世界一流水平，并且走出国门，成为中国的名片。杨震相信，今后中国高铁的发展将会更快更好。

## 五

杨震不仅是一名教育科研人员、一名大学校长，而且还是民主党派高级干部——中国农工民主党中央副主席、全国人大常委会委员。这样的身份让他肩上的担子更重，他时刻提醒自己，必须结合自己的学术专长认真履行参政议政的职责，为天地立心，为生民请命。

杨震说，他加入民主党派与当时南邮并校一事有关。2000年前后，全国有一股"并校风"，许多大专院校合并组建了新的大学，当时传言南京邮电学院等数所高校将合并组建新的学校。考虑到在今天这么一个全新的信息化的社会，电子信息产业在江苏乃至全国的国民经济发展中具有举足轻重的作用。学校程控交换技术专家陈锡生教授（时任全国人大代表、农工党江苏省委会副主委），通过参政议政、建言献策的渠道，积极向中共江苏省委、江苏省政府、当时的信息产业部等方面反映情况，为使得南邮作为一个独立的办学主体保留下来作出了重大贡献。对此，杨震亲身感受到了民主党派在参与国家大政方针中的作用。同时他也为以陈锡生为首的南邮农工党员们所深深折服。杨震说："从那时起我感

杨震率队访问中国电信总部

受到了党派的作用，也感受到统一战线在我国新的历史发展阶段中，特别是构建和谐社会、国家走科学发展道路的征途中，具有越来越大的作用。科研的成功往往起到的只是一个领域的作用，就是即使在科研专业领域，如果你具有民主党派身份，就会有更多机会，也比较容易以更客观公正的角色开展工作，而且比较容易为大家所接受。但是参政的作用对社会的影响却更大，如果在参政议政方面有所作为，一件提案被采纳了，其成功的意义将是保护了一个群体、一大批人，影响的是全社会！从这个角度讲，参政议政发挥的作用更大，社会意义也更大。"

杨震说，加入农工党，特别是担任农工党领导职务以后，对自己做好学校工作也有着极大的帮助。通过多次参加民主党派组织的学习交流活动，他有机会进一步了解到我国多党合作的历史和传统，增强了政治责任感和时代使命感，以前对于社会和学校的工作即使有些想法，终因"人微言轻"难以实现，而现在就可以通过农工党组织将自己的想法向有关部门反映，为社会作出贡献。

全国人大代表和常委会委员的身份给杨震发挥参政议政作用，提供了前所未有的大舞台。他坚持从大处着眼，小处着手，紧紧围绕关系国计民生的重大课题和关系人民群众切身利益的现实问题开展调研，强化理论服务决策能力，切实做到言之有物、言之有据，每年参加地方政府主要负责人召开的座谈会和各种调研活动，就当地的经济建设和社会发展、民生问题等建言献策；每年通过人大向国家各个部门提出诸多建议和议案；两会期间审议各项报告，讨论制定、修订法律，通过中央和地方媒体就国事和教育、科技等问题发表意见和建议等。杨震更加忙碌了，也更加充实了。

近二十年来，杨震认真履行全国人大代表的职责，围绕信息通信行业和技术的发展、百姓关注的教育热点问题和民生问题，深入基层开展调研，认真撰写了多个人大议案，牵头书面提出 2 项议案、70 多项建议，内容涵盖医疗、教育、科技、社会保障等诸多领域，为国家经济社会发展和信息通信行业的进步积极参政议政，进行人大会议精神传达宣讲近 20 次，获得社会各界广泛好评。

十三届全国人大一次会议期间，杨震向大会提交了适当提高硕士研究生国家助学金标准的建议，并围绕"双一流"建设、5G 技术的发展与影响、个人信息安全保护等问题积极建言献策，受到中国教育新闻网、《中国科学报》、澎湃新闻等媒体的广泛关注与报道。针对虚拟社会无法可依的现状，杨震连续两次提交了关于互联网／物联网立法的议案。他建议国家相关部门着手制定互联网／物联网法，对现有的各种法律法规进行系统梳理，其中一些可以作为该法律的具体实施细则，形成一个完整的法律体系。工业和信息化部对此积极回应，认为对物联网应用宜采取逐步立法的方式加以解决。

杨震在中央电视台、新华网、人民邮电网等中央和地方媒体上多次接受访谈，介绍对国家大政方针、教育和创新、新一代移动通信和三网融合等热点问题的看法，积极宣传国家政策，推动新兴战略产业发展。就教育改革、高校就业、电信产业改革与发展等问题与观众面对面。在《人

杨震率队访问中国移动研究院

民日报》等10多家报刊上，积极就国家改革和发展的各个方面建言献策。

2019年4月，杨震的职业生涯发生了一次重大转变，翻开了新的篇章，他离开学习工作了40年的南京邮电大学，担任农工党中央专职副主席。每当有人问起，离开从事几十年的专业，内心是否难以割舍？杨震总是说，那是肯定的，毕竟是自己花费了毕生心血所从事的领域，但是我们这代人的使命就是听从国家的召唤，秉承报国的初心。习近平总书记对民主党派提出殷切希望，要求民主党派准确把握建设中国特色社会主义参政党的基本要求，继承优良传统，把握时代要求，不断提高政治把握能力、参政议政能力、组织领导能力、合作共事能力，努力把中国特色社会主义参政党建设提高到一个新的水平。"如何在新形势下，进一步提升我们农工党的参政能力，积极承担参政党的历史使命，在建设中国特色社会主义的伟大事业中发挥更大的作用，这是我未来工作所努力的方向。"杨震踌躇满志地说。

（王世乐）

# 学问浇大地　情怀灌热土

——记江苏省政协副主席，农工党江苏省委会原主委周健民

周健民，1956年7月生，江苏赣榆人。研究生学历，农学博士学位。中国科学院南京分院研究员，博士生导师。农工党中央常委，农工党江苏省委会主委。全国政协常委，江苏省政协副主席。曾任中国科学院南京土壤研究所所长、中国科学院南京分院院长、中国土壤学会理事长等职务。

2020年初，一场不见硝烟、不闻炮响的战争牵动着每一个人的神经。在2月初一个夜深人静的时刻，有一人辗转反侧，难以入眠，心系着前方抗疫一线的"战士"，于是提笔写道："当新型冠状病毒肺炎在全国蔓延，我就知道你们会重披战袍，奔向前线。我虽然不是医生，但我熟知你们的秉性，了解你们的心愿，因为我是你们的亲人，我们都有一个共同的名字——农工党员！"是的，写下这段文字的就是连任农工党江苏省委会三届主委的周健民。

# "归去来兮"
## ——心怀家国，研国之所需

"锦城虽乐，不如回故乡；乐园虽好，非久留之地。归去来兮！"坐在回国客机上的周健民心头不由得想起了这句名言，带着家人，怀着满腔的报国之情踏上了中国这片土地。他自小生长在江苏最北端的赣榆县（今连云港市赣榆区），出身教师世家，于1982年初从南京大学化学系本科毕业，随即到南京土壤研究所师从李庆逵、谢建昌攻读硕士学位。硕士毕业留所工作不久，周健民就跟随导师受邀去美国参加"土壤钾素"学术讨论会，所见所闻，让他非常震惊，内心深处涌现出一种强烈的愿望：要到什么时候我们才能具备和国外同样的科研条件？什么时候我们才能跟上国际同行的科研水平？这种愿望成为他最初的梦想，1987年，怀着一腔热情，周健民远赴加拿大，开始了长达八年的求学和工作之路。

1995年的中国，生机勃勃，人人都为着幸福的生活在努力奋斗。改革开放的号角又响又亮，这一年，中共中央、国务院为加快科学技术进步，决定实施科教兴国战略。祖国正需要科技人才，周健民带着梦想回到了这片热土，投入了他热爱的事业，重返南京土壤研究所。然而现实却让他失望，因为当时实验室仍然是50年代后期的条件，没有一台像样的大型研究设备。他暗下决心，要改变这样的面貌，于是开始了艰难的创业之路。不到两年时间，他就由助理研究员破格晋升为研究员，先后担任了研究室副主任、主任、所长助理，并于1998年担任了副所长。这时国家开始实施知识创新工程，并在中国科学院开始试点，院所再次迎来了"科学的春天"。1999年，周健民担任了研究所的所长，他一边忙于管理工作，一边在土壤研究领域夜以继日地钻研着他的专业。

周健民致力于土壤肥力和植物营养研究，作为国家973项目的首席科学家之一，他领导项目组深入研究我国四大土类耕地土壤质量的时空变异规律，确定了土壤质量的评价指标和评价方法，初步提出了改善土壤质量，防止土壤退化的措施。特别是对太湖地区水稻土管理、农业布局、生态环境建设产生了积极影响，大大提高了中国土壤学界在国际上的地位。他还率先开展土壤钾素转化动力学和多元素交互作用研究，为肥料的合理施用和提高肥料利用率提供了科学依据，深化了多元素同时存在对土壤体系中各元素转化循环规律的认知。不仅如此，周健民还带领课题组，对全国七个主要农田生态系统中的养分平衡状况进行调查，针对性地提出了"节氮、活磷、补钾"的六字方针，对我国肥料布局和推荐施肥具有重要意义。面对我国肥料利用率低，而控释肥研制缺少基础研究的局面，他领导课题组在包膜控释肥料研究上取得突破性进展，特别是利用模型膜原理和人造神经网络系统，成功研制出具有自主知识产权的新型包膜肥料系列产品，并实现了产业化生产。针对我国设施农业以普通塑料大棚生产为主，而土壤连作障碍又非常突出的特点，周健民领导课题组，成功研制出适用于当地水质的无土栽培营养液和滴灌设施，建立了符合我国国情的简易无土栽培技术体系，取得了很好的经济效益和社会效益。

在努力做好科研工作的同时，周健民还利用各种机会向社会普及土壤知识，每年都组织好科普宣传周活动，定期向社会开放土壤标本馆。他多次应邀在各地作"土壤与人类健康"的报告，回答社会关切。主编了《土壤学大辞典》，担任了中国大百科全书第三版中包括土壤学、植物营养学、土地资源利用学、农业环境学和农业气象学在内的农业资源与环境学科的主编。作为国家973项目首席科学家、我国土壤科学创新的排头兵，他在科研园地辛勤耕耘，累累硕果不胜枚举：江苏省科技进步一等奖2次，二等奖2次；中国科学院科技贡献奖二等奖；原农业部中华农业科技奖；江苏省留学回国先进个人；江苏省有突出贡献中青年专家；全国优秀科技工作者……2009 年，在韩国首尔召开的第九届东亚及东南亚土壤科学联合会国际会议上，周健民荣获"杰出成就奖"，业界出于专业过硬的原因给他起了一个"土地爷"的绰号，这也正是对他最好的肯定。

## 世界会向那些有目标和远见的人让路
### ——突破传统思维，走向世界

周健民回国的第一个梦想是要让中国的土壤科研水平跟上世界潮流，要让中国科学院南京土壤研究所具备国际一流的科研条件，要与国际一流的科研机构实现平等交流。要实现这个梦想，周健民深知个人的力量是有限的，必须调动全体科研人员的积极性。因此，他一方面在专业领域不断地突破与创新；另一方面就是在土壤所营造创新创优氛围，带领全所乘风破浪、走向世界。南京土壤研究所在国内外的科研竞争实力逐步增强，并成功建立土壤与农业可持续发展国家重点实验室，为全所跨越式持续发展奠定了坚实的基础。作为当时的一所之长兼国家重点实验室主任，周健民率领全所人员主动与北大、南大、中国农科院等国内一流的大学和研究机构实行联合，从而确保了在激烈的竞争中占据主动、抢抓先机、实现共赢。短短几年时间，南京土壤研究所主持了三个 973 项目，主持参与了 863 项目、中国科学院知识创新重点项目等系列课题，完成了多项科研任务，培养了一大批优秀研究生，还连续获得国家科技进步奖和国家自然科学奖，发表了大量的学术论文，在国内外产生了巨大影响。由于南京土壤研究所取得的突出成就，其在中国科学院知识创新工程评估中顺利进入了优秀研究所的行列。

随着土壤所科研条件的改善和科研工作不断取得进展，周健民又及时将目光集中到力争建成世界一流的土壤科学研究中心上来。在国际合

2005年10月30日中国土壤学会理事长周健民出席在南京举办的中欧关于"土壤圈——面向21世纪生态环境可持续性的立足点"的学术研讨会

作方面,南京土壤研究所一改以往以受援、出访为主的模式,呈现出以我为主、对等合作的景象。2001年进入知识创新试点以来,他领导土壤研究所先后主持召开了30余次规模不等的国际或双边学术会议;先后与英国洛桑试验站、日本农业环境研究所等多个世界知名研究机构签订全面合作协议,建立了战略伙伴关系;还在中国国家自然科学基金会和德国德意志研究联合会共同支持下成立了中德土壤与环境联合实验室;与日本共建了FACE研究平台;与香港浸会大学共建了土壤与环境联合开放实验室;与欧盟等国共同开展的一批国际合作研究项目取得了重要进展。尤其是2005年11月,欧盟9国的土壤学会理事长及国际土壤学联合会秘书长、欧盟土壤学会理事长组团来访期间,周健民作为中国土壤学会理事长以中国土壤学会名义与欧盟土壤学会共同主持召开了相关研讨会,并签订了全面合作谅解备忘录,双方将在多个领域进一步开展合作。可以毫无愧色地说：由于中国丰富而独特的土壤资源优势和南京土壤研究所日益提升的国际地位，周健民曾经领导过的中科院南京土壤研究所已经跨入了国际土壤学界一流科研单位的行列。

最初梦想的实现，包含着南京土壤研究所几代科研人员的学科积累，是大家长期努力的结果，"饮水不忘挖井人"，周健民说他衷心地感谢老一代科研工作者们的无私奉献。他感慨地表示：我的第二个梦想是希望经过大家的不断共同努力，在不久的将来，能让中国的土壤科研工作引领世界土壤科学的发展潮流，引领世界土壤研究的方向，而做到这一点，中国应该是最有理由的，也更需要后人的加倍努力！可以看出，周健民对中国土壤科学的未来充满了信心。

## 管理是一种严肃的爱
### ——求真务实，科学管理显才华

周健民先后担任了南京土壤研究所所长、中国土壤学会理事长和中科院南京分院院长，长期与知识分子打交道。很多人认为知识分子是"最难缠、最难管理"的人群，而在他的眼里，知识分子是最讲道理、最理性的一群人，是国家和民族的财富，他们需要的是"公平的态度、管理的尺度、措施的力度、情感的温度"。领导力更多地来自自身的影响力，他身体力行，以其丰富、独特、敏锐的视角和敢想、敢做、能做的作风，站在更高的平台上，一直努力践行着自己的"科学、民主、务实、高效"的管理理念。

作为南京土壤研究所所长，周健民注重营造和谐的工作氛围，建立有效的工作制度和提倡创新的管理模式。他坚持各种重要的条例和规定都经过职工代表大会讨论和通过，增强全体职工的民主参与意识。他信任下属，放手工作，严格按照"金字塔型"行政管理模式执行，分工明确，责任到位。他所实施的创新管理模式和提倡的责任意识，最大限度地调动了领导班子成员和职工的积极性，研究所面貌焕然一新。针对仪器设备分散购买、分散使用，造成巨大浪费和效率低下的弊端，他克服阻力、大胆改革，将所有大型仪器设备集中于分析测试中心，统一使用、统一管理。后来这套管理模式和管理系统在全科学院推广，继而又推向全国。他由于出色的管理工作，多次受邀在中国科学院培训班上介绍当好所长的经验。

作为中科院南京分院院长，周健民积极推动所属研究所的领导班子建设，在工作中采用分管领导负责、其他成员协作的方式，共同承担困难、解决问题。在工作中注重从群众中来到群众中去，深入基层倾听大家的意见和建议，并就相关意见建议召开领导班子民主生活会，大家畅所欲言，开展批评和自我批评，使领导班子更加团结和谐，工作也更有成效。工作中每遇到重大问题都由领导班子集体讨论决定，既提高了决策的民主性，又减少了失误，也调动了全体班子成员的积极性，使各项工作顺利推进。在群众满意度测评中，对分院领导总体满意度达97%。他坚决贯彻落实以认识为先导，更新观念；以政策为基础，按章办事；以任期为界限，吐故纳新的干部退出机制，使干部正常退出机制常态化、规范化。在他担任院长期间，一直致力于推动中国科学院与地方的合作，促进中科院创新体系与江苏省区域创新体系深度融合，使江苏省成为中科院院省合作的标杆，连续获得科学院系统"院地合作先进分院"一等奖，并获得全国"产学研先进集体"称号。"十二五"期间，合作规模实现了两个全覆盖，即科学院与江苏13个省辖市合作的全覆盖，中科院所有应用类单位与江苏合作的全覆盖。中科院与江苏省企业开展院地合作项目1500多项，为企业年新增销售收入超1000亿元，占中科院院地合作新增总量的四分之一。积极推动研究所在苏共建200多个创新载体，吸引了中科院5500多名科技人员在江苏创新创业，催生或支撑了领先全国的部分战略性新兴产业。针对南京地区科学院所属研究所发展空间严重不足的状况,他和分院有关同志一起迎难而上,推动老园区和南京市置换,使新园区得以开工建设。南京分院麒麟园区的建设为科教深度融合、院地协同创新提供了更好的空间,2018年2月,国科大南京学院由中国科学院大学与南京市人民政府签约共建。学院就坐落于南京麒麟科技城,与中科院南京分院麒麟园区一体建设、融合发展,将为南京创新名城建设提供核心支撑。

正是周健民科学民主高效的管理方式,才使身兼数职的他能有效推动各方面工作有条不紊地进行,各项工作都件件有着落、处处有声音。也正是他务实亲民的工作作风,才使上下一心,院所呈现出蒸蒸日上的面貌,不断创造出新佳绩。

## 无穷的远方,无数的人们,都和我有关
### ——为国是建言,为民生鼓呼

周健民1999年12月加入中国农工民主党。从国家首席科学家到民主党派成员、民主党派领导人,从科研院所领导到全国政协常委、省政协副主席,周健民的人生角色发生数变,但他建功立业的实干精神没有变,履职尽责、参政为民的诚心没有变。专业领域的科研工作、行政领域的管理工作、多党合作领域的政协工作、农工党领域的主委工作,每一个岗位都需要他。他一方面不断地调整适应,科学规划安排时间;另一方面努力去适应并做好每一项工作,正所谓"圣贤不坠青云志,并非一朝彩云间;夜来万众皆入睡,孤灯相伴人未眠"。

作为江苏省政协副主席,他代表着农工党充分利用这个平台,为国家的发展、社会的进步、百姓的忧患不断地鼓与呼。他把各个领域的工作进行整合,充分利用好每一个平台,使各个领域的工作相互促进,相

2008年2月，朱兆良院士和周健民主委赴盐城市开展沿海开发调研

互融合，触碰出更多的火花。

作为土壤方面的专家学者，周健民和土地已经打了近40年交道，他呼吁各界重视我国土壤质量状况。在担任南京土壤研究所所长时，曾就开展土壤普查问题写信给时任总理温家宝，得到批示。在政协会议上又多次提交提案和大会发言，强调全国土壤普查的重要性和必要性。他调查研究了土壤现状与粮食安全这一关系国计民生的问题，代表农工党中央科技工作委员会起草了"粮食安全保障建设的建议"，受到极大关注。在全国政协会议期间，他接受各方媒体的采访，呼吁各方重视中国人的饭碗问题，"一方面，要牢牢把中国人的饭碗端在自己手里；另一方面，要努力优化农作物的营养结构，保障食物无污染，让百姓吃得好、吃得放心；这些都有赖于土壤质量"。在最近接受《人民政协报》记者的采访中，他再次呼吁要下决心将第三次土壤普查列入"十四五"规划，目前全国土壤三普工作已正式启动。

周健民还就土壤污染防治、引导和规范土壤修复行业健康发展等问

2008年7月，周健民副主席赴扬州开展医养融合养老产业发展调研

题提出建议，2017年全国两会期间，在习总书记参加的政协联组会议上，周健民代表农工党中央作了《完善土壤污染防治制度，保障群众"舌尖上的安全"》的发言，产生广泛影响。"关注有机肥中的污染物"，"好生态应'水气土'共治"，"土壤污染防治面临两大挑战"，"不治土壤疾病，就没有'舌尖上的安全'"，"土壤修复行业如何健康发展"，呼吁各方高度重视土壤质量状况，重视土壤修复行业存在的问题，为行业健康发展谋求出路，在政策标准、构建稳定的商业模式等方面进行完善。在2016年《土壤污染防治行动计划》的制订和2018年《中华人民共和国土壤污染防治法》出台的过程中，他多次参与调研座谈，提出专业的意见和建议，很多建议被采纳，这是他在这一专业领域多年参政议政辛勤付出的最好见证和体现。

除了关注专业领域的问题，从2005年就任第十届全国政协委员起，十几年来，周健民的全国两会提案多数与人类生存环境有关：粮食安全、水污染防治、大运河及入海口口岸保护、乡村环境整治、生态补偿等等。

在2011年全国政协会议上，胡锦涛总书记参加农工党和九三学社界联组会议，周健民代表农工党中央作了"强化环保经济激励政策"的发言，引起强烈反响。长江生态环境问题一直是周健民关注的重点，他四次提交有关长江保护的发言和提案，建议以国家战略管理长江、强化危化品运输管理、加大沿江化工企业清理力度和加强长江岸线保护等，坚持为确保长江生命线安全积极建言献策。除此之外，周健民也密切关注《中华人民共和国长江保护法》（简称《长江保护法》）的立法工作。在他看来，长江经济带是我国经济密度最大、最重要的经济区域之一，要重视的问题除了水污染还涉及水土流失、生物多样性、沿线文化遗产等方面。"长江作为母亲河、生命线，需要一部法律。"周健民呼吁，"先出台，然后再不断完善，《长江保护法》应当尽早制定。"作为江苏省政协副主席，他连续两年带队到沿江各市开展"长江大保护"民主监督工作，参加中央的沿江大保护相关调研工作。

作为科研院所的领导，周健民也十分重视科研领域出现的问题。针对前些年社会上年轻人不重视科学，科学家不受尊重，社会上追星追商成风，都想一夜暴富、一夜成名的浮夸风气，周健民在2014年的全国政协大会上提交了《科学都去哪儿了？》的大会发言，多家媒体采访报道，在社会上产生了广泛影响。针对一些研究院所为生存而劳心费力地争取项目，研究人员把过多的精力放在科研以外的探路子、拉关系上，他很是苦恼和焦急，并向政协大会提交了题为《科技创新应该摒弃浮夸回归理性》的发言。当国人越来越深刻感受到科技创新是一个民族进步的灵魂时，周健民多年前就站在国际的视野提出要重视基础研究，重视核心技术的研发。他说："以美国为首的西方发达国家出于对中国发展的恐惧，正千方百计地限制技术输出，防范中国科技发展，阻挠中国经济从中低端向高端迈进。他们对中国高新企业的限制、围堵给我们敲响了警钟，让我们清醒地认识到，关键核心技术是买不来的。""基础研究是中国科技发展的基座,没有它的支撑,中国科技发展无从谈起。没有基础研究就没有原始创新,就没有高新技术的突破。遍查全球各个科技大国,无一例外,没有一个国家不是以基础研究起家的。""基础研究需要长时间的积累,才能够实现突破。我们国家到了这个阶段,应该强调基础研究,需要加大研究力度。基础研究做不好,对未来原始创新和关键技术的发展都会产生重大深远的影响。"《环球时报》《人民政协报》《凤凰网·凤凰周刊》等媒体纷纷报道了这份发言的内容。他的大会发言犹如警钟响起,在社会上引起强烈、广泛的反响和共鸣,令闻者清醒。而今,在百年未有的大变局之下,更是令人振聋发聩。

江苏的社会发展一直是周健民的重要关注点,江苏老百姓的幸福生活也始终被他放在心上。在2021年全国政协十三届四次会议期间提交的《关于系统精准施策,深入推动太湖治理工作的提案》被习近平总书记批示,深入推动了太湖治理工作。他还率领农工党江苏省委会就滩涂资源的开发利用、大气污染与治理、农业供给侧结构性改革等一系列问题进行深入的调查研究,提出一系列报告,最终形成高质量提案提交江苏省政协会议。很多提案被列为主席会议督办提案和重点督办提案,为"健康江苏、美丽江苏"的发展与建设,为老百姓的衣食住行,履行着自己的一份责任,倾注着自己的一片深情和心血。

## 路漫漫其修远兮,吾将上下而求索
### ——初心薪火相传,使命勇挑在肩

周健民曾和农工党江苏省委会原主委朱兆良院士在同一个研究室工作,这两位科研专业相近、政治志向一致的前后辈彼此交流、相互熟知,朱先生的长者风范和严谨作风让周健民深刻感受到民主党派在国家政治生活中的作用,他立志将参政为民作为报效祖国的另一条道路和途径。

正是他们之间的薪火相传，使周健民很快成熟起来。2007年5月，周健民接过了朱兆良手中的旗帜，走上了农工党江苏省委会主委的岗位。在主委这个岗位上，转眼就是十四年了，农工党江苏省委会的工作到处都留下了周健民的身影……

上下同欲者胜，风雨同舟者兴。在主委的岗位上，周健民更加深刻地认识到中国共产党领导的多党合作政治协商制度的重要性。他不仅是亲历者，更是实践者、拥护者、发扬者。多年来，他撰写了多篇重要纪念性文章和学习体会，刊登在《新华日报》《人民政协报》《前进论坛》等党内外媒体上。在工作中，他高度重视民主党派的思想建设，把思想建设放在首位。紧密结合中共中央的各项会议精神，以民主党派走中国特色政治发展道路为主题的政治交接学习教育活动、社会主义核心价值观主题学习教育活动、"不忘合作初心，继续携手前进"学习教育活动为抓手，在农工党各级组织开展思想政治学习活动。

很多党员都还能记得2018年的8月17日下午，那天大雨倾盆，在容纳几百人的大会议室里座无虚席，农工党江苏省委会"不忘合作初心，继续携手前进"主题教育活动在南京启动。周健民亲自讲党课，他以抑扬顿挫的语调，非常流畅地从农工党的历史和传统、作用与贡献、职责与任务三个方面，用生动的故事、鲜活的事例，讲述了农工党的光荣历史，展示了江苏农工党在参政议政大舞台上的作为和表现，阐述了新时代民主党派的新使命。在他的带动下，各辖区市委会主委都带头讲党课，形成了领导讲得动情、农工党党员听得入神的学教氛围。

周健民就是以这样的方式，身体力行地在学习教育活动中带领着大家不断地学习。在以坚持走中国特色政治发展道路为主题的政治交接学习教育活动中，他亲率农工党江苏省委会领导班子成员，用几个月的时间到全省所有农工党市级组织进行调研和动员，与当地中共市委统战部领导和基层党员交流经验、征询意见、商讨工作。这种主动"走出去"

的工作模式大大推动了全省学教活动的开展。他强调学教活动不是纸上谈兵,要有多样的形式、丰富的内容和全面的参与,既要抓住"点",又要注重"面";既要"以点带面",又要"点面结合"。在他的领导下,全省学教活动开展得有声有色,成效显著,农工党江苏省委会作为农工党和江苏省唯一的民主党派省级组织代表,在中央统战部举行的民主党派学教活动经验交流会上作大会发言,收到了很好的效果。在"不忘合作初心,继续携手前进"学习教育活动中,领导班子成员"一对一"联系辖区市委会,走下去和大家一起学习交流。

在繁忙的工作之余,周健民一直在不断地思考如何更好地做好党派的工作,如何更好地去关心党员、发展党员。在做好领导班子"六个一"工作的同时,他还在百忙之中抽出时间,在2020年疫情常态化的情况下,坚持深入基层,开展"主委接待日"工作。他说:"建立'主委接待日'工作机制,是想通过与党员面对面交流、心贴心沟通,了解基层组织现状,总结基层工作经验,解决基层组织问题,不断巩固壮大我们的工作基础,提升农工党江苏省各级组织的工作水平。"从2020年4月开始,每个月抽出一天时间来,深入全省农工党各个基层组织,与普通党员面对面,及时了解、协调、解决基层组织履行职能和自身建设等工作中存在的问题,更广泛地听取基层党员的意见和建议。每一个接待日,周健民都认真倾听每一位党员的发言,不时与大家亲切互动,就党员的发言一一做出回应。党员们感受到了组织的关怀,都能畅所欲言,有力地提升了组织和党员之间的感情。

社会服务工作是民主党派密切联系群众的纽带和桥梁,是民主党派提高成员社会责任感和组织程度的重要载体与平台。周健民非常重视社会服务工作,经常参加社会服务的工作。在帮扶贵州毕节大方县的工作中,他亲自带队赴贵州毕节大方县开展"精准扶贫、精准脱贫"考察调研。在指导帮扶工作中,他要求地方组织都要参与,主委要亲自过问;

2020 年 7 月，周健民副主席赴泰州就安全生产工作进行专项民主监督

要形成帮扶合力，积极发动，汇聚全省力量参与，围绕健康扶贫、教育扶贫和产业扶贫，拿出实实在在的行动；要不断开拓思路，加强调查研究，搞好项目对接，既要发挥农工党党内优势，又要发动社会力量，牵线搭桥，帮扶大方，使扶贫脱贫工作更加富有成效。在民主监督活动中，关心省委会对口云南省楚雄州脱贫攻坚民主监督任务，两次去楚雄州考察调研。农工党江苏省委会在大方县扶贫和楚雄州脱贫民主监督工作中的出色表现都受到农工党中央的表彰。在深入推进中共江苏省委省政府关于安全生产专项民主监督工作中，作为农工党省委会安全生产专项民主监督工作领导小组组长，周健民亲赴南通、泰州，就安全生产工作进行专项民主监督。

在 2020 年初全国人民抗疫的战斗中，周健民心系前方抗疫一线的农工党党员，连夜给抗疫一线的党员写了一封信，情真意切的感情流露让一线的抗疫人员感动，并化感动为力量，全力以赴，在抗疫的战场上忘我地"战斗"。也如他在信中所说的："我知道，你们有年迈的双亲需要照看，有妻子（丈夫）和儿女需要陪伴。"为了让一线的工作人员放心，他亲自去看望慰问一线工作人员的家属，要求照顾好他们的工作和生活，用后方的暖心行动告诉一线的农工党党员："你们并非孤军作战，所有农工党人就在你们身边，我们会时刻倾听你们的建言，以集体的力量，帮助你们渡过难关。我们号召各级组织，会及时解决你们家庭可能面临的困难。我们会坚守好自己的岗位，和你们一起共度时艰。"

在周健民的带领下，农工党江苏省委会在农工党中央、江苏省政协、中共江苏省委统战部的各项工作都走在前列，他曾经对全体机关人员说过："时代赋予我们这么好的舞台，我们要履行好我们的使命，各项工作没有理由做不好！" 2017年9月在由中共中央统战部和中央社会主义学院主办的"民主党派省级组织新任主委多党合作专题研究班"上，周健民受中共中央统战部委托，作了题为《怎样当好民主党派省级组织主委》的报告，农工党江苏省委会的经验受到广泛关注。在2020年农工党中央成立90周年大会上，农工党江苏省委会以各项工作积分排名第一的成绩在纪念大会上作工作交流，获得农工党中央和各方的好评、肯定。

不管在哪个工作领域，不管时空如何变换，不变的是周健民追求的理想与信念，不变的是他爱国爱民的情怀，不变的是他求真务实的作风。如今，他依旧忙碌在各个岗位上，排得满满的日程表不仅是各项工作的安排，更是那颗爱国爱民、报效家国的初心的体现！

（龚海林）

## 志贵以洁　言贵以新

——记致公党中央原副主席、致公党江苏省委会原副主委严以新

严以新，1949年1月出生，福建闽侯人。美国侨眷，研究生学历，工程学博士，教授，博士生导师。第十届全国人大代表，第十一届、第十二届全国人大常委会委员，第十二届全国人大教育科学文化卫生委员会副主任委员、全国人大常委会代表资格审查委员会副主任委员。第十三届、第十四届致公党中央副主席。河海大学原副校长，水资源高效利用与工程安全国家工程研究中心原主任。主持国家863项目、国家自然科学基金重点和面上项目、博士点科学基金项目、霍英东青年教师基金项目、交通部科技攻关计划项目、水利部行业公益性项目等60余项。曾获中国水运建设科学技术奖一等奖，中国港口科技进步奖二等奖，交通部科技进步奖一等奖等。他是我国著名的水利专家，出生教育世家，他的伯祖父便是以一部《天演论》名留青史，至今仍有着广泛社会影响的启蒙思想家、翻译家和教育家严复，第一次把西方的古典经济学、政治学理论以及自然科学和哲学理论较为系统地引入中国，启蒙与教育了

一代国人；他的祖父严文炳执教于北洋水师学堂，后被聘任为京师大学堂（北京大学的前身）教授；他的父亲是我国水利泰斗、两院院士、墨西哥科学院三冕院士、世界著名的水利海岸工程学家严恺教授，曾荣获国家科技进步奖一等奖、中国工程科技奖、何梁何利科技进步奖、中国水利功勋奖等重大奖项，是名副其实的泰斗级科学家、教育家。这样得天独厚的生活环境，培养了严以新笃志好学、潜精研思的优良品格。

严以新非常幸运地与新中国同龄，当时父亲给他起名"以新"，其中寄托着他迎接新中国成立、"而今迈步从头越"的新思想。他目睹了祖国百废待兴的蓬勃气象，经历了改革开放的大浪淘沙，见证了在中国共产党的领导下祖国从站起来到富起来的伟大变革。70多年过去，严以新如今已退位近5年，他仍旧是那么慈祥、乐观、睿智；当你见到他的时候，他的脸上总是挂着和蔼可亲的笑容；当你准备和他握手的时候，他总是会先一步亲切地伸出那双温暖、厚实的大手；当你和他交谈的时候，他的眼眸中总是会不时地闪动着智慧的光芒。从一名普通老师到河海大学副校长、从一名基层致公党党员到致公党中央副主席的精彩人生，他的经历曲折丰富、铭心励志；他的内心洋溢着拳拳的赤子之情，厚植着浓郁的家国情怀。

# 一、历经坎坷求学路
## ——从"上山下乡"到"漂洋过海"

严以新的父亲严恺先生之"严"是出了名的，治学严、治校严，教子同样严。1982年，严恺先生为原华东水利学院（现河海大学）提出了"艰苦朴素，实事求是，严格要求，勇于探索"的十六字校训。严以新说："'十六字校训'也是父亲个人的座右铭。我理解，'严格要求'不仅包括严肃的负责精神、严格的教学要求、严谨的治学态度，还包含严于律己、为人师表的师德，等等。这不仅仅是校训，同样也是他教育我们子女的家训。"

幼承家学，严以新从小就养成了严气正性、严谨求实的良好习惯，在求学的漫漫道路上，他一直敏而好学、成绩优异。谈到他的求学之路，就不得不提到两个"六年"，第一个"六年"是他作为知青"上山下乡"插队的六年，第二个"六年"是他作为国家改革开放后第一批公派出国研究生"漂洋过海"留学的六年。

1968年，19岁的严以新从南京师范大学附属中学毕业，随之成了"上山下乡"的"老三届"中的一员，先后到江苏泗洪县和江都县（今江都市）插队落户，在农村一待就是六年。提起"上山下乡"，很多人想到的是"吃苦受累""蹉跎时光"，但严以新想到的是"宝剑锋从磨砺出""处处留心皆学问"。六年插队的生活，他与农民们同吃同住，一起下田干活，一起挖河挑土方，学会了很多东西，比如缝衣服、做饭、挑河筑堤等等，他成长了很多——锻炼了强健的体魄，塑造了乐天达观的个性，树立了为祖国基础设施建设事业贡献智慧和力量的价值追求，也铸就了面对困难坚强不屈、百折不挠的精神意志。严以新回忆说："那时候农村小型水利工程全靠人工，通过挖河挑土方搞起来的农田水利建设我也有幸参与其中……当时七八十斤的担子，累了想换肩膀，肩膀一晃，担子就从右肩绕到了左肩，根本就不用手扶，双手还能很悠闲地插在裤子口袋里。"当然，严以新和其他知识青年一样，六年的时光里他也曾迷茫困惑过，每天要抽一两包烟来缓解压力，但是他从来没有放弃过，因为他相信"如果上帝为你关上了一扇门，那么他同时也会为你打开一扇窗"。事实证明，漫漫求学路上的第一个"六年"，严以新虽然失去了很多，但同时收获也很多。

严以新的人生之路在走出泥泞的顽强跋涉中延伸。1974年，他终于圆了大学梦，被推荐到华东水利学院水港系学习，并选择了与父亲研究领域相似的港口航道及海岸工程专业。当被问到为什么选择这个专业时,严以新回答说:"也算是子承父业吧,从小耳濡目染,对水利工程非常感兴趣。当时选专业的时候,也是参考了父亲的意见,因为他在新中国成立以后就开始搞港口,感情很深。加之我上学的时候正好是20世纪70年代中期,当时中国的港口特别落后,导致外贸的船只进不来。周恩来总理提出三年改变港口的面貌。"也正由此而在我国水利界流传着这样一段佳话,说:"古有鲧禹父子、李冰父子治水传奇,今有严氏父子接力兴水利。"

1978年1月,严以新以优异的成绩大学毕业后,考上了我国恢复研究生招生考试之后的第一届研究生,同年又考上我国改革开放后第一批公派出国研究生。他选择了巩固基础知识,先在国内读完硕士再出国留学进修。由于为出国在上海补习3个月英语耽误了研究生一学期课程,他加倍努力刻苦学习,不仅追回时间,而且成为那一届第一位顺利通过答辩的硕士研究生。同年9月,严以新公费赴美国留学深造,开始了他漫漫求学路上的第二个"六年"生活。摆在面前的第一道难关就是"语言关",如何提高英语的口语能力?如何

1961年2月,严以新(前右一)与家人的全家福

使自己的英语口语有"洋"味？严以新主动与国外的同学进行接触交流，增加口语对话的机会，凭着一股子韧劲，他很快过了这道关。然而，还有第二道难关在等着他，就是"专业关"。他在国内学的是港口航道及海岸工程专业，在特拉华大学学的是土木工程专业，专业方面虽然有所交集但也有不少差别，虽然国内硕士阶段打下良好的基础，但仍旧有许多专业知识不能很好地理解，而且美国对他的硕士学位不予承认，一切都得从头开始。巨大的学习压力让他感到非常疲惫，于是想到了父亲给母校题的"十六字校训"，面对这样的状况，不正是需要"勇于探索"的时候吗？他泡图书馆，超前阅读，查阅各类专业资料，用坚忍不拔的毅力再一次证明了自己，也证明了中国学子的实力，仅半年时间，他就取得了各科全"A"的好成绩，并获得了学校的全额资助，不少同学包括一些美国本土的同窗都常常向他求教。

在特拉华大学学习一年后，严以新随同导师转到了佛罗里达大学海岸及海洋工程系学习，与他在国内读本科、读硕士的专业接上了轨。重新学回老本行，使他非常欣喜，各类知识的学习也更加得心应手。佛罗里达州的棕榈海滩是全球著名的旅游胜地，但严以新却无暇光顾这亮丽的风景，而是一心勘测、取样、做实验，扭转了过去人们印象中"中国学生高分低能"的偏见，提高了发现和解决问题的实践能力。终于，苦心人天不负，1987年，他顺利取得了博士学位。在佛罗里达大学的五年里，他基本完善了自己的专业知识体系，掌握了不少先进的科学技术，还学会了潜泳、驾船等技能，开车更是驾轻就熟；在此期间他被推选为佛罗里达大学第一届留学生联谊会主席，优秀的组织能力和杰出的领导才能初步展现。

千淘万漉虽辛苦，吹尽狂沙始到金。两个"六年"的磨炼，使严以新的生命得到了淬炼和升华："上山下乡"的六年，铸就了他坚忍不拔的毅力、百折不挠的精神；"漂洋过海"的六年，成就了他渊博的知识、丰富的阅历、开阔的眼界。严以新从来没有忘记过自己为祖国建设事业贡献智慧和力量的追求与梦想，他献身祖国港口海洋事业、将先进的科学技术运用于祖国的海洋工程、发展新世纪中国海岸海洋学科的信心和决心更足了。1987年，他学成归来，任教河海大学（1985年，华东水利学院更名为河海大学），开始了另一段不一样的经历却同样精彩的人生。

## 二、鞠躬尽瘁兴水利
## ——从"三尺讲台"到"千里海岸"

如果要问什么人在严以新成长的道路上对他的影响最大，那必然是他的父亲严恺院士。严恺院士作为河海大学的创建人，他严肃的负责精神、严格的教学要求、严谨的治学态度、严于律己为人师表的师德风范对严以新成长的每个阶段都有着深远的影响。严以新不仅在学术专业上选择与父亲同样的水利事业，在价值追求上传承了父亲爱祖国、爱人民、爱水利的精神，还在治学、治校的态度上承续了父亲"严"的风骨。2005年10月23日下午，温家宝总理在河海大学江宁新校区考察，参观图书馆时，驻足观看走廊上悬挂着曾经在河海大学学习工作过的六位院士的照片，当看到严恺院士的照片时，他回过头亲切地对身旁的严以新说："你父亲好吗？请代我向他问好。""谢谢总理。"总理的关怀，让严以新倍感温暖与自豪。

求学路上两个"六年"的积累沉淀，让严以新在父辈洒下创业汗水的这片热土上不懈努力、开拓创新，从"三尺讲台"到"千里海岸"，成就着自己的事业，书写着自己的精彩。1987年自海外留学归来后，凭借突出的学术水平和工程建树、大受学生欢迎的教学效果，严以新从讲师一步一个脚印地晋升为教授、博士生导师，也一步一个脚印地挑起了治校的重担，同时还一步一个脚印地扛起了国家水利建设的重任。他1991年被任命为河海大学海岸和海洋工程研究所副所长，1995年被任命为河海大学港口航道及海岸工程学院海岸及海洋工程学科主任，1998年他又接受了港口航道及海岸工程学院院长之职，2001被任命为河海大学副校长、河海大学科学研究院院长，2007年兼任水资源高效利用与工程安全国家工程研究中心主任。

严以新具有丰富的专业知识，在海岸河口水动力环境及其模拟、港口航道及海岸防护工程、海岸河口泥沙运动等领域有研究专长。多年来，他主讲4门研究生课程，立足"三尺讲台"教书育人，指导培养硕士研究生、博士研究生80多人。对于指导学生，严以新从不局限于某个单一专业，而是包括水文、土木、岩土、应用数学等多个专业，他认为这些都是交叉学科，学生们在一起相互交流的话可以更好地开阔视野。他注重学生主观能动性的培养，始终强调"兴趣是最好的老师"。他喜欢与学生打成一片，晚自习时走进教室、阅览室等去看一看是常事；学生见他们乐于亲近的师长来了，纷纷围上来问这问那，他也无话不谈，学术观点、人生感悟，无拘无束、敞开心扉。他认为搞科研是一项很艰辛的工作，在电脑前一坐就是半天，没有强健的身体是难以支撑的，所以他经常喊学生们一起打篮球、打羽毛球，和学生一起郊游、唱卡拉OK，以舒缓学习的压力。他要求他的学生要上船出海搞测量，许多学生晕船呕吐几天吃不下饭，而他却对他们说："学我们这一行，要经风雨见世面，不经风浪如何能计算波浪。"他关心学生就像关心自己的孩子，从学习到生活，无微不至。有一年过年，有位同学因为老家下大雪不能回家，他就把学生邀请到家里一起过年，自己掌勺为学生做年夜饭。这样的故事太多太多，学生们回忆起来时都感慨万千。2007年12月，严以新当选为致公党中央副主席，到北京工作后仍不忘在南京的几十位弟子，专门建了一个QQ群用于联系，及时掌握他们的动态；每次回南京，他都会和学生们相约球场,来一场师生之间的切磋与交流。

对于团队建设,严以新认为,一个人的能力再大、水平再高,终究有限,组建起一支学科队伍,培养出一个实践团队,才能变有限为无限,促进研究事业的可持续发展。因此一直以来,他都特别注重加强科研团队和梯队建设,注重发挥团队的育人功能和群体优势。早在 20 世纪 90 年代初,由他挂帅组建的科研团队,至今依然活跃在科学研究、工程建设第一线。他不仅带领团队发挥集体优势,进行重大项目的协同攻关,还支持团队成员开展具有特色的个人研究,并积极为他们争取启动经费。他一直强调,搞科研不仅要大胆设想、小心求证,还要具备国际战略眼光,要具备与国际接轨的水平和能力。为此,他经常给团队成员开小灶,把国际上最新的研究动态传授给大家,让他们慢慢去挖掘值得研究的方向,找出灵感和思路。他还经常创造条件让年轻的老师和研究生出国参加国际学术交流会议或进修,要求博士生在研阶段,一定要有一次出境,国外去不了,台湾也行,帮助他们拓宽视野、创新思维,并要求他们把参会或学习的材料带回来与团队一起分享,为集体提供一个良好的接触外界的平台;同时,对于出国人员,他都一律给予经济资助,年终时,出国进修的团队老师照样会有一定比例的科研奖励。问渠那得清如许?为有源头活水来。很显然,他是把对人才的淬火、充电,特别是团队中年轻骨干成员的培养,看作保证团队科研创新活力、可持续发展的源头活水。当下,虽然他已经退休,但仍经常奔波在科研一线,他带领团队、打造团队的方式方法也被他的弟子们很好地延续着。

对于治学、治校,严以新始终坚持创新是发展的关键,必须不断创新工作思路,探索新的管理模式和方法。1999 年初,河海大学成立河海大学交通学院,严以新又兼挑起了该院院长的担子。在巩固已有学科的基础上,严以新准确地抓住了"为水利服务的河口、海岸研究方向"和"为交通服务的港口、高等级公路研究方向"这两个新的学科发展重点,大胆实行以"学科建设为中心"的体制改革,每个学科方向设一名学科教授,实行"学科教授负责制";又以学科梯队为基础,以学科教授为中心,建立起了教学、科研、行政管理一体化的系、室。此举极大地调动了人的积极性,以人为本促进了学科发展,又以学科发展带动了学院发展。在其担任院长期间,学院的各项指标均名列河海大学各二级学院前茅。严以新深得人心的民主管理和一身正气的高尚品德赢得了学院老师的一致称赞,他的知名度也越来越高。2001年8月,治学、执教、治校过程中取得的突出成绩,把他推上了河海大学副校长的岗位,分管科研、产业和国际国内合作交流等方面的工作。一个比以前更清晰、更理性的思路在他的脑海中逐渐形成:再探索、再创新,从产、学、研一条龙建设的全局探索,以科研实践转化为人才效益、科研成果转化为生产力这"两个转化"为突破口,与时俱进地服务于经济建设这个中心,服务于科教兴国、强国的大战略。他开始探索高校科研发展的新模式,认真落实学校科技工作发展要求,不断完善各项规章制度,把拓展学科研究方向、国家重大项目和基金项目的申请、科研质量的提升及其成果转化作为重中之重,成功申报、建设了国家重点实验室和国家工程研究中心;积极做好扩招留学生数量和国际学术交流工作,倡导设立河海大学对外奖学金,扩大了祖国的对外影响,为学校教学、科研工作作出了积极贡献。

对于搞科研、做项目,严以新最大的特点就像他的名字一样:以新的视野——国际视野、战略视野拓展攻关阵地;以新的高度——站在国际河口、海岸工程科技前沿发现并解决重大现实难题。1987年留学归国后,严以新全身心地投入国家的港口建设及海岸工程建设中,经过从理论到实践的飞跃,他的知识体系得到了更进一步的完善与升华。1994年河海大学由严以新领衔,与南京大学、同济大学联合开展国家自然科学基金的重点项目"南黄海辐射沙脊群形成演变的规律研究",为了获取江苏沿海港口开发的第一手资料，严以新和他的团队在苏北沿海摸爬滚打，开展了大量艰苦繁复的现场监测和前期研究工作，率队勘测南通洋口港和盐城大丰港。为了确保数据的准确翔实，从宏观上测试、选址、论证，到微观上"解剖麻雀"，直至最后制定可行性方案，现在两港的液化天然气码头和万吨散杂货码头正在日夜运行。严以新和他的团队创造性地提出了利用海岸外辐射沙洲深水潮沟通道建立港口的建议，并在此基础上确定了以连云港、盐城大丰港和南通洋口港为重点的北、中、南三大港口群。这一全省沿海港口整体规划，得到了国家有关部委及江苏省政府的高度重视，被作为江苏省苏北沿海港口建设的重要依据，在当年省政府工作报告中加以阐述并很快付诸实施。为此，严以新还开拓了一个新的学科方向——港口与海岸工程经济，并培养了一批学生；目前该方向已成为博士点，在国内享有很高的声誉。

多年来，严以新先后主持或参加撰写专著3部，在《科学通报》等国内外刊物上发表论文100余篇；他和他的团队在所承担的包括国家自然科学基金项目、国家科技攻关项目在内的50多项重大项目方面，攻关成果成辐射状推进，提出的建设无水港口的理念，中部辐射到河南的郑州、许昌等地区，西部辐射到西藏，其所带来的效益更不是用冰冷的阿拉伯数字能够形容的。一分耕耘就有一分收获，他付出的智慧和辛劳得到社会的认可和好评，先后获得交通部科技进步奖一等奖、中国水运建设科学技术奖一等奖、中国港口科技进步奖二等奖、江苏省科技进步奖三等奖、水利部高等学校优秀中青年学科带头人、中国水利学会优秀工作者、水利部优秀教师、国务院有突出贡献专家、国家教委优秀学术著作特等奖、江苏高校科技工作先进个人、江苏省优秀研究生导师、江苏省优秀科技工作者等众多荣誉，1996年享受国务院政府特殊津贴；并担任中国海洋工程学会副理事长、江苏省水利学会副理事长、江苏省土木建筑学会副理事长、中国水利学会理事、中国海洋学会理事、国际水文计划中国国家委员会副主席、发展中国家海岸和港口工程国际会议顾问委员会委员、教育部科学技术委员会委员、教育部高等学校水利类专业教学指导委员会副主任委员等多项学术兼职。

## 三、建言资政有真功
## ——从"致力为公"到"参政议政"

1989年1月，严以新加入了中国致公党；1997年11月，当选为致公党江苏省委会委员；1999年12月，增补为致公党江苏省委会常委；2001年12月至2007年12月，任致公党江苏省委会副主委、南京市政协副主席、致公党南京市委会主委；2007年12月至2017年12月，任致公党中央副主席。

严以新加入中国致公党，是自然的也是必然的，他受父辈正统教育的影响，从小就树立起了报效祖国的理想信念；六年的海外留学经历使他学有所成，报效桑梓的信念更加坚定。这与中国致公党"致力为公、侨海报国"的理念是完全吻合的。严以新是在美国佛罗里达州留学的，而中国致公党也是由华侨社团于1925年在美国旧金山发起成立的。这些都让他与中国致公党冥冥之中多了一份亲近。因此，在归国两年后，他选择加入中国致公党，成为致力于中国共产党领导的多党合作事业的光荣一员。

严以新在任致公党南京市委会主委期间，特别注重凝聚人心、凝聚智慧、凝聚力量，党员们评价说：严以新不仅是一位严肃的专家学者、一位严格要求的领导，他更是我们不可多得、可亲可敬的好朋友。为了不影响致公党党员的日常工作，基层支部的党务活动一般都是安排在周末进行的。繁忙的工作，高频率的出差，周末休息对他来说本身就像一件奢侈品，但是他仍然会在周末努力挤出时间参加基层支部活动，主动加强与党员的沟通交流。2006年,他所在支部到姜堰考察,那天碰巧赶上他在苏州出差,胃又不舒服,可他还是挤出时间,驾车从苏州赶到姜堰参加活动;到达后,他脸色苍白,简单地吃了点儿面条,休息了一会儿,就又继续匆忙地加入考察活动中。他坚持"以人为本"的管理理念,对市委会机关同志的关心从工作到学习、到生活,无微不至。多年后,他以致公党中央副主席的身份率队到南京开展调研,遇见薛雨花的时候,他摸了摸薛雨花的头,笑着向陪同参加调研的同志介绍说:"这丫头是我看着一步步成长为业务骨干的,她结婚的时候,还是我给她做的证婚人哦。"他经常利用会议或参加基层支部活动的机会,为市委各级领导班子成员、机关同志、基层党员讲解关于中国共产党领导的多党合作和政治协商这一基本政治制度,关于统一战线这一重要法宝,关于中国致公党的政治责任和优良传统等方面的党务知识,同时他还会和大家分享自己学习时的体会与感悟,授课不仅高水平、高质量、高站位,而且还生动、丰富、深刻;许多参加会议或活动的成员都说:"我们挤出时间赶来开会,就是想听严主委讲话,可以从中学习到很多知识。"

参政议政是民主党派的基本职能。对于做课题调研,严以新发动党员和基层组织,整合党内资源,调动各方面积极因素广泛参与,向市委会提出了"坚持以'小课题做大,大课题做精'为原则,走长期课题与短期课题相结合、特色化与精品化相结合的调研之路"的要求。对于做提案议案,他更是强调要赤心真纯,不发妄悖之言,不写违心之论,不做官样文章。他自己的诸多参政议政提案,基本上都集中在他所熟悉的教育领域和水利建设领域。他关于教育领域的提案如:建议政府工作报告中应明确提出研发经费和教育投入所占GDP的比例要逐步达到3.0%与4.0%的指标,并作为"十一五"期间的约束性指标;呼吁深化教育体制改革,将确保青少年身心健康作为改革成功的重要标志之一;强调教育在精神塑造中的重要作用,指出通过教育,能够提高个体的精神境界，提升人们的精神素养，最终从总体上为和谐社会建设提供精神支撑；建议让大学作为一个独立的办学实体，充分尊重大学的独立自主权，让教授治学，营造崇尚自由探索的氛围。他在水利领域的提案如：提出加强节约用水，促进可持续发展的许多建设性意见，得到了重要批示，江苏省水利厅据此制定了下一阶段加强节水工作的措施和意见；在南京市政协十一届五次会议上，他代表致公党南京市委会做了《加大水环境治理力度，推进南京生态市建设》的大会发言；十一届人代会上，严以新与另一位代表联名，针对大多数河流的上游地区发展经济与保护流域生态环境的突出矛盾，提出应由下游受益区和中央政府来帮助流域上游地区分担生态建设重任的提案。

严以新担任中国致公党中央副主席期间，主要分管宣传思想工作。他说："宣传思想工作绝不仅仅是宣传部门或几个宣传干部的事情，我们要树立起'每项党务工作都是宣传教育的载体、每名党员都是宣传教育的主体'的意识。要用时代的要求来审视宣传思想工作，用科学的态度来研究宣传思想工作，以创新的精神来推动宣传思想工作。"上任伊始，他就提出致公党各级组织要紧紧围绕建设高素质参政党的要求，提升工作站位，突出统筹谋划，加强合力运作，积极构建"大宣传、大教育"格局，不断提升致公党组织的凝聚力、影响力、感召力。"大宣传、大教育"理念的提出，为致公党宣传思想工作的开展提供了指导原则。紧紧围绕"致力为公，侨海报国"理念、加强高素质参政党建设、"不忘合作初心，继续携手前进"主题教育等展开了一系列深入的讨论研究，形成了一批有深度、有分量的理论成果，对参政党理论建设进行了有益的探索。为了把开展坚持和发展中国特色社会主义学习实践活动不断推向深入，2016年，严以新在全党组织开展了以"中国梦·侨海情"为主题的宣讲团巡讲活动，充分发挥宣传思想工作的舆论导向、思想引领和规律认知功能，生动地讲述了新时期致公党各级组织履职成效和致公

2015年7月5日至11日,严以新率致公党中央代表团访问香港、澳门。图为代表团与澳门致公协会合影

党党员奉献社会的感人事迹,对于加强致公党自身建设,不断提高参政党履职能力,起到了很好的促进作用。

"大宣传、大教育"理念的提出,为宣传思想工作的开展搭建了基本学习平台。随着网络技术的飞速发展和广泛应用,网络传播成为开展宣传思想工作的又一重要手段和途径,"大宣传、大教育"理念自2009年提出不到两年时间,全党所有省级组织均建立了网站,截至2020年年底,全党所有市级组织也都建起了自己的网站;同时紧跟"微时代"潮流,致公党中央率先启用了微信公众号,个别基层支部也申请建立了自己的微信公众号。2013年,在他的努力下致公党中央成立了理论研究会,严以新组织理论研究会的专家,通过研究致公党史收集资料,通过问卷调查征求意见,先后编写了《中国致公党党员读本》《中国致公党理论研究选集》《与祖国同心:致公党员风采录》《侨海情 中国梦:致公党员风采录》等多本理论著作。他在任期间,还对致公党中央的网站进行了全新改版,网站的内容更新更加及时,视觉效果大大改进,宣传效果进一步增强；还改版了《中国致公》内刊，完善了中国致公画院，成立了中国致公摄影社等。一系列平台的搭建和条件的创造，大大增强了组织的凝聚力与向心力，树立了良好的参政党形象。

严以新在抓宣传思想工作的同时，自身也时刻不忘学习，特别是对中国特色社会主义思想、中国共产党领导的多党合作制度、统一战线思想等理论的学习。2012年，党的十八大召开之前，在接受《经济日报》采访时，他说："作为致公党党员，我亲身体验着中国共产党领导的多党合作制度。而中国共产党对民主党派和无党派人士意见的一贯重视和多党合作事业60多年的伟大实践也让我坚信，多党合作制度前景光辉……重温我国统一战线和多党合作格局的发展历史，展望我国社会主义政治文明建设的美好前景，我们有理由相信，中国共产党领导的多党合作和政治协商制度将会焕发出越来越旺盛的生机和活力，必将在我国全面建设小康社会、不断开创中国特色社会主义事业新局面的进程中发挥更大作用。"2017年，全党上下广泛开展"不忘合作初心，继续携手前进"主题教育活动，严以新多次率队分赴上海、江苏、福建、四川等多地开展调研，反复强调开展主题教育活动是坚

2017年6月7日，严以新率致公党中央调研组到国务院南水北调办公室调研

持和发展中国特色社会主义学习实践活动的重要举措。他还教育各级组织和党员要坚定"四个自信"、增强"四个意识"、提升"五种能力"，弘扬"致力为公、侨海报国"精神，努力培养爱国之情、砥砺强国之志、实践报国之行。

严以新担任全国人大常委和教育科学文化卫生委员会副主任委员期间，一年有近三个月的时间都是放在人大工作上。他多次作为小组长带领全国人大执法检查小组赴各地开展执法检查，因为严谨、细致、扎实的工作作风，而被记者笑称为"爱'较真'的监督者"。学者出身的严以新，每一次带队执法检查前，都会认真地"备好功课"，查资料、听讲座，研读相关专业书籍。他说："我备课一般就做好两个方面，一是抓住关键问题，二是要有自己的想法，多想想采取什么样的工作方式才能知道真实情况。"而且，他认为："执法检查不发现问题，还有什么意义呢？"

参加执法检查的次数多了，特别善于思考的严以新开始琢磨起了人大的监督工作。很长时间以来，执法检查报告在提交全国人大常委会审议完之后，都是由国务院办公厅通过书面的形式转交国务院有关部委的反馈情况报告。仔细研究了相关法律规定后，他在一次会议上"较真"地说："按照法律相关规定，国务院有关部委可以口头向全国人大常委会汇报反馈报告落实情况。"他始终坚持自己的意见，提出一定要让国务院有关部委当面向委员们做反馈情况的报告。最终，他的意见被上级采纳并在"职业教育法"中实施，从而人大执法检查工作有了令人意想不到的变化。对于监督工作，他认为：法律的执行力度要加强，尤其是法律"最后一公里"问题，一定要解决。法律的"最后一公里"就是要实现抓铁有痕，要像木板钉钉子那样，否则法律出台得再多也没用。在担任全国人大常委十年期间，参加立法与执法检查30余次，在常委会会议上发言200余次，切实履行了委员职责。

作为一名致公党人，作为唯一涉侨参政党的中央领导，严以新特别关注"侨""海"的工作。他每年都要带领致公党中央教育委员会和留学人员委员会的党员专家与相关部委的同志分别组成联合专家组，紧紧围绕中共和国家的中心工作，发挥"侨""海"特色，扎实开展一系列关于"侨"的专题调研，共形成调研报告近20份，提出的相关建议也都得到了中共中央有关领导同志的重视和肯定。另外，严以新还通过与我国台湾学术同行多渠道、多层面的交流，积极为促进祖国统一事业贡献力量。早在1993年，他就利用自己在中国港台地区和海外的同行、同学、亲友等诸多关系尤其是自己在专业领域的影响力，作为召集人主持了首届两岸港口与海岸工程研讨会，以促进两岸交流；后来又借每两年一次的中德港口与海岸工程研讨会的平台，促成中国大陆、中国台湾和德国三方学术交流的经常化；严以新还和台湾成功大学水利及海洋工程系高家骏教授牵头，促成了河海大学与成功大学互换研究生协议的签订。

2016年，在聆听了习近平总书记在纪念中国共产党成立95周年大会上的讲话后，严以新说："作为执政党亲密的诤友和挚友，我们要努力将坚持和发展中国特色社会主义学习实践活动不断推向深入；在坚持和发展中国特色社会主义道路上，切实承担起中国特色社会主义事业亲历者、实践者、维护者、捍卫者的政治责任；抓好自身建设，全面提高'五种'能力，在参政议政上下真功，在民主监督上有作为，在社会服务上用真情，在海外联络上出真招，汇集众智、积聚众力，发挥侨海优势，为改革发展稳定大局贡献力量。"

而今，严以新虽已退休，但他始终坚持政治理论学习，不忘"致力为公"的情怀，不忘"参政建言"的责任。2021年是中国共产党成立100周年，他常叮嘱年轻致公党党员要认真学习中共党史、新中国史、改革开放史和社会主义发展史，学史明理、学史增信、学史崇德、学史力行，体悟中国共产党百年发展的波澜壮阔，感受中国共产党带领国家建设的日新月异。他说：我的前半生做水利工作，后半生做统战工作，它们都需要广纳万川入海的胸怀。而后者更需要站在政治视野的高度，画好同心圆。身为民主党派的干部，我们要有宽广的胸怀，擅做人心工作，既要细致入微，又要眼光超前，始终如一地成为党的"好参谋、好帮手、好同事"，协助中国共产党走好新时代长征路！

（李朝蓬）

# 赤子情

——记江苏省政协原副主席，致公党江苏省委会原主委黄因慧

1945年秋天，黄因慧生于重庆。他的父亲是中国著名医学病毒学家、中科院学部委员黄祯祥先生。20世纪40年代初，黄祯祥先生赴美留学，并于1943年首创了令世界病毒学界为之瞩目的病毒体外培养新技术。1943年也是中国抗日战争最艰难的时刻，整个中华民族正处于危急存亡的关头。国家兴亡，匹夫有责。黄祯祥先生毅然中断了他的病毒学研究项目，并谢绝了美国方面的一再挽留而返回祖国，他的同事们则继续该项目的研究并最终获得了诺贝尔奖。母亲叶恭绍是儿童少年卫生学家，1930年考入北平协和医学院，获医学博士学位，后赴美国留学，1948年回国，为新中国儿童少年卫生事业的发展作出了重要贡献。舅舅叶恭绰是著名爱国人士，早年追随孙中山先生，新中国成立后从香港回到北京，曾任中央文史馆馆长、全国政协常委，逝世后葬于南京中山陵东侧仰止亭旁。

从父母、舅舅报国与治学的奋斗轨迹中，黄因慧很早就懂得一个道理，那就是要做一个堂堂正正的中国人，要爱国。

要爱国!

简简单单的三个字影响了黄因慧的一生。

## 一

抗日战争胜利后,黄祯祥先生回到北平任中央卫生实验院北平分院院长。黄因慧也随父迁居北京,并于1957年考入北京一零一中学。该中学建校于1946年,是中国共产党在老区创办的唯一一所中学。1950年经周恩来总理批准在北京圆明园遗址修建校舍。郭沫若同志亲笔为其题写校名,并释其含义为"百尺竿头,更进一步"。在少年黄因慧的眼中,这座经历了无数血与火洗礼的圆明园,就连一草一木都饱含撼人心魄的沧桑感。它是中国近代史的一个缩影,是一个国家、一个民族最铭心刻骨的记忆。黄因慧仿佛能够看到历史的灵魂正游荡在圆明园的每一块断壁残垣之间,向他发出悲愤的呐喊。

为中华崛起而读书!周总理的这句话从此成为黄因慧的座右铭。

60年代初正是我国初步建立门类比较齐全的工业体系阶段,新中国的发展急需大批各方面的专才。1963年,品学兼优的黄因慧满怀科技报国的憧憬考取了我国著名的清华大学,就读于精密仪器及机械制造系。作为一座美国人用中国庚子赔款余额建立的"赔款学校",清华大学的发展历程多灾多难。但灾难所激发起来的是爱国奉献报效中华的爱国精神、自强不息厚德载物的人文精神、严谨勤奋求实创新的治学精神、不甘人后追求卓越的拼搏精神。6年的清华生活,不仅为黄因慧后来从事"特种加工"方向的研究打下了坚实的理论基础,也培养了他脚踏实地、艰苦奋斗和锲而不舍的科学品质。24岁的黄因慧渴望能用自己学到的知识为祖国的建设添砖加瓦,他坚信,为祖国的前途而奋斗,正是这个时代赋予新中国所有青年学子的神圣职责。

可惜由于"文革"的影响,其学业受到严重冲击。大学毕业后,黄因慧被分配到内蒙古呼和浩特市新生橡塑机械厂工作整整十年。新生厂曾经是内蒙古自治区监狱附属工厂,位置偏僻,生活艰苦,每个月发到手的粮油工资仅够一个大小伙子勉强吃饱。等到春天沙尘暴起的时候,即使是中午,屋里也必须点灯,双层窗户关得紧紧的,照样会落下厚厚的一层细沙。十年艰难的塞外生活并没有消磨掉黄因慧的意志,反而使他倍加珍惜有限的人生。1978年十一届三中全会召开,改革开放的春风吹遍了神州大地,也给已过而立之年的黄因慧带来新的转机。他凭着昔日在清华打下的厚实功底毅然报考了机械制造专业硕士研究生,并以高分被南京航空航天大学(简称"南航")录取,师承南航老校长余承业教授进行"特种加工"方向的学习和研究。此后,他又继续读完博士学位,先后在南航担任讲师、副教授、教授和博士生导师。

特种加工是采取电子束、离子束、激光束和超声波等一系列"电、化、声、光"现代化方法进行加工的全新工艺。相对于传统的"车、钳、铣、刨、钻、磨"等加工手段,它涉及的领域更加宽广,应用前景也更加广阔。但十年"文革"的空白和断层却使得中国在特种加工方面与发达国家拉开了巨大的差距。在科技飞速发展的今天,要在这一领域追赶并超越先行者,意味着将不得不付出百倍的努力。面对这样的现状,作为新中国培养出来的新一代年轻学者,油然而生的使命感和紧迫感常常使得黄因慧心情沉重,他觉得自己必须要在这场赶超世界先进科技的浪潮中有所作为。他的硕士论文《脉冲电解流场研究》横跨"机械制造"和"流体力学"两个学科,当年便被国际生产工程研究会(CIRP,2006年更名国际生产工程科学院)收录,成为南航迄今最早发表在该刊物上的论文之一。他的博士论文《电火花线切割加工微机在线参数递推识别和微机自适应控制脉冲电源和进给伺服系统的研究》触及自动控制方面当时最前沿的课题,在论文答辩前一天即通过了航空工业部部级鉴定,再一次被 CIRP 收录发表。

1990 年，黄因慧以高级访问学者的身份公派赴美国内布拉斯加州立大学特种加工研究中心进修，从事"线切割断丝"项目的研究。在林肯市的日子里，黄因慧的大部分时间都在实验室里工作，工作很有成效。这一切均使该中心的负责人拉兹教授对其学识、才干和勤奋精神倍加欣赏。拉兹教授竭力挽留黄因慧继续留美从事该领域的研究，甚至已经为他申请到了专项资助。同时，黄因慧在美国的伯伯、姑姑等众多亲属，也极力劝他留在美国发展。当时正值国内风波结束不久，一些人借机就留在了国外。但是，黄因慧却毅然作出了如期回国的决定。谈到这段经历，他很平静："在美国就是做得再成功，也只是给外国人打工。国内虽然条件差一点，但那是生我养我的地方，使自己的祖国早日富强起来，才是我真正的事业所在。"

1943 年，黄祯祥先生是如此选择的，半个世纪后，黄因慧做出了同样的选择。这是一种巧合，也是一个必然。父子两代旅美者，不变一颗中国心。

回国后，黄因慧成为学校特种加工研究方面的科研带头人，先后被南航的机电工程学院聘为教授、博士生导师。在教学工作中，他重视将思想、学习、科研和工作的方法传授给自己的弟子，引导学生们独立思考、自主创新。在科研工作中，他思路开阔，善于团结同志，发挥集体的创造性和智慧。十多年间便为国家培养了 40 余名优秀的硕士、博士研究生，完成了包括国家自然科学基金在内的十多项科研课题，内容涉及线切割加工、电解加工、激光快速成型等多个领域，获国家航空工业部科技进步奖三项、江苏省科技进步奖和南京市计算机应用成果奖各一项，多项科研成果达到国内领先、国际先进水平。黄因慧也因为在学术上的卓越成绩被国务院和航空航天工业部分别授予"作出突出贡献的中国博士学位获得者"称号，享受国务院特殊津贴。

在特种加工的科研领域，黄因慧无疑是位成就卓著的学者，而在行政管理领域，他同样展现出了勇于改革、敢于开拓创新的领导者魅力。1997年，学校领导决定让他兼任校图书馆馆长。他欣然受命，并很快对图书馆进行了大刀阔斧的改革。他果断提出合并阅览室，把原来各自独立的小阅览室打通合并成科技、社科、外文三个大阅览室，使读者在一个阅览室里就能很方便地借阅该学科所有的书、刊、报纸，并享用网络信息资源。他大力推行数字化建设，购买了学校教学科研最需要的大量电子科技文献数据库。并主动与中科院图书馆，清华大学、上海交通大学等一流大学图书馆达成合作协议，使南航师生可以在本校通过电脑网络查阅这些图书馆拥有的资料，由南航图书馆代理付费和下载服务，达到了资源共享和少花钱、多办事的效果。现在，南航图书馆已基本实现了自动化管理，学校图书馆大楼也已成为南航楼宇中率先使用中央空调的建筑，既为读者营造了良好的学习环境，又为保护馆藏文献提供了良好的条件。这些改革成效得到了专家同行的一致赞誉，也受到了师生们的欢迎。

## 二

李大钊说："人生最大的快乐，莫过于在最艰难的时候改造国运。"除了在各自专业知识领域的精进之外，真正的中国知识分子们更是一些深切关怀社会、人生以及人类公共利益的"思想着的人"。

黄因慧正是这样一位有着强烈社会责任感的学者。在他看来，中国已经步入历史上最好的发展时机，而参政议政正是中国的知识分子们用知识和才智参加国家建设的另一个重要途径。1998年加入中国致公党，并先后担任第九届、第十届全国政协委员。此后，每年赴京参加全国政协会议时他都要带去3至4个提案。其中，1999年提交的《关于落实

2003年5月，黄因慧率队赴南通调研区域经济共同发展

贷学金制度和勤工俭学制度，放活学校收费体制的建设》，被评为第九届全国政协优秀提案。2007年提交的《关于保护和发掘民国文化遗存，打造民国历史文化旅游品牌，促进祖国统一大业的提案》再次被评为第十届全国政协优秀提案。2002年，他当选为致公党江苏省委会主委和致公党中央常委。一个民主党派省委会的工作沉甸甸地压到肩上，于是如何进一步继承传统，开创致公党江苏省委会各项工作的新局面，特别是如何进一步提高省委会参政议政工作的水平和质量，便成为他反复思索的一项课题。

2002年换届后，黄因慧带领第三届省委会领导班子在总结以往工作经验的基础上，对参政议政制度建设方面进行了大胆的改革，提出要从"机关包办"转变为以致公党党员为主体，积极发挥党内专家、学者的作用。在这一思路的指导下，致公党江苏省委会于2003年试行了调研课题的征集制度。2004年，在总结征集制度基础上，他们正式提出并实施调研课题申报制度，将"申报"引入民主党派参政议政工作，这在致公党江苏省委会历史上还是第一次。课题申报书一经下发，便在全省党员中产生了很大的反响，党员们都认为这项新制度具有明显的优越性：一是覆盖全省，有利于基层支部和广大党员参与；二是有利于省市合力、上下贯通，用尽可能少的经费和人力办大调研、大提案；三是通过深入实际的调研工作，提高了支部的向心力和凝聚力，也解决了长期困扰基层组织的经费问题。而更重要的是，"申报制度"让非人大代表和政协委员身份的普通党员也走到了参政议政的最前沿，锻炼和提高了他们的政治素质和参政能力，成为有事可干、有劲可使、有力可出、有渠道可通的参政议政主体。

在调研课题申报制度实施的当年，致公党江苏省委会便收到各市及省直各支部提交的调研申报材料37份。内容涉及建立信用体系、关注民办教育发展、加快区域发展、新时期侨务工作、沿江大开发与环境保护、农村医疗体制改革等多个方面，列名参加的党员超过200人，占全省党员人数的五分之一，致公党江苏省委会参政议政工作的整体面貌为之一新。

## 三

社会服务则是黄因慧抓好致公党省委会工作的另一个突破口。他始终认为，民主党派从事的社会服务是代表一个参政党与执政党共同推动社会进步的一种集体行为，应该以人民的根本利益为出发点，同时具有全局性和号召性。

2003年年初，致公党江苏省委会新一届委员会在集体讨论如何进一步开展社会服务工作时，经过深思熟虑的黄因慧指出，"三农"问题是我国构建和谐社会目前急需重点解决的问题，作为民主党派，我们社会服务的重点应该放在农村，寻找合适的切入点，持续地帮助那些离不

2008年6月5日,江苏省农林、财政、科技、信息产业厅与致公党江苏省委会在宁联合召开全省"致福工程"实施五周年总结表彰大会。图为黄因慧陪同张连珍、黄莉新等观看展板

了家乡、离不开土地的农民致富。这项建议提交集体讨论后,领导班子很快统一了思想,在充分考虑自身承受能力的基础上,决定以免费培训农民学电脑为突破口,实施科技扶农。为了使这项工作得以顺利实施,黄因慧多次亲自参加调研和协调,在近半年的精心准备后,致公党江苏省委会自筹资金,并联系江苏IT企业宏图三胞捐助了10台电脑,于2003年9月8日在侨乡镇江高资镇正式启动以"致力扶农,教农民上网,为农民造福"为宗旨的"致福工程",当年办班12期,培训农民120人。

为了把这件好事办实、实事办好,包括黄因慧在内的省委会领导班子成员和相关职能部门同志频繁往返于南京与镇江之间,广泛发动致公党各市级组织和普通党员的力量,捐款捐物,并担当志愿辅导员,支持"致福工程"能够一期期免费办下去。这项真心实意为农民服务的"致福工程"受到了农民兄弟和地方政府的支持,每期10人的规模很快便无法满足他们求知的渴望。2004年春节,黄因慧满怀激情地给时任中共江苏省委书记李源潮、省长梁保华写了一封长信,汇报致公党省委会实施"致福工程"的基本情况和初步成效，并吁请由中共江苏省委、江苏省政府主导实施，把"致福工程"办成党和政府的民心工程，在江苏农村加以推广。一周之内，中共江苏省委书记李源潮、省长梁保华等5位领导同志先后对这封信作了批示，决定从省农业"三项工程资金"中落实100万元支持"致福工程"。

政府为民主党派倡导实施的一项社会服务工作拨出百万专款，这在江苏历史上还是首次，而中共和民主党派省级领导之间这次真诚的书信交流更成为江苏统战工作史上的一段佳话。可以说，"致福工程"在不断发展、造福农民的同时，也在谱写一曲多党合作的动人乐章。在中共江苏省委、江苏省政府领导的强力推动下，由省财政厅、农林厅、致公党江苏省委会联合实施，"致福工程"在江苏农村迅速推开。溧水、金坛、高邮、海门和高资街道5个点成为首批实施点，更多的农民有机会享受到免费的电脑培训。过去民主党派的影响多集中在大中城市，农村少有人知。通过实施"致福工程"，农民兄弟们了解了致公党，了解了中国共产党领导的多党合作和政治协商制度。他们的评价很朴实：民主党派也能办实事、干大事！

2005年，江苏省有关政府部门和企业发挥各自优势，共同参与到"致福工程"之中。农林厅增加拨款200万元，作为"致福工程"专项资金；科技厅将"致福工程"列入"社会发展项目指南"给予资金支持；信息产业厅组织宏图高科集团捐赠价值50万元的电脑，并为江苏"首届农民上网技能大赛"赞助近100万元；江苏电信主动降低上网资费，使得江苏省农民上网的成本降至全国最低。2006年，由黄因慧首倡的这项"致福工程"更是好戏连台，精彩纷呈。2月，"致福工程"作为"江苏省农民培训工程规划"的重要内容之一，被中共江苏省委列入江苏省"十一五"发展规划当中；8月，全省71个县（市、区）的项目实施会议召开，"致福工程"开始在全省全面铺开。从2003年的1个培训点增加到全省 71 个县（市、区）76 个培训点，从每期培训 10 人到现在年培训数万农民，从由致公党的一个地方组织独立运作，到如今省、市、县中共党委和政府的全力介入，黄因慧大力倡导并推动的这项"致福工程"如星星之火，终成燎原之势。

## 四

2007 年，黄因慧再次当选为致公党江苏省委会主委。在谈及过去五年的工作时，他没有多提已经在省内开展得轰轰烈烈的"致福工程"，却一直遗憾自己还没有把涉侨工作做得更好——"致公党的特色是'侨''海'，在参政党的层面上做好侨的工作是我们的职责和使命，不做肯定是不对的，做不好也是不对的。如何把参政议政和开展海外联络工作有机地结合起来；如何走出国门，开展海外联谊；如何拓展海外工作的新局面，都是摆在我们面前的新课题。"在黄因慧看来，中国的稳定与发展离不开海外游子的支持和帮助。同样，中国的繁荣和强大也会使海外华人有更强的安全感和自豪感。而在实现祖国统一方面，旅居世界各地的海外侨胞更是一支重要的力量。但由于致公党内新老交替，一些与海外关系密切的老同志退居二线，客观上使得在致公党对外联络工作开始出现了一些空白。

"我们应该看到，中共江苏省委、江苏省政府对我们做好侨务工作支持力度之大同样前所未有。只要我们脚踏实地，以凝聚侨心、汇聚侨智、发挥侨力为目标，说实话、做实事、出实招，致公党江苏省委会的涉侨工作在不久的未来一定会开创出一个新的局面，一定能够为祖国的建设和统一作出更多的贡献。"

2009 年，致公党江苏省委会首次组团赴美国、加拿大，进行了为期十天的工作访问。黄因慧率访问团在美国斯坦福、哈佛、麻省理工学院和加拿大多伦多大学举办了三场"招才引智推介会"和两场中国留学生座谈会。他走入海外留学生当中，和他们深度交流，宣传江苏的创业创新环境，宣传党和政府的引才政策，同时也了解这些海外学子们在学习生活就业中的困惑和难点。他发现，海外留学人员回国报效祖国的愿望非常强烈，特别是一些高层次留学人员中70%都有着回国发展的愿望。一方面，由于长期在国外，海外高层次留学人员往往苦于无法得知国内的用人需求信息而投之无门；而另一方面，大量的国内用人单位急需人才，却在为摸不着直接寻找高层次海外人才的渠道而寻才无道：怎样才能打破这种"双盲"的怪圈？

黄因慧敏锐地意识到，发挥致公党自身的"侨海"特色和优势，以"侨海报国"为抓手，调动海外高层次人才和华裔新生代、海外侨胞精英人士以及往返于国内外创新创业人才的积极性和创造性，引导他们回国为全面建设小康社会服务，正是致公党新时期海外联络工作的重要使命。于是，2010年6月，在全国和江苏省人才工作会议召开不久之后，致公党江苏省委会自筹经费正式启动了首届"引凤工程"活动，主要内容就是通过邀请海外"小凤凰"来江苏考察、联谊，并与国内的用人单位"零距离"接触，使双方从"双盲"走向"双赢"，帮助他们实现自己心中的"中国梦"。跟踪统计结果表明，参加首届"引凤工程"的25名留学人员中已经有2位博士落户江苏，另有1名与用人单位达成了合作协议，还有1名博士在致公党江苏省委会帮助下在贵州省落实了生物医药类项目。这些成果极大地鼓舞了人心，致公党江苏省委会进一步统一思想，认识到继续实施"引凤工程"不仅重要而且可行。2011年1月，黄因慧向时任江苏省省长李学勇汇报了"引凤工程"的实施情况，吁请省政府对"引凤工程"予以指导和支持，将其打造成民主党派发挥自身特色和优势、服务经济社会发展的多党合作品牌工程。李学勇很快作出批示，要求江苏省财政厅予以专项经费安排。致公党中央也对"引凤工

2011年2月11日，黄因慧代表致公党江苏省委会在省政协十届四次会议上作大会发言，建议加快推进人才强省建设

2009年5月2日，致公党江苏省委会访问团与哈佛大学学生交流，右二为黄因慧主委

程"活动给予了高度肯定。致公党中央副主席严以新在出席首届活动闭幕式时表示，这是彰显致公党"侨海报国"理念，"创新开展海外留学人员工作的一个有益探索和尝试"。2011年，致公党中央留委会决定与江苏省委会共同主办第二届"引凤工程"活动。致公党中央主席万钢、常务副主席王钦敏、副主席闫小培也多次在不同的场合鼓励江苏推动"引凤工程"品牌建设，在履行职能中体现致公党的"侨海"特色和优势。

面对"引凤工程"的"开门红"，黄因慧却在思考着"引凤工程"如何在服务政府中心工作和发挥致公党作用之间找准切入点，避免与政府相关引才工作"撞车"而成为浪费社会资源的重复劳动。"政府出于战略层面考虑，普遍关注的是'大家'和'帅才'，存在着轻'助手型''潜力型'人才的倾向，而我们的'引凤工程'，重点就是引进各类团队急需的'助手型'海外人才，这样既与政府部门开展的相关工作形成有益互补,同时也有利于江苏人才体系形成合理梯次。"在这一指引思想下,"引凤工程"注重以引进海外青年英才为主,特色鲜明、细致、务实,不仅为高校引进人才发挥了作用,而且也促进了用人单位在实践中完善了用人政策。省内多个大型企业、开发区以及许多地方政府也都不约而同地表示,希望进一步加强同致公党江苏省委会的联系,将引才合作长期坚持下去,建立一个以致公党为媒介,省内用人单位与海外留学生团体及海外留学人员三方长期联系合作机制,让用人单位有更多的接触考察海外高层次人才的机会,也让海外人才有更多的了解江苏创业环境、回国服务发展的选择。

2012年,黄因慧卸任致公党江苏省委会主委的职务,但他在任时首倡并不断推动的"引凤工程"却坚持了下来,至今已开展了十一届。十一年来,"引凤工程"得到了中共中央、致公党中央的充分肯定,得到了驻外二十多家使领馆的关心协助,更得到了中共江苏省委组织部、统战部、省人社厅、科技厅,以及各地党委、政府部门的热情支持。截至2020年,"引凤工程"累计吸引2000多位海外博士、学者、科研人员报名,先后邀请600多位海外高层次人才考察对接江苏13个市,以及重庆、浙江、湖南、四川、辽宁等地。目前已促成500多位回国发展,一批项目成功落地。"引凤工程"的成功实施,进一步加深了海外留学人员对中国新型政党制度的认同,进一步宣传了江苏创业创新环境,进一步拓展了民主党派发挥自身优势服务大局的新途径,切实为江苏发展发挥了积极作用。

从政多年,作为一名有深厚人文功底的学者,黄因慧少年时单纯的"爱国"思想早已经升华为积极投身于社会主义建设大潮,与中国共产党肝胆相照、荣辱与共的信念。他深刻理解中国共产党的领导是历史的选择、人民的选择,是发展中国特色社会主义、实现中华民族伟大复兴的根本保证。而身为全省致公党党员的领头人,他的使命就是带领所有成员继承和发扬民主党派老一代领导人坚定的政治信念、优良传统和高尚风范，不断增强接受中国共产党领导的自觉性和坚定性，为祖国的社会主义现代化建设，为中国共产党领导的多党合作和政治协商制度得到更好的坚持和完善贡献自己的力量。

"多党合作是一项长期的伟业，需要一代又一代人的不断传承和推动。老一辈民主党派领导人的坚定政治信念、优秀品质和优良作风是一笔宝贵的精神财富。我们不但要让这笔精神财富在新一代民主党派领导骨干和代表身上得到延续和发展，更有责任从工作和实践中不断赋予它以新的时代内涵，体现新的时代精神。这是我们这一代人肩负的历史责任。"黄因慧的语气宁静，却能听得出他对自己事业的那一份深沉的使命感。

一路行来，身为与新中国共同成长起来的知识分子，黄因慧的道路虽然并非一帆风顺，但他心中的赤子之情却始终浓烈。

"愿得此身长报国。"

这是中国知识分子的优秀品格，也是黄因慧一生不悔的选择。

（张蓓）

# 信念是实现理想的精神桥梁

——记江苏省政协副主席,致公党江苏省委会原主委麻建国

麻建国 1956年8月出生,苗族,贵州松桃人。博士,教授,博士生导师。长期从事食品科学的研究和探索。曾任江南大学(原无锡轻工大学)研究生部主任,无锡市教育局局长,致公党无锡市委会主委,无锡市政府副市长、市人大常委会副主任,致公党江苏省委会副主委,江苏省政协副秘书长,致公党江苏省第五届、第六届委员会主委,第十、十一、十二、十三届全国政协委员。现任全国政协常委,江苏省政协副主席,致公党中央常委,江苏省炎黄文化研究会会长,江苏中国和平统一促进会副会长。

"人的一生应当这样度过:当回忆往事的时候,他不会因为虚度年华而悔恨,也不会因为碌碌无为而羞愧;在临死的时候他能够说:'我的整个生命和全部精力,都已献给了世界上最壮丽的事业——为人类的解放而斗争。'"奥斯特洛夫斯基的这段名言曾经激励了一代又一代中国人,也是一直印刻在麻建国脑海中的一句话。几年前,中央党校要在校学员提交"对你影响最大的人生箴言",麻建国推荐了这句话。2021年3月,我们在致公党省委会机关采访麻建国,问他成长历程中最重要的事情是什么,他不假思索地回答:"影响比较大的,就是少年时读了《钢铁是怎样炼成的》,也一直铭记书中的这段话。人的一生要能够为国家、为民族做点事情,我把它作为毕生的信念去追求、去践行。"

## 历经磨砺　淬炼成才

回顾麻建国的人生经历,颇为巧合的是,从2010年2月到致公党省委会机关工作到2022年省级组织换届刚好是专职党派工作的12年;再往回看,从1998年到2010年是以党外干部身份参政的12年;从1986年到1998年是从事教学科研和出国留学的12年;再往前数12年,他高中毕业,上山下乡,恢复高考上大学,读研,是一段人生磨砺的阶段。而提起少年时的成长和求学之路,麻建国说:"那时的成长环境对自己的影响是持久而深刻的,形成了一些骨子里的东西。"

1956年8月,麻建国出生在贵州省松桃县一个基层干部家庭。"文革"开始后不久,麻建国的父亲就被"打倒"了。1967年,已经两年没见到父亲的他,只身一人前往山里探望,正被管制劳动的父亲对他说,不管发生什么事情,都要坚决地相信党,坚定地跟党走。父母那一辈是经历过风雨的共产党员,讲话中充满对党的坚定信念。家风给了他最初的理想信念启蒙教育。

"文革"期间,麻建国一直都被烙上"可以教育好的子女"的"阶级烙印"。那十几年政治和经济上的困境,让他如同时代风暴裹挟下的一抹泡沫,被时代带着走。环境的磨砺,使他更加渴望通过自己的努力改变身边的环境。信念支撑他出色地完成人生中第一次淬炼。

1974年高中毕业后,麻建国到松桃县太平公社插队,到农村这所"社会大学"接受再教育。下乡务农也使他加深了对那个年代农村的认识——物质上不丰富，但精神生活并不贫乏。白天，挖山造梯田、下河建水利，田间地头到处都是风风火火的青年突击队、妇女突击队。到了夜晚，社员们兴致高昂地围在火塘前，一道评"政治工分"，一块儿评《水浒》，一起读《反杜林论》《国家与革命》。"读不懂，但在生活条件那么艰苦的环境下，能有机会读到书，就不觉得苦了。"

国家出台知青回城政策，1977年年底，他被招工进入铜仁地区食品公司，当了工人。也正是在这一年，中断了十年的高考制度得以恢复，科学的春天来临了。招工前他报名参加了1977年高考，"从得知消息到考试，只有两个月时间，根本无从系统复习"。他凭着下乡四年"睡前翻几页书的习惯"，"没想到，混战中居然考入了"教育部直属的四所重点工学院之一——华南工学院。

"高考改变了个人的命运，在热火朝天的建设'四个现代化'大潮中自己也可以变成时代潮流中的一朵浪花，可以腾起，可以伏下，可以冲击堤岸，可以汇聚成流，可以尽情施展自己的才能为国家效力。"在人生理想上，麻建国也从儿时憧憬的革命英雄式的辉煌人生，转向青年立志科技、知识报国的艰难跋涉。

## 执着求索　科技报国

进入大学，意味着被耽误了的青春重新找到了绽放的机会。麻建国怀揣着献身建设祖国的理想，把所有时间都用在了学业上。"学习期间几乎没有休息过，星期天都用来整理一周学习过的各门课程，很少跨出学校的大门。"1982年1月，学业完成，他被分配到无锡轻工学院任助教。

那时，国家正在实施第六个五年计划，从上到下都在动员科技攻关。麻建国全身心投入到国家"六五"攻关课题——"表面活性剂在食品工业中的应用"之中。他专门负责生产中试环节,大半年时间一个人待在企业跟班操作,在企业生产测试环节获取了大量数据,圆满完成了课题研究和成果产业化任务。1984年,麻建国考取本校食品工程硕士研究生,苦读三年毕业后,又投入到国家"七五"攻关课题研究和人才培养工作之中。此时的他,距离科技理想又更近了一步。

20世纪80年代,出国留学是接触前沿科技的理想途径。不过与现在每年动辄数十万留学生相比,当时能够公派出国留学的非常少。1990年,国家教委计划选拔30人赴欧洲读博士。特殊的年代,公派留学"政治关"和"业务关"要求极其严格。在导师力荐下,麻建国成为候选人之一。导师认为他心怀家国、重守诺言,"别人出国后会不会回来不知道,麻建国一定会回来的",力排众议支持他走出去学习。

1991年夏天,麻建国来到了英国,前往利兹大学食品科学系。刚到利兹大学,英国的导师对这位来自中国的学生半信半疑,开始只给了他几本专业书籍。很快,麻建国就提交了读书报告,获得了导师和同事的认可,通过考试后直接进入食品科学系超声波实验室,从事胶体化学研究的博士课题研究,用超声波检测等物理方法探讨物质化学及结构变化。这门学科是物理化学的重要分支,也是我国急需的前沿性基础研究。

"国家所需自然就是我的努力方向!"在海外留学的四年间,麻建国刻苦钻研,在国际会议和期刊上发表多篇论文,获得导师和同行们的一致好评。他开展的"黄原胶对油、水乳状液分层和结晶的影响""超声波检测技术在食品乳状液中的应用"等课题获得英国食品与农业协会的资助,课题论文先后在欧美和中国核心期刊上发表,有的还被世界著名科技情报刊物收录。

20世纪90年代初,国外政治情况比较复杂,利兹地区留学生、华人众多,思想多元,做好他们的团结引导工作十分重要。在大使馆的支持下,麻建国先后担任两任利兹地区中国学联主席,为团结所在地区华侨华人和留学人员积极开展工作。"那是我第一次参与政治工作，完全出于一种朴素的感情和责任心，也只能算是皮毛地接触和了解了一点政治和社会。"通过广泛进行宣传、交朋友做思想工作和组织各种活动等方式，他很快打开了工作局面，团结了广大留学人员，密切了与当地华人华侨的联系。回国后，大使馆专门发来公函，充分赞誉他在关键时期的工作和表现。

1995年，麻建国完成学业，取得利兹大学理学博士学位。在毕业前，无锡轻工大学就一直与他联系，告诉他国内正在建设"211工程"，希望他能够回来参加学校"211工程"建设。"无锡轻工大学的导师给我来信，告诉了我学校的情况。学校需要我，没有多想，我带着全家就回来了。"在留学生归国成为新闻的当时，他觉得自己的选择是理所当然的。对他而言，爱国是流淌在血液里的情感，回报祖国、回到学校就是践行理想信念的实际行动。

## 实干奉献　担当作为

1996年回国后，麻建国担任学校食品科学教研室副主任，从事亲水性生物大分子结构与功能研究与教学。这是一项重要的专业基础学科，更是有着广泛前景的应用研究。现在还经常有学生来感谢他——麻老师二十多年前讲给他们的知识，至今在技术研发中都非常先进。回国后的麻建国开始发挥学科带头人的作用，带领团队潜心研究，攻克了一个个难题，开拓了国内食品科学研究的新领域。"知识分子实现报国理想，就是心无旁骛地钻研在自己的领域里，在外人看来枯燥乏味的环境中体会探究自然界的乐趣。"

沉浸于专业之中的麻建国没有想到，回国短短几个月之后，学校领导希望他到研究生部主持工作。刚开始他还比较犹豫，因为当时他把所有精力都放在筹建实验室和研究生教学工作上，根本没有想过做与本专业不相关的工作。"考虑到做好研究生教育的发展与管理也是培养研究生的重要一环，而我在国外学习中也认识到研究生教育对一所大学、一个国家发展的极端重要性，出于一种责任感、一点儿报效学校的热情，最后答应去了。"

1996年3月到1998年12月，在研究生部工作两年多时间，他从主持工作的副主任到担任主任，负责学校研究生教学和管理工作。每年招生人数从100多人增长到300多人，学科建设、师资队伍建设稳步提高，为学校"211工程"建设、提升学校的影响力发挥了重要作用。

到研究生部工作，也意味着麻建国即将迎来更大的身份跨度。当时，他感觉到行政管理工作与教书做研究有明显的差别，要做好一个学校研究生教育的发展和管理工作，不对国家的发展情况有一个大致的了解是没法做好工作的。1997年秋天，学校通知麻建国参加无锡市委党校"十五大精神"专题学习。他还担任了党外班的班长。通过那次培训，自认"很少看时政新闻"的他比较系统地了解了国家和地方的基本形势和大政方针。"所有的培训课程对于我都是十分新鲜和有趣的，因为我是在课堂和教材里从一个遥远的、冷峻的环境跳到了一个崭新的、热火朝天的、踏在脚下的土地上，我了解了这上面已经和正在发生以及即将发生的一切，增添了一份为伟大的祖国服务、为社会主义现代化建设贡献才智的责任感，奠定了自己以后的工作思想和思维基础。"

正是因为党校培训，麻建国进入了组织视野。两个月学习结束，市委统战部找他谈话，希望他加入民主党派并到地方工作。1998年5月，他经过慎重考虑，正式加入中国致公党。当年12月，在无锡地方的几番催促下，并且得到了可以继续教书做科研的"承诺"后，麻建国依依不舍地离开了校园。

"这种变化，意味着要从对自然现象的学术探究转向对社会发展的管理实践，从与学问打交道变成与人、与社会打交道，从关注微观世界的现象变成面对宏观社会的问题。"就这样，他的奋斗轨迹逐步从科技报国转向社会治理的第一线。

一直处于身份切换中的麻建国，没有得到更多适应时间，就到市教委走马上任了。两年之后，市教委更名为教育局，他就任第一任局长，成为当时新中国成立以来无锡市首个出任政府部门正职的党外干部。在教育局期间，麻建国重点抓教育现代化工程，促进高等教育发展，无锡市全日制高校从5所增加到11所，高校培养人才和服务地方经济社会发展的功能更加凸显。

2002年9月，麻建国出任无锡市政府副市长。这是新的舞台，也是新的考验。麻建国上任后就打算抓市民关心的热点问题。而文化正是无锡的"痛处"——地处吴文化、民族工商业和乡镇工业发源地，文化底蕴深厚，却迟迟没有成为"历史文化名城"。与"邻居"苏州相比，无锡"文气"不足，更多呈现一种"商气"，被贴上了"无文化"的标签。为了改变这种局面，那几年，无锡力推"吴文化"精品创作，民族舞剧《红河谷》获中宣部"五个一工程"奖，推动锡剧新剧目和锡商文化电视剧创作，创立"吴文化节"并成为地方的"品牌节庆"，还打造了直到现在还是文旅地标的南长街文化街区、惠山古镇。那几年，曾经在学校里不爱抛头露面的麻建国，会带着新闻媒体赶到施工工地保住文物遗存，会登上中央电视台纵论无锡"吴文化""太湖文化""大运河文化"。五年中，无锡市分别申报成功省级历史文化名城和国家级历史文化名城，在这个工商业发达的城市，文化产业首次跻身支柱产业。"吴文化"成了无锡的亮丽名牌。

在卫生战线，麻建国遇到的一大挑战是抗击"非典"。2003年，刚刚上任不久的他，担任全市"非典"防治工作指挥部副总指挥，担负着无锡防治"非典"的重要职责。"那是签了军令状的，'防非'三个月没有回家,白天在各大医院、餐饮场所、车站检查,晚上汇总情况、安排工作。哪里有情况就往哪里跑,不分昼夜,累了就睡在办公室。"在中共无锡市委、市政府的领导下,经过全市人民的共同努力,无锡市没有发现一例"非典"病例和疑似病例,还组织了很多医疗专家支援其他地方。

担任副市长期间,麻建国分管教育、新闻、卫生、文化、体育、广电、计生、妇女儿童、档案、地方志等工作,领域多、任务重,但各项工作始终走在全省的前列。"这是中共无锡市委正确领导的结果,得益于无锡市良好的发展基础和广大干部群众的共同努力。"

能够有为国家出力、为百姓服务的机会,麻建国在工作中全力以赴,努力追求完美。这种风格从学校、政府一路伴随他来到市人大常委会、致公党省委会的不同岗位上。"这种完美不一定非常杰出,但要尽可能少地留下遗憾;不一定立竿见影,但要真心付出、全情投入,努力了就会有收获!"

## 致力为公　凝心聚力

麻建国常说,民主党派对于自己是身份、生活、生命的升华。来党派机关前,"党外干部"是一种他从政的政治身份。到党派机关工作后,民主党派就成为他的一种日常生活。退休后直到走向生命终点,民主党派就会成为自己的生命。递进的过程中,他对民主党派的认知和情感越来越深,"为国家、为民族做点事情"的初心在党派工作上又有了新的意义。

2001年12月,麻建国当选致公党无锡市委会主委。在他的领导下,致公党无锡地方组织发展取得长足进步,团结归侨侨眷,自身建设与履行职能成果丰硕,多次受到致公党中央、致公党江苏省委会、中共无锡市委的嘉奖。"致泸合作"是致公党中央对口四川泸州的社会服务品牌。2004年,致公党江苏省委会、四川省委会共同启动"锡泸合作"项目,由致公党无锡市委会具体承办,推动了无锡和泸州两地招商合作、职业教育对接合作、基层教育卫生机构人才交流,在致公党全省乃至全国范围内作出了示范。

2007年,麻建国当选致公党江苏省委会副主委,分管社会服务工作。当时,致公党江苏省委会正在实施一项社会服务品牌工程——"致福工程",以免费培训农民学电脑学上网、帮助农民掌握信息化技能为主要内容,打造了电商扶贫经典版本,造福了农村千家万户,也成为多党合作的典范工程。对中国农村具有一定了解的麻建国,对"三农"充满了感情,参与"致福工程"成为他在民主党派岗位上助农扶农的第一件大事。2008年,麻建国参加国务院扶贫办、中国扶贫开发协会、致公党中央联合举办的"中国农村信息化扶贫国际论坛暨设立中国反贫困日倡议活动",就江苏"致福工程"模式进行重点发言。之后,"致福工程"逐步走出江苏、辐射全国,成为致公党全党社会服务品牌。在中央统战部、国务院人力资源和社会保障部等联合召开的"各民主党派、工商联和无党派人士为全面建设小康社会作贡献"表彰大会上,"致福工程"与致公党江苏省委会另一项品牌工程"引凤工程"同获"全国社会服务优秀成果奖"。

到致公党省委会驻会工作,是麻建国人生中又一次重大变化,可能也是最重要的变化。2009年3月全国两会期间,致公党中央领导找他谈话,希望他到江苏省委会工作。两会后,致公党中央常务副主席赴江苏调研,正式对他提出要求。"我当时考虑了三个多月,直到8月份黄因慧主委给我打电话,才下定了到南京工作的决心。"在旁人看来,离开已经非常熟悉的无锡,选择到南京从事党派机关工作,意味着工作和生活上一切从头开始。但"组织需要高于一切,在大局面前,就不去想个人的事情了"。

2010年2月,麻建国任致公党江苏省委会驻会副主委。从上任始,他与各处室负责人分别谈心,了解情况,征求意见,理顺关系,解决矛盾,调动了大家的积极性,加强了机关处室协作。两年多时间里,省委会各项工作均发生了很大变化。特别是在组织工作上,圆满完成了江苏省市组织换届工作,推动徐州成立市级组织。江苏省委会换届被广大代表誉为"致公党江苏省委会历史上最成功的换届大会",得到了致公党中央和中共江苏省委的肯定。在海外联络工作上,首届"引凤工程"于2010年夏成功启动,创立了致公党各级组织服务人才战略、服务留学人员的新品牌。江苏省、市组织各项工作进一步统筹协调有序开展,各级机关在重大活动中得到了锻炼,展现出团结奉献、奋发有为的崭新面貌。这之后,麻建国接连当选致公党江苏省第五届委员会、第六届委员会主委。肩负开创江苏致公党事业的重任,他决定先从"强自身"开始抓起。

在市里工作时,麻建国就认识到,自身建设是参政党工作的基础,没有自身建设这个根本,就很难搞好参政党的工作。到南京上班以后,他提出把"高素质、有作为"作为省级组织建设的主题词,先从思想建设、组织建设抓起。在思想建设上,麻建国每年都结合思想政治教育主题,到各市讲党课,既有宣讲十八大、十九大精神的"中国梦、中国道路"专题,也有致公党党史专题,还有指导各地领导班子建设、基层组织工作的党务课程,甚至还有面向新党员和机关干部的课程。讲课内容基于他坚持不懈的学习思考,理论性、指导性和现实针对性都很强。除了宣传大政方针、指导党务工作,走进基层讲党课还拉近了主委与党员的距离。在组织建设上,麻建国积极推动地方组织和基层组织建设,实现了全省设区市组织的全覆盖,基层组织面貌焕然一新,各级组织围绕省委会重大工作,拧成一股绳,整体合力显著增强。

作风建设也是他抓参政党建设的重点方向。2012年换届以后的第一

2015年5月15日，麻建国率团出访美国期间，前往普林斯顿大学推介"引凤工程"

次全委会上，他就提出省委会领导班子、省委会委员和机关工作人员要经常走基层调查研究和联系群众。从2012年开始，省委会建立了领导班子联系地方、省委会委员联系基层制度，每位主委联系两个市，每位省委会委员联系几个基层组织，定期参加基层活动。麻建国给自己定的任务是，每个月去一个市参加一次基层活动，与基层党员见面。在参加基层活动时，他经常与党员们分享入党初心，了解党员思想和工作情况，为党员鼓劲，认真听取各方面的意见建议。参加基层活动，也使得麻建国对参政党建设不断深入思考，关于党务工作的整体框架也在逐步完善。

麻建国高度重视新时代民主党派工作，他多次提出要主动探索党派工作的规律，探索党派工作的方法。他认为，一方面作为参政党组织，履职要主动作为，在紧紧围绕中共党委政府中心工作原则下，要结合自身优势，主动找事情做。"风雨同舟"不是坐船，而是共同划船。不光说，更要做，在做事的过程中，不断深化对社会、对发展规律的认识，提高党派自己的觉悟，进而提出更好更切合实际的履职建言。另一方面，他认为参政党组织的活力和影响力犹如一棵大树，中央和各级组织是树干和枝条，党员是绿叶，干强枝盛叶茂才是一棵健康和有生命力的大树，各级组织和党员缺一不可。因而党派工作的保障就是各级组织强、有凝聚力，普通党员动、对组织有认同感、向心力。广大成员加入民主党派都是因为怀有家国情怀，想为国家和社会做点事情。基于这一共识，在他的推动下，致公党江苏省委会把工作聚焦于提供各种做事的平台和机会，让广大成员发挥作用和实现自我价值，进而增强他们对党派、对中国新型政党制度的认同感，达到更高程度的凝聚共识。同时，通过重大工作的统一部署和全省统筹，促进了省级组织和市级组织、基层组织的联通和互动，提高了党派工作的质量和水平。

为了贯彻落实十八大以来习近平总书记关于统一战线、多党合作、政治协商的一系列新理论新精神，基于致公党全省组织的现状和多年党务工作实践的思考，2016年1月，麻建国在致公党省委会全会上，提出要以"发掘各类履职人才、发挥各级组织和党员作用"的"双发行动"为主线，让全省各级组织和全体党员行动起来，在高素质参政党建设新征程上迈出坚实步伐。其核心是坚持"人才兴党"战略，在工作中锻炼党员、发掘人才、储备人才、使用人才，构建发现、培养、推荐、使用人才的制度和机制；完善各类平台，创造施展才华抱负的空间，发挥每个基层组织、每位致公党党员的作用,通过党派工作凝聚共识、增强能力，在履职实践中更好联系服务归侨侨眷、留学人员等界别群众，形成心往一处想、劲往一处使的强大合力。

"双发行动"需要思想共识，也需要平台支撑，参政议政一马当先。麻建国从2003年起就是全国政协致公界别委员，自己是参政议政专家，也对民主党派参政议政工作有着深刻认识。过去，致公党江苏省委会较早地确立了以党员为主体的"调研课题招标和申报"制度，鼓励基层支

2018年11月1日至3日,在"致泸合作"二十周年系列活动举办之际,麻建国赴四川泸州开展脱贫攻坚民主监督调研。图为调研组在古蔺县护家镇(今金兰街道)调研肉牛产业发展

部和广大党员积极参政议政。麻建国从完善这项制度着手,进一步拓展参与面,提高调研质量,与兄弟组织共同办好"致公党长三角区域合作发展论坛",打造省委会"汇智论坛""汇智沙龙",进而形成"汇智工程"品牌。他每年都带头承担省委会重点课题、率队调研。几年下来,全省各级组织每年完成省级调研报告100余篇,参政议政成果质量和影响力大幅提升,党员中形成了浓厚的调查研究、履职建言氛围,致公党省委会在参政议政工作上形成了"党的规模小声音不能小,党员人数少作为不能少"的江苏样板。

"侨海"是致公党的特色优势,海外联络工作是以"一根头发"带动"一把头发"、开展以一项工作带动整体工作的重要抓手。2010年,致公党江苏省委会将"侨海报国"优良传统和国家人才工作相结合,大力实施"引凤工程",目前已举办十二届引才引项目活动,面向海外

30多个国家数百所知名大学50多个侨团和留学生社团广泛宣传，发布人才岗位信息逾20000个，举办海外推介会20多场，吸引700多位海外博士、科研人员、有志创业者赴江苏考察洽谈，促成近500位博士回国创业创新，一批项目成功落地，为国家和地方经济社会发展作出了积极贡献。"引凤工程"在人才引进上的贡献得到了中共党委政府部门的肯定。麻建国并没有满足于此，而是对这项工作寄予了新的内涵——"引进来""留下来""长起来"，不仅关注"引进来"，更加重视做好后续服务，让他们"留下来"和"长起来"。经过十余年的发展，致公党江苏省委会打造"引凤基地""致公凤巢""高端人才服务站"等工作载体，完善常态化服务平台机制，致公党成为落户留学人员的"娘家人"和"贴心人"。"引凤工程"也上升为致公党中央服务海外留学人员的品牌。

十八大以来，脱贫攻坚成为国家战略，对民主党派社会服务工作提出了全新要求。按照致公党中央部署，麻建国提出了省内拓展致福社区、面向西部加强对口合作与民族地区帮扶的任务。致公党江苏省委会聚焦脱贫攻坚与乡村振兴，积极参与重庆酉阳、贵州毕节定点地区帮扶工作，与贵州、四川、云南、陕西有关地区建立对口帮扶机制，对口四川泸州开展脱贫攻坚民主监督，并广泛开展城乡基层社区社会服务。麻建国每年都要去贫困地区开展帮扶和民主监督，致公党江苏省委会领导班子成员率领党员专家、企业家进入边远和高寒山区的民族乡村和其他贫困地区，进村入户、登山攀岭，现场看生活，实地看种养殖，主动对接帮扶，了解扶贫政策落实情况，与村民、村干部和驻村工作人员促膝交谈，开"院坝会"听取意见、宣讲政策和提出发展建议，并把意见建议提交致公党中央，工作得到致公党中央的肯定和好评。

"这些品牌工作使得我们履职更加有抓手，同时也让党员走出自己的书斋、走进社会，在更广阔的天地里施展才华。我更看重'三大工程'

2019年7月24日，麻建国率队赴常州督办发展适老化改造产业实现居家养老提案

履职平台对于自身建设的促进作用。"麻建国认为，统一战线本质上是做人心工作，民主党派要组织更多的人为执政党分忧、为国家尽责，充分调动他们的积极性，着力凝聚共识，形成力量，这体现了统一战线的真谛。

## 坚定信念　谱写新篇

"党派工作与政府工作不同，政治性、政策性强，要求政治清醒，立场坚定，理论扎实，方法细腻。"坚持读领袖著作和中共党史文献，从中获取政治养分和工作方法，是麻建国从事党派工作以来的习惯。"来党派机关工作后，我再次通读了《毛泽东选集》《邓小平文选》等著作，从领袖论述中寻找立场、观点和方法，尤其是党派工作的方法和思路。同时，厘清中国革命、社会主义建设和改革开放的轨迹，提高自己的政治能力和水平。通过读习近平总书记系列重要讲话，搞清楚新问题、新形势、新对策和新部署，指导自己的履职。"

2020年11月3日至6日，麻建国率部分省政协港澳委员和海外特邀代表人士赴陕西调研"做好向西开放文章，加快构建国际物流大通道，更好助推'一带一路'交汇点建设"。图为调研西安港中欧班列营运中心

他说，第二次世界大战结束以后，世界社会主义运动蓬勃发展，最兴盛时期曾经有一百多个国家有共产党，但二十世纪八九十年代纷纷发生变化，而唯有中国共产党取得了辉煌成就，形成了"风景这边独好"的"中国道路"。中国共产党能够取得举世瞩目的胜利，除了无数共产党人在革命战争年代敢于流血牺牲，在建设和改革时期甘于无私奉献，最关键的是党的理论的成功。而中国共产党理论的成功，就是坚持马克思主义基本原理与中国革命、建设和改革的具体实践相结合，形成了毛泽东思想和中国特色社会主义理论体系。

麻建国说，习近平新时代中国特色社会主义思想是中国共产党在新时代的最新理论成果。进入新时代以后，世情、国情、党情都发生了巨大的变化，以习近平总书记为代表的共产党人把握世界发展大势和经济社会发展规律，针对"两个大局"环境下党和国家要完成的一系列大事，提出了一系列新思想和科学论断。要全面适应百年未有之大变局，完成党在新时代所承担的历史使命，唯有始终坚持以习近平新时代中国特色社会主义思想为指导才能取得成功。

任何一个理论都必须站在实践的基础上，只有顺应新的历史条件、新的历史背景，才能成为正确的理论。十八大以来我国取得了历史性成就，麻建国感到，之所以取得这么辉煌的成果，特别是疫情防控、应对国际复杂形势和推动高质量发展取得重大战略成果，脱贫攻坚战取得全面胜利，全面建成了小康社会，最根本的就是坚决遵循以习近平同志为代表的新一代共产党人提出的一系列新的理论、方针和策略。实践证明了这一系列思想理论的正确性和对实际指导的适用性。在全面建设社会主义现代化新征程上，我们只有坚持用习近平新时代中国特色社会主义思想武装头脑、指导实践、推动工作，才能取得新的全面胜利。

麻建国认为，在新的历史时期，中国新型政党制度必将大有可为，大有作为。"历史证明在中国搞多党制是失败的，国民党搞一党独裁也是失败的。只有中国共产党成功探索了新的政党制度，就是中国共产党领导的多党合作和政治协商制度，是最适合中国政治土壤、文化基因和中国经济社会发展水平，最适合中国国情的政党制度。这一制度过去和现在有效，将来也必将发挥更大的作用，因为立足新发展阶段，贯彻新发展理念，构建新发展格局，更需要各阶层、各界人士、全国各族人民的同心同德，更需要新型政党制度作为压舱石，这是实现'两个一百年'奋斗目标、实现中国梦必不可少的政治保障和制度保障。"

习总书记高度关注民主党派自身建设，提出了"四新""三好"的总体要求，希望民主党派建设中国特色社会主义参政党。中国共产党的百年历程积累了宝贵的历史经验，中国共产党二十大又将指明新的前进方向。在谈到进一步做好致公党江苏省委会的工作时，麻建国说，要以习近平新时代中国特色社会主义思想为指导，坚持以中共为师，继续抓好自身建设。"坚持发展完善新型政党制度不是虚的，新型政党制度离不开中国共产党的领导，也离不开我们各民主党派的共同参与。各级民主党派组织是不是有战斗力、有影响力、有凝聚力的集体，直接影响到新型政党制度的效能。民主党派只有不断加强自身建设，提高自身素质，才能更好地适应新型政党制度建设和发展。"

在谈到对下一届省委会工作的建议时，麻建国说，时代在发展，事物在运动。"两个大局"下，面临更多的新情况、新挑战，民主党派也将承担新的使命和任务。新一届班子的工作要适应这些变化，"与党同心、爱国为民、精诚合作、敬业奉献"，坚持守正创新，把好的传统承接下来，并开创新的局面。通过持续努力，建设高素质的参政党地方组织，为新型政党制度的发展作出更大贡献。

谈到党派发展，麻建国一连讲了几个小时。笔者也近距离地接受了深度的理想信念教育。我们有理由相信，在致公省委会领导班子一班人的推动下，在全省致公党党员的齐心协力下，江苏致公在多党合作的大家庭中一定能够谱写更加精彩的时代新华章。

（徐筱）

# 初心如磐　笃行致远

——记江苏省住房和城乡建设厅厅长，九三学社江苏省委会主委周岚

周岚，女，1965年出生，汉族，南京人。1990年5月参加工作。2013年加入九三学社。同济大学工学硕士，英国伦敦大学学院（University College London）理学硕士，清华大学博士，研究员级高级规划师。现任江苏省住房和城乡建设厅厅长，九三学社第十四届中央委员会常委，九三学社江苏省第九届委员会主委，江苏省欧美同学会会长。先后担任第十一届、第十三届全国政协委员，第十二届全国人大代表；南京市规划设计院副院长，南京市规划局局长助理、副局长、局长。主持规划与实施项目先后获得联合国人居奖特别荣誉奖、国际改善居住环境百佳范例奖、中国人居环境范例奖、国际城市与区域规划师学会"规划卓越奖"、全国优秀规划设计奖一等奖。主讲的课程被中共中央组织部列为"学习贯彻习近平新时代中国特色社会主义思想全国好课程"，撰写的提案获评"全国政协2020年度好提案"，个人及提案先后被中央统战部评为"为全面建设小康社会作贡献"的先进个人，及"为全面

建成小康社会作贡献"的建言献策优秀成果。

裙衫飘飘总伴着步履匆匆，外表娇小但透着自信从容，话语温和又不乏坚定，好似永远都有用不完的能量。周岚常说，"我们有幸赶上了中国发展的盛世，赶上了中国城市规划的最好时代，赶上了大量建设的黄金时期，一定要感恩珍惜并用专业努力回馈"。她真诚的话语中，道出了对党、对国家的感恩心和强烈的社会责任感，也传递着她对事业一贯的热爱追求和求问真理不止的人生态度。这就是现任九三学社江苏省委会主委、江苏省住房和城乡建设厅厅长周岚。

## 秉持规划理想　绘制家乡蓝图

南京，江苏省会，重要的区域中心城市。同时，又是六朝古都、国家首批历史文化名城。1983年，抱着"为家乡绘制最新最美图画"的理想，周岚如愿考上了同济大学建筑系城市规划专业。入学前的那一年暑假，她跑遍了南京城，先后造访了石头城、秦淮河、总统府、中山陵等地，努力以自己想象中的"规划师视角"观察家乡，这也是她成为城市规划专业人士的起点。

1990年，在同济大学完成城市规划本科和研究生阶段学习之后，周岚回到家乡在南京市规划设计院工作。她工作极为踏实认真，一步一个脚印。因专业业绩突出，规划设计项目多次获奖，两次获得全国青年城市规划论文竞赛最高奖，她于1996年破格获得高级规划师职称，并先后被表彰为南京市中青年拔尖人才、南京市青年"十行百杰"、江苏省有突出贡献的中青年专家、江苏省三八红旗手、人事部等七部门组织实施的"百千万人才工程"培养对象。1998年至1999年，受国家派遣，她赴英国伦敦大学学院攻读城市发展规划理学硕士。心怀报国志，不惧万里行。以优异成绩学成归国后，她先后担任南京市规划局局长助理、副局长。2003年起，担任南京市规划局局长，成为改革开放后南京市第一位担任政府组成部门正职的党外干部。2008年起，周岚担任江苏省建设厅（即现住建厅）厅长，又成为改革开放后江苏省第一批政府组成部门的党外正职领导。其间，师从荣获"国家最高科学技术奖"的两院院士吴良镛教授学习，再获清华大学建筑学博士，并因专业成就和学术影响力，先后担任中国城市规划学会副理事长和中国建设学会副会长。

"用规划的理想精神认真对待工作，做一个有用于国家和社会的专业人士。"这是周岚的人生理想和生活态度。工作之后，她利用每一个规划建设实践的机会，"学习—实践—总结，再学习—再实践—再总结"，多项目的锻炼、多岗位的历练，帮助她实现了专业能力的螺旋形上升。她主持的规划设计与实施项目多次获得部优、省优、国优，其中南京秦淮河风光带规划与实施项目获得联合国人居奖特别荣誉奖；南京明城墙风光带规划与实施项目获得中国人居环境范例奖；南京城市总体规划、南京老城保护和更新规划获得全国优秀规划设计一等奖；南京城市总体规划调整获得江苏省优秀规划一等奖、中国城市规划学会创新奖；南京老城控制性详细规划整合获得江苏省优秀城乡规划设计一等奖。

专业、谦和、优雅同时又执着、坚定、果断，这是周围人对周岚的评价。担任南京市规划局局长期间，面对社会各界对城市规划的高度重视和日益繁重的大量工作，她提出"关注四种角色、建立三个机制、完善两套制度、锻炼一支队伍"的"4321"规划工作改革思路，以及以公共利益、历史文化和环境特色保护为刚性管控核心的"6211"规划体系构建思路。她自己在专业上带领、在工作上带头、在为人上示范，以身作则团结带动影响一班人，不分昼夜为南京城市规划美好蓝图的实现而奋发努力。2008年在南京获得联合国人居奖之后，《现代快报》曾以"这里有一群人，他们为南京规划未来"为题，整版纪实报道了南京市规划局为推动城市走向世界、获得殊荣所作的努力和贡献。

改革开放四十年之际，2018年南京市规划局组织编写了《南京城乡规划40年访谈录》，专辑中周岚以"名城'变'与'不变'背后的规划坚守"为题，梳理回顾了亲历的南京外秦淮河综合整治、民国和近现代建筑保护、侵华日军南京大屠杀遇难同胞纪念馆规划建设、石头城历史文化胜景再现、钟山风景名胜区扩容和外缘景区建设等历程，她写道："南京的这些变化背后，有一条共同的线索，那就是作为历史文化名城，如何在快速城镇化进程中既保护好珍贵的历史文化遗产，又能抓住时代的机遇不断发展前进。"周岚没有展开介绍的是城市规划建设工作中常常会遭遇的发展和保护的价值冲突、利益矛盾以及艰难复杂的协调推进过程。今日的南京，兼有古都名城的历史文化魅力和区域中心城市的时代活力，应该说在这些的背后，有包括周岚在内的一代代规划建设者的坚持坚守和努力奉献。

南京的变化，是江苏以及中国城市发展进步的典型缩影。2018年5月周岚参加了全国政协主席汪洋主持召开的"历史文化名城名镇保护"专题协商会，她在发言中谈道："讨论当代历史文化名城保护，应当放在快速城镇化的背景中去考量。国家建立历史文化名城保护制度以来的36年，正是中国城镇化快速推进和城市建设大规模展开的时期。以江苏为例，从1982年到2017年，城镇人口仅增量就超过4 560万，相当于澳大利亚全国总人口的两倍。在经历快速城镇化进程之后，江苏目前仍保有最多的国家级历史文化名城、中国历史文化名镇和中国历史文化街区。"

到省住建厅工作之后，周岚在致力推动江苏城乡人居环境改善的同时仍不忘地域文化特色的塑造彰显。周岚说，江苏是江南文化的核心地区，"小桥流水人家"是中国人心目中美好江苏、宜居天堂的重要象征。在新时代的城乡建设过程中，我们要把家乡的美好人居意象传承好、发展好。在她的倡导下，早在2011年省住建厅就联合国家城市规划学会、

周岚和中国建筑设计研究总建筑师崔恺院士共同检查南京园博园工程项目

建筑学会、风景园林学会共同提出了《城市化转型期城乡空间品质提升和文化追求——2011江苏共识》。她建议省政府建立江苏省设计大师命名表彰制度，组织13个省辖市编制实施城市特色空间体系规划，编制实施大运河、环太湖、故黄河、沿长江等区域风景道路规划，组织推动省建筑创意设计大赛、建筑文化讲堂和省园艺博览会双年展，制定出台《江苏省小城镇空间特色塑造指引》《江苏省传统村落保护办法》。她推动江苏实施"美好城乡建设行动"，在全国率先推动美丽宜居城市建设和特色田园乡村建设，积极探索高强度发展背景下的城乡人居环境改善之道，推动走具有江苏特色的城乡统筹、集约生态、文化传承、美丽宜居的城乡建设发展道路。作为中国人口最密集、人均占地最少的省，今天的江苏拥有全国最多的人居环境奖城市和国家生态园林城市，苏州古典园林作为珍贵的世界文化遗产举世闻名，扬州是世界文化遗产大运河牵头申报城市，南京是世界文化遗产预备名录"中国明清城墙"牵头城市。2017年,周岚牵头编制的"江苏省城乡空间特色规划"项目获得国际城市与区域规划师学会"规划卓越奖";2018年《环太湖地区绿色生态空间规划》再获国际城市与区域规划师学会"规划卓越奖"。

## 坚持专业履职　推动社会进步

2008年,周岚刚到省住建厅履新,即遭遇"5·12"汶川地震。按照国家要求和江苏省委省政府部署,住建厅第一时间派出抗震专家到灾区进行房屋应急评估以减少次生灾害,同时迅速调集全省近万名建设者前往绵竹援建过渡板房。在四川绵竹灾区一线,周岚通宵达旦、忘我工作。作为建设者,她只有一个信念,以最快速度帮助受灾群众尽快住进安全、可遮风雨的过渡板房。在强调快速建设的同时,她还明确提出,"虽然是过渡板房,也要科学选址,合理规划,充分考虑抗震、消防及紧急疏散,确保安全"。经过江苏建设者夜以继日地奋战,仅用两个月,即完成近3万套板房的对口援建任务,是当时过渡安置区中规模最大的,让几万受灾群众有了安全的栖身家园。

2009年春节,四川省新闻频道对灾后首个春节的专题报道,即以"绵竹市民板房贴年画　震后首个春节年味浓"为主题。2009年5月汶川灾后一周年,中央电视台"心连心"艺术团赴四川慰问,演出会场也选在江苏对口援建的绵竹过渡板房安置区。在灾后重建阶段,江苏又组织了两百多名规划建设专家,对口帮助四川绵竹19个乡镇编制灾后重建规划和建设民生项目。今日的绵竹,实现华丽转身,城乡基础设施完善,城乡风貌多姿多彩,城乡居民安居乐业。巨大的前后反差,既来自绵竹人民的自强不息,也来自中央的关心关怀,还凝聚了江苏援建者的智慧心血。回望这段经历,周岚说:"四川灾后重建,是我难忘的人生经历,应急救灾中的磨炼和四川人的坚韧乐观让我锻炼成长。"

"安得广厦千万间，大庇天下寒士俱欢颜。"在周岚的心目里，百姓安居问题事关中国人千百年的人居理想。保障房建设，不能止于为低收入住房困难家庭解决眼前困难，更事关社会公平，需要"系统化设计、制度化安排、规范化建设和长效化推进"。在她的建议和推动下，江苏在保质保量完成国家下达的保障房建设和棚户区改造任务的同时，率先探索构建长效住房保障体系，设立了包含保障房覆盖率、棚户区改造覆盖率、服务网络健全率、制度完善程度、住房公积金覆盖率等在内的综合指标，并将住房保障体系健全纳入省"全面建设小康社会指标体系"，对市县实施动态考核。"十三五"期间，江苏累计实施棚户区改造 130.33 万套，近 400 万群众"出棚、解危、安居"。自 2018 年国务院对"落实有关重大政策措施真抓实干成效明显地方予以督查激励"以后，江苏棚户区改造工作连续 4 年受到国务院表彰。

随着中国人口老龄化程度的不断加深，周岚以专业的敏感认识到老旧住区适老化改造的迫切性，先后以全国人大代表、政协委员身份积极建言献策，同时在江苏省内积极推动适老住区建设试点。2015 年江苏省政府办公厅印发《关于开展适宜养老住区建设试点示范工作的通知》，率先探索"居住宜老、设施为老、活动便老、服务助老、和谐敬老"适老住区建设路径。在谋划"十三五"住房规划时，她提出要建设全民共享的安居体系、配套完善的适居服务和品质优良的宜居环境的"三居递进"新目标，致力推动江苏率先从"住有所居"向"住有宜居"转变。

2008 年，借南京主办第四届世界城市论坛之际，周岚超前提出推动江苏建设 21 世纪可持续家园的"HOME"目标，"HOME"既是家园，也是社会和谐（Harmony）、经济繁荣（Opulence）、文化多元（Multi-culture）、生态友好（Eco-environment）英文首字母组合。为推动"HOME"理念的实施，江苏从推进强制性建筑节能入手，将新建建筑节能要求落实至城乡规划许

2021年，周岚厅长在南京江宁江苏园博园现场

可、建筑方案审查、建筑施工许可和房屋竣工验收等基本建设程序各环节；大力推广可再生能源建筑一体化运用，率先出台《关于推进节约型城乡建设工作的意见》，将资源节约、环境友好、生态宜居的理念从建筑单体拓展到城乡规划建设的全领域。2015年全国首部省级《江苏省绿色建筑发展条例》正式施行，标志着江苏绿色建筑发展从典型试点示范到立法全面推广的根本转变。2021年省住房和城乡建设厅又率先在全国建设行业出台《关于推进碳达峰目标下绿色城乡建设的指导意见》。经过多年努力，江苏目前保持全国节能建筑规模最大、绿色建筑数量最多、新建建筑绿色建筑占比最高的领先地位。"江苏省推进节约型城乡建设实践"获中国人居环境范例奖，"江苏省可再生能源建筑推广运用"获联合国人居署国际改善居住环境百佳范例奖，她个人也因推进绿色建筑的突出贡献获得全国绿色建筑实践奖。

中国要美，农村必须美。受城乡二元结构影响，中国城市和乡村差异巨大。为改变农村环境脏乱差的状况，江苏"十二五"期间实施"村庄环境整治行动"，目标是通过集中的整治行动普遍改善乡村环境，并带动资源向乡村流动，促进城乡发展一体化。这项工作涉及全省近19

万个自然村,省政府专门成立了由18个部门组成的村庄环境整治领导小组,周岚作为江苏省村庄环境整治领导小组办公室主任,提出民生工程必须好事办实、实事办好,好事办实要紧紧依靠基层和群众,而实事办好要发挥专业智慧。在她的倡导下,江苏村庄环境整治工作从乡村调查做起,住建厅组织省设计大师和专家学者300多人,分赴254个乡镇283个村庄,深入了解乡村现状和农民真实愿望,根据农民意愿确定村庄整治重点:整治尽量不动农民房屋,重点改善村庄公共环境卫生和基础设施条件,同时强调因村施策,保护传统村落,彰显乡村特色。通过努力,"十二五"期间江苏完成了18.9万个村庄的环境综合整治,实现城镇规划建成区外所有自然村的全覆盖,普遍改善了农村的人居环境,得到农民的普遍欢迎。在2015年江苏省生态文明建设百姓满意度调查中,村庄环境整治满意率达到88.8%,居各项调查结果前列,江苏村庄环境整治行动获得中国人居环境改善范例奖。

2014年12月,习近平总书记到江苏视察,对江苏城乡人居环境整治工作给予了充分肯定,要求江苏把城乡环境综合整治坚持不懈地抓下去,"走出一条经济发展和生态文明相辅相成、相得益彰的路子"。按照习总书记的要求,周岚又深度参与了江苏省城市环境综合整治931行动的制定和实施,先后推动开展了江苏村庄环境整治改善行动、特色田园乡村建设行动以及苏北地区农民群众住房改善工作。因江苏乡村建设工作符合地方实际、深受农民欢迎、建设实施效果好,2021年被中央一号文件督查组评价为"深受基层干部欢迎,农民群众满意率高,走出了一条美丽宜居乡村与繁华都市交相辉映、协调发展的江苏路径""为全国贡献了新型城镇化与乡村振兴协同发展的江苏样板"。基于多年实践,她牵头完成的专著《城乡协调发展与乡村建设》,作为住房和城乡建设部重点课题成果,被中组部列入2020年《学习贯彻习近平新时代中国特色社会主义思想全国好课程推荐目录》。

为深入贯彻落实习近平总书记关于美丽中国建设要求和以人民为中心的发展思想，周岚带领团队系统谋划推动美丽宜居城市建设，围绕人民心目中的"美丽""宜居""城市"三个关键词，提出推动建设"三美与共、三居递进、三城协同"的美丽宜居城市："三美与共"是指环境优美、人文醇美、建设精美，"三居递进"是指安居体系、适居服务、乐居家园，"三城协同"是指健康城市、魅力城市、永续城市，兼顾外在与内涵、现在与未来。江苏由此成为住房和城乡建设部首个美丽宜居城市试点省份。2020年11月，习近平总书记到江苏视察时，考察的南通五山地区滨江片区和扬州运河三湾生态文化公园都是省美丽宜居城市建设试点项目。按照中央十九届五中全会"城市更新行动"的部署要求，在美丽宜居城市建设试点实践的基础上，江苏又率先制定下发实施城市更新行动的指导意见，推动实施既有建筑安全隐患消除、市政基础设施补短板、老旧住区宜居改善、低效产业用地活力提升、历史文化保护传承、城市生态空间修复、城市数字化智慧化提升等七项工程，旨在通过城市更新行动进一步推动新型城镇化和城市现代化建设走在全国前列。

周岚说，中国的城镇化，给全国的规划建设者都创造了最好的时代机遇，这是规划建设人千载难逢的机会，机不可失、时不再来。在百年未有之大变局中，我们要按照总书记的要求，推动形成"中国特色、中国风格、中国气派"的城市规划建设理论，对国际社会讲好中国故事。全国科学技术最高奖获得者、两院院士吴良镛先生在百岁之际对学生的工作给予充分肯定并寄予厚望，亲笔为江苏城乡建设寄语题词："历史上，江苏既是物产丰盈、财力充沛之富饶之地，也是人才辈出、艺文昌盛的人文渊薮。进入新时代，更宜传承弘扬江南文化，创建江南建筑学派，为人民建设美丽宜居城市和特色田园乡村，绘就美丽中国的江苏画卷。"

# 心怀国之大者　积极建言献策

作为第十一届、第十三届全国政协委员，第十二届全国人大代表，周岚积极用好履职平台，按照习近平总书记"会协商、善议政"的重要指示，以及"建言建在需要时、议政议到点子上、监督监在关键处"的期望要求，始终围绕"国之大者"，坚持从专业出发建言献策，讲真话、讲实话、讲准话。

2018年3月，在深入调查研究的基础上，周岚向全国政协提交了"破解'胡焕庸线'，优化中国城镇化区域空间格局""在乡村振兴过程中高度重视传统村落和农业文化遗产的保护利用""完善国家高速公路标识体系、彰显中国地域文化特色和生物多样性"三个提案。她提出的"破解'胡焕庸线'"的提案建议被遴选为全国政协联组讨论会的重点发言材料，得到全国人大常委会委员长栗战书同志的表扬肯定。

2018年5月，全国政协双周协商会以"历史文化名城名镇保护"为主题。由于周岚扎实的专业功底和多年的保护实践，她受邀作重点发言。

2019年6月26日，周岚赴盐城东台调研特色田园乡村建设工作

针对新时代的中国历史文化名城名镇保护问题，她的发言和建议得到了全国政协主席汪洋同志的肯定认同。

2019年3月，周岚提案建议"结合全国人口普查开展房屋调查工作"，这一建议在随后2020年开展的第七次全国人口普查工作中得到积极采纳。同年，周岚作为党外人士参加了中央党校中青班干部学习培训。她在深入系统学习习近平新时代中国特色社会主义思想的基础上，撰写了中央党校毕业论文《关于"坚持房子是用来住的，不是用来炒的定位"的几点思考》，围绕贯彻落实总书记"房住不炒"的重要指示，她针对现实矛盾和存在问题，提出了五条针对性可操作建议，以结合自身实践的实际行动践行做"习近平新时代中国特色社会主义思想的坚定信仰者和忠实实践者"。该论文获得了该届中青班学员的最高分。

2020年3月，针对新冠疫情防控的公共政策完善，周岚建议"将'体育馆改造为临时医疗中心'作为国家公共卫生应急储备选项"。周岚这一建议，基于对江苏大中小三种不同类型体育场馆改造的实证研究，分析深入、针对性强、建议易操作、可复制，被全国政协迅速采用并即时转化为提案，分送生态环境部、应急管理部、国家卫健委和国家体育总局。2020年，在国办关于加强全民健身场地设施建设的意见中，"推广公共体育场馆平战两用改造，强化其在重大疫情防控、避险避灾方面的功能"已成为明确的国家公共政策。2022年新一波疫情来袭，周岚牵头组织完成的《公共卫生事件下体育馆应急改造为临时医疗中心设计指南》在长三角多个城市临时医疗中心建设中得到有效运用。

2020年9月，习近平总书记在第七十五届联合国大会一般性辩论上向国际社会作出"二氧化碳排放力争于2030年前达到峰值，努力争取2060年前实现碳中和"的郑重承诺。围绕绿色发展主题，周岚在全国两会多次提交相关建议提案，2012年提交的"政府投资项目应率先建设绿色建筑"的提案，在2020年国家七部委联合印发的《绿色建筑创建行动方案》中得到采纳并实施。围绕加强城市地下管网建设，周岚早在 2011 年就提出了"建设市政共同沟"的提案，2018 年再次提出"加强城市地下基础设施建设"提案，2022 年进一步建议健全完善城市地下综合管廊有偿使用制度。前不久总书记亲自批示关心城市地下管网的改造，要求"十四五"期间要把管道改造和建设作为重要的基础设施工程来抓。

2021 年 3 月，针对中国老龄化社会程度的日益加深，周岚在全国两会建议将无障碍设施建设作为"十四五"规划的重要内容加大推进力度，并将其作为全国文明城市重要衡量指标。同时围绕城市房屋安全，周岚提出"统筹发展和安全，将房屋安全状况纳入房产交易、抵押和不动产登记管理"的提案；围绕乡村农房安全，周岚提出了"围绕农民之关切，尽快理顺农房建设管理机制"的提案，针对农房建设多头管理的现状，建议国务院颁布"农房建设管理条例"。

2021 年，全国政协提案委员会组织开展了全国政协 2020 年度好提案评选。周岚提出的《关于鼓励市场力量参与城镇老旧小区改造的提案（0375号）》被评为全国政协 2020 年度 60 篇好提案之一。同年该提案获评"各民主党派、工商联、无党派人士为全面建成小康社会作贡献"的 50 项建言献策优秀成果之一。

## 传承九三精神　同心同德同行

"九三学社是因纪念 1945 年 9 月 3 日抗日战争和国际反法西斯战争胜利而命名，因此爱国和推动中华民族复兴是流淌在九三学社血液中的家国理想和情怀"，周岚常常这么介绍九三学社。九三学社七十多年来始终坚定地同中国共产党想在一起、站在一起、干在一起，为中国的革命、建设和改革事业作出了积极贡献，这是九三学社的光荣，是全体九三人的光荣。"回顾历史，我深深体会到，爱国、民主、科学是融入九三学社血脉的理想信念和价值追求，在中国共产党的领导下，共同推动国家富强、民族复兴、人民幸福，是中国共产党领导的多党合作事业的初心所在"，周岚感慨。"当前的中国处于百年未有之大变局中，正面临中华民族伟大复兴的关键时刻，九三学社作为以科学技术界高、中级知识分子为主的中国特色社会主义参政党，要大力弘扬九三学社的优良传统，发挥界别优势，与党同心同德、同向同行，共同推动祖国更加繁荣富强。"

在她的带领下，九三学社江苏省委会先后组织全省社员深入开展"弘扬爱国奋斗精神，建功立业新时代"活动、"不忘合作初心，继续携手前进"主题教育活动、"五史"特别是中共党史学习教育活动，通过学先贤、学楷模，增强全省社员的爱党爱国爱社情怀以及社会责任感和奉献精神，激励社员投身中华民族伟大复兴实践。

2020年9月，围绕"弘扬九三精神认真参政议政"主题，周岚在社中央青工委组织的青年骨干培训班上与全国九三青年交流时谈道，"做任何事情，都要坚持九三的科学精神，都必须唯实"。这是周岚自身履职实践的体会，也是对社省委会参政议政工作提出的要求。她重视围绕中共党委和政府的中心工作做好调查研究和建言资政工作，明确要求每位社省委会常委、各设区市主委每年都要牵头完成一份高质量的重点调研课题。2017年2月，周岚带领的九三团队在深入研究基础上提出"将江淮之间'七湖'水网地区打造成江苏永续'绿心'"的建议。2017年9月江苏省委省政府召开江淮生态经济区建设现场推进会，会上明确提出"把这一区域湖群水网的水韵充分展现出来，构建江苏永续发展的'绿心'"。之后，永续"绿心"的建议又被纳入江苏省委省政府《关于深入推进美丽江苏建设的意见》，写入《江苏省国民经济和社会发展第十四个五年规划和二〇三五年远景目标纲要》之中。2018年她向江苏省政协提交了"关于建设大运河国家遗产廊道"的建议，建议建立由线到面的运河遗产保护体系。她的提案被列为省政协年度重点督办提案，推动了江苏在大运河国家文化公园建设进程中走在全国前列。2020年，在九三学社十四届十次中常会上，周岚代表江苏九三作了《发挥信息前哨作用 展现九三责任担当》的经验介绍。2021年，江苏九三学社再次获得九三中央信息工作一等奖，她个人亦再次获得九三学社中央信息工作贡献奖。

"人才是九三学社存在与发展的根本，我们要不断优化结构，推进自身建设，吸引更多人才集聚"。周岚高度重视九三学社组织建设，强调要发挥好领导班子引领带头作用。她主持召开主委会议暨理论学习中心组会议，认真领学习近平总书记的重要讲话精神，要求用习近平新时代中国特色社会主义思想武装头脑，凝聚共识。她主持召开社省委会领导班子谈心会、社省委会领导班子民主生活会，带头剖析作对照发言，推动党派工作不断改进。她要求认真开展警示教育，增强社省委会机关和社内廉洁自律意识，督促社内监督工作扎实开展。围绕组织发展，2018年社省委会八届六次常委会专题研究后备干部队伍、代表人士和领导班子建设工作，落实九三学社中央的"人才强社"战略，推动吸纳优秀人才入社。设区市社组织换届之前，周岚到各地深入走访，了解当地代表性人士情况，与地方党委统战部门沟通交流，提出省市联动改善工作意见。作为住建厅厅长，她经常到各地调研工作。每到一地，总是尽可能挤出时间，到当地九三基层组织走走看看，与社员交流沟通，为大家加油鼓劲。在她的团结动员和带领下，全省社员立足岗位建新功，为江苏九三各项工作走在全国前列作出了贡献。

"我们要在坚持和发展九三学社社会服务传统品牌的同时，围绕省委省政府的工作重点、经济社会发展难点、人民群众关注热点等，不断创新工作方式和工作载体"，这是周岚对江苏九三学社社会服务工作提出的新要求。江苏九三学社创建有"百名专家进乡村行动""亮康行动""九三科学讲坛"等一系列社会服务特色品牌。周岚要求，要积极探索社会服务的新方式、新载体、新途径，推动"百名专家进乡村"社会服务品牌从脱贫攻坚到乡村振兴的提档升级。她深入基层一线亲自推动开展"乡村振兴示范基地"建设，探索民主党派助推乡村振兴实现的新路径。2021年，苏南、苏中、苏北分别有不同类型的村庄入选九三学社中央首批"乡村振兴示范基地"，数量全国最多。

2020年，按照中共江苏省委、省政府部署和省委统战部的安排，社省委会对扬州、盐城两市创新开展安全生产专项民主监督行动。她参与指导实施方案制定，并到两地推动方案落地落实。社省委会工作组通过现场走访、调查摸底、交流座谈等多种形式，扎实推动了化工企业安全环保升级改造、建筑工地施工现场安全防护、道路交通安全整治及城镇燃气风险隐患、人员密集场所消防设施等难点问题的改进。在深入工作的基础上，向中共江苏省委提交了高质量的安全生产专项民主监督报告，推动了两市本质安全的提升，两市的安全生产事故率实现了大幅下降。

她心系贫弱，情牵脱贫攻坚，积极落实国家东西帮扶工作。贵州省黔南布依族苗族自治州贵定县是国家级贫困县，在周岚的推动下，九三学社江苏省建设委员会2017年起对贵定县盘江镇中落海村对口帮扶，经过"九三同行、苏黔同心"的共建推动，中落海村成为贵州省第七届小城镇建设发展大会的示范观摩点。2019年1月，九三学社江苏省委会与湖南长沙县开慧镇签订了战略合作框架协议。周岚表示，开慧镇是毛泽东主席的亲密战友和夫人——杨开慧烈士的故乡、湖南省首批爱国主义教育基地，江苏九三学社会竭诚发挥科技、人才和智力优势，助力推动开慧镇发展和乡村振兴。

在周岚主委的带领推动下，九三学社江苏省委会工作保持了在全国领先：九三学社江苏省委会获得社中央机关规范化建设先进单位表彰；五个"九三学社江苏省委会思想教育基地"入选"九三学社全国传

周岚（左二）赴扬州慰问看望全国"九三楷模"、江苏里下河地区农业科学研究所研究员程顺和院士

统教育基地"；九三学社中央组织全国"九三楷模"评选活动以来，江苏每届都有社员获得殊荣，是省委会中唯一的；连续多年获得全国九三学社信息工作先进单位一等奖，《江苏九三》获评九三学社中央"十佳社刊"，门户网站被评为社中央"十佳网站"，微信公众号被评为"十佳省级公众号"；依托遍布全省的75个专家工作站、10个专（工）委及多个"九地合作"平台，"十三五"期间先后派出专家1 900多人次，开展技术指导1 100多场次，发放资料1.3万多份，通过"亮康行动"为江苏患者开展白内障免费手术近3 600例，社会服务能力和影响力不断提升。

江苏九三学社的工作，得到了社中央的充分肯定。全国人大常委会副委员长、九三学社中央主席、中国科学院院士武维华在中共江苏省委统战部带队拜会时表示，他"对江苏九三学社的各项工作都是满意的"。全国政协副主席、九三学社中央常务副主席邵鸿在江苏召开的工作座谈会上指出，"江苏九三学社的各项工作都处在全国九三学社的第一方阵"。

2020 年 12 月，九三学社中央副主席、中国工程院院士丛斌代表九三学社中央率队赴江苏开展省级工作督导检查。在反馈意见座谈会上，丛斌对九三学社江苏省委会各项工作给予高度评价："2017 年换届以来，九三学社江苏省委会在周岚同志的带领下，以习近平新时代中国特色社会主义思想为指导，紧紧围绕中共江苏省委、江苏省政府中心工作，强化政治引领，不断加强自身建设，各项社务工作取得全面进步，领导班子团结进取，思想政治建设扎实推进，组织建设开创新局面，参政议政工作持续发力，社会服务工作扎实有效，机关建设效能不断提升。在围绕省委、省政府中心工作参政履职的同时，积极参与、承接了大量社中央重点任务，实施推进了一系列卓有成效的工作。"

谈到成绩，周岚总是很谦虚。她不止一次地说过，组织让她来到这个岗位，是对她的信任，更是对她的鞭策，责任重大，使命光荣。我们只有以党为师，与党同心同德、同行同向，努力工作，认真履职，才能不辜负党和国家的信任，不辱九三学社新时代的使命。

一路走来，周岚感想感受很多，交流中她说得最多的是"感恩"二字。她"感恩有幸身处中国发展最好的时代，现在的中国，与近代史中饱受屈辱的中国形成了鲜明的反差，一百年筚路蓝缕，一个极贫极弱的大国发生翻天覆地的变化，是中国共产党的坚强领导使然"。她感恩党对党外人士的特别厚爱和关心培养，她说，"正是在党和组织的一路教育、栽培下，为我提供了珍贵的学习机会和多样化的实践平台，我才得以从一名稚嫩的知识分子成长为相对成熟的党外干部，有机会参政议政，作为全国人大代表、政协委员，为国家发展建言献策。这一切，都得益于中国特色社会主义制度"。作为一名规划建设者，她感恩有机会亲历并深度参与改革开放以来中国快速城镇化和新型城镇化的实践，发挥专业所长，推动社会进步，作为知识分子"幸莫大焉"！

（严道存　黄跃耀　彭向荣）

## 魂牵梦萦家国情

——记江苏省人大常委会副主任、九三学社江苏省委会原主委许仲梓

许仲梓，1958年出生于江苏宜兴。1975年8月参加工作。1995年6月加入九三学社。历任张渚中学教师，南京化工学院硅酸盐工程系教授、博士生导师，南京工业大学材料科学与工程学院院长。现任江苏省第十三届人大常委会副主任，第十二届全国政协常委，全国工商联常委。曾任江苏省教育厅副厅长，南京市副市长，九三学社南京市第六届、第七届委员会主委，九三学社江苏省第六届、第七届委员会主委，第十届、第十一届全国政协委员，政协江苏省第十二届副主席，江苏省工商业联合会主席、江苏省总商会会长，曾获国家级有突出贡献的中青年专家、全国优秀教师、南京市首届"十大科技之星"、国家973重点基础研究项目首席科学家等荣誉称号。

# 一诺千金　不给子孙留包袱

"举世瞩目的三峡大坝工程、京沪高速铁路、南水北调工程、高等级公路等国家基础建设,投入的资金动辄成百上千亿,确保国家大型工程的安全和长寿命极其重要。如不能尽快攻克'碱集料反应'这个混凝土的'癌症'和其他病害,我国21世纪将成为国际上混凝土病害的重灾区,用于重点工程混凝土的维修和重建经费,每年可高达数百甚至上千亿元,对国力将是巨大的消耗。我们这一代科技工作者、工程技术人员,决不能给子孙留下一个沉重的包袱!"这是许仲梓于1995年8月在北京"九五"国家重大科技攻关项目"重点工程混凝土安全性研究"论证、立项会上的发言。这是一个关乎共和国基础工程百年大计的会议。"决不能给子孙留下一个沉重的包袱!"为了这句承诺,三十多年来,无论在哪个岗位,无论到任何地方,他都坚守在科研一线,时刻牢记自己的使命;为了这句承诺,他带领他的团队不辞辛苦、顶风冒雪,踏遍了祖国的山川河流,发掘新材料,为国探宝;为了这句承诺,他在身兼数职、公务繁忙的空隙,依然抽出时间带着学生埋头实验室搞研究,记不清多少个披星戴月,忙碌到东方吐白。

功夫不负苦心人。许仲梓的团队,在传统水泥混凝土材料、新型功能复合材料以及激光与物质相互作用基础理论等方面取得了丰硕的研究成果,在重点工程混凝土安全性研究方面为国家作出了重大贡献。因为成果突出,他主持的项目曾获国家科技进步奖二等奖1项、省部级科技进步奖一等奖3项、国家"九五"重点科技攻关优秀成果奖等奖10多项,他本人获全国优秀教师奖章,2002年和2006年分别在传统材料领域和新材料领域两个国家973项目中任首席科学家。这些荣誉和战略科学家任务的背后,无不浸透着他刻苦钻研洒下的辛勤汗水。

## 筑梦未来　有志者事竟成

　　许仲梓1975年高中毕业后回乡务农，当过农民、电工、民办教师。两年难忘的知青生涯锻炼了他吃苦耐劳的意志。1977年国家恢复高考制度，他是其后第一批考上大学的知青，是同班考上的三个学生之一。填报志愿时，他报的是喜欢的数学专业，其他两个同学拿到录取通知书好久了，他还迟迟没有收到，并做好了再次参加高考的准备。就在这时，南京化工学院（1995年更名南京化工大学，2001年更名南京工业大学）水泥专业的录取通知书姗姗来迟，而他并没有多么开心，当时的他并不理解水泥专业会学习些什么。

　　许仲梓于1978年3月进入南京化工学院硅酸盐工程系学习，从此开始了研究水泥之路。本科四年转眼而过，通过系统学习，他对水泥混凝土专业有了深入的了解。他开始对研究水泥着迷，还准备考本专业的研究生。由于本科成绩出色，他被录取为首届攻读南京化工学院硅酸盐工程系无机非金属材料专业的硕士研究生。研究生毕业后，由于成绩优秀，留在了母校担任教师。稳定的工作、可观的收入并没有使他安于现状，1985年3月，他考取了唐明述教授的博士生，毕业后被导师留在南京化工学院硅酸盐工程系担任助理研究员。

　　宝剑锋从磨砺出，梅花香自苦寒来。读博期间，他与毕业于南京师范大学音乐系的宜兴同乡潘亭亭喜结连理，清贫的小家庭不久后又迎来了可爱的女儿。可他却没有时间与当时远在常州武进的娇妻爱女共享天伦之乐，甚至没有能力给她们经济上的帮助。搞科研，他几乎没有在深夜两点前睡过觉。当时，博士生的生活费一个月才40多元，勉强够他自己的学业和生活开支，家庭经济开销由妻子独力承担。学业和经济的双重压力，使他难以承受——一米七几的个子，体重竟不到100斤。他时常用写字台抽屉的一角顶着胃部，这是他与发作的胃炎抗争的习惯性动作。唐教授和师母看在眼里，疼在心里，时常想办法给他补充营养。今天带给他一根香肠，明天带来几块蛋糕，说是家里吃不完，其实许仲梓心里明白，导师是在有意给他增加营养，这生活中的点点滴滴照顾，更增加了他攻克水泥难题的信心。

1988年南京化工大学首届博士毕业生论文答辩委员会的阵容，使首位答辩者许仲梓望而生畏。我国水泥混凝土学科的四大权威都来了，答辩的主任委员是吴中伟教授，上海同济大学的黄蕴元教授坐着轮椅、带着氧气袋来到答辩现场。这几位严厉的判官，对许仲梓的研究成果给予了充分的肯定，为他走向硅酸盐国际学术界奠定了基础。

在许仲梓的研究生涯中，终生难忘的是在1995年的"九五"国家重大科技攻关项目"重点工程混凝土安全性研究"的论证、立项会议上。作为该项目建议书的起草主笔者，他在面对一张张惨不忍睹的照片时，无比震惊，那是一张张混凝土工程的病态面目，原以为是万年不坏之躯，哪知竟是这般脆弱，像游动莫测的电闪雷鸣，像粉碎性骨折的X射线图片。它潜伏于大坝、桥梁、机场、大厦、港口，或悄无声息地作祟，或借故滥施淫威，混凝土工程丧失安全性还会直接危及生命……面对混凝土工程安全性的严峻现状，他禁不住热血沸腾，责任和使命在肩，他不得不说。许仲梓向专家组汇报项目总构思，说到动情处，他的发言愈来愈急切，最后竟变为慷慨陈词了。这次会议的专家组组长、我国水泥混凝土学科的第一位院士、清华大学吴中伟教授，情不自禁地投来赞许的目光。他的导师、中国工程院院士、南京化工大学唐明述教授，此刻也露出了欣慰的笑容。

共和国基础工程的百年大计，牵动着新老两代科学家的心，论证一致通过，并呼吁不懈努力、连续攻关。把碱集料反应当作首要重点，务求基本解决；其他主要安全因素，诸如耐腐蚀和磨蚀性、抗冻性、耐钢筋锈蚀性、动力安全性等，也要进一步研究。原国家计委随即批准立项，5年分期投入1 260万元研究经费，并将其作为"九五"国家重大科技攻关项目中的优先项目立即启动，一支由国家建筑材料工业局（2001年被撤销）牵头，五个部属研究院、两所高校的专家组成的攻坚队伍，终于集结在向混凝土病害发起冲锋的阵地上。

有志者事竟成。许仲梓终于笑了，为他痴情的事业在更高的层面上有了一个新的生长点而欣慰，更为共和国千秋大业的基础建设工程的未来开怀！

## 归心似箭　立志报国终无悔

1990年10月，获得博士学位后的许仲梓，作为交换学者远渡重洋到加拿大多伦多大学、加拿大国家科学院担任客座研究员。与著名材料科学家胡顿（R. D. Hooton）教授进行合作科研。这次踏出国门，他暗暗下定决心：一定要争光、争气，为导师，为母校，为祖国！凭着"土"插队时磨炼出来的不怕艰辛的精神，他开始了"洋"插队生涯。万家灯火时，他在实验室埋头研究；周末别人休息时，他的研究仍在继续。那充满着异国情调的夜生活，那雅趣横生的远足，都被他拒之门外。

经过近一年的严格科学试验和潜心理论研究，对于碱在各种机理下的迁移及其对碱集料反应的影响、水泥混凝土中二次钙矾石的形成机理和破坏作用，他均取得了突破性进展：对公认的国际混凝土安全碱含量（ASTM）标准提出了重要修正，被加拿大列为最新国家标准。成果公布后，受到国际著名科学家罗伊（D. M. Roy）和戴蒙德（S. Diamond）等的高度认可。他为祖国争了光，可内心深处却不时冒出遗憾：我国有个不光彩的第一——水泥碱含量国际第一，最急需确立碱含量国家标准的，应该是祖国。

1991年11月，许仲梓被加拿大国家科学院建筑研究所材料室主任博多因（J. J. Beaudoin）教授聘为客座研究员。从此，加拿大国家科学院建筑研究所的每扇大门都对他开放。他向Beaudoin教授请教研究方向，教授的回答是："你是有建树的博士，研究什么，一切由你自己决定。"于是，许仲梓选定了"水泥混凝土材料的疲劳和断裂""多孔胶凝材料的交流阻抗技术"两大课题，一个由博士生、博士后组成的黄金搭档小组当即开始攻关。

"水泥材料有高频电阻半圆（在复平面上）"的命题是英国人最先提出来的，后来美国西北大学逐渐占据了领先地位。许仲梓涉足这一领域后，从实验设计到具体实验步骤，提出了全新的构想，取得了令合作者刮目的成果：他从电化学原理出发，推导出一系列理论公式，确立了定量关系，从现象到理论都形成了一套完整的方法，并在多种多孔材料系统得到了应用，该成果被加拿大高技术材料研究网公认为领先于标志国际水平的美国西北大学。加拿大国家科学院规定，研究员每年要在国际权威杂志上公开发表3篇论文。许仲梓在半年的客座研究员工作中，不但在成果质量上创造了奇迹——属于国际领先水平，而且在成果数量上创造了奇迹——12篇论文全被国际权威杂志 *Cement and Concrete Research*（《水泥与混凝土研究》）发表，这在加拿大国家科学院引起了轰动，Beaudoin教授赞叹不已："许博士是一位优秀的科学家。"半年的合同到期在即，成绩出色的他被加拿大老板极力挽留。

当时适逢加拿大经济不景气，本国的大学生、博士生想找份工作也不容易，异国人想在那里立足更是难上加难，但当时加拿大移民政策却是最宽松的，像许仲梓这样难得的人才，想要拿到加拿大绿卡易如反掌。科研条件的优越，当时的国内不可比。月薪比国内同级别的老师高出数十倍。当时联合国评定最适合人类居住的国家，加拿大名列全球第一。但是，许仲梓一心想尽快回国，为祖国效力，压根没有拿绿卡的念头。回国前夕，许仲梓与友人畅游位于加、美两国交界处的尼亚加拉瀑布，那令人叹为观止的壮阔飞流，那随着季节而变幻的七彩枫叶，那刻意保护的原始森林，那未受任何污染的生态环境，确实让人流连忘返。但是，心系祖国、情牵故乡，他的梦想是破解我国"水泥碱含量国际第一"的难题，他不能忘怀报效祖国的责任。他本可以带着夫人一起出国，但是，他怕西方的生活方式影响到夫人，从而动摇他回国的决心。为了早日学成回国，他宁愿过着三点一线的苦行僧式的学习生活。

Beaudoin 教授见挽留无效，动情地对他说："我理解您对祖国的感情，看来是实在留不住您了。但我要忠诚地向您表示，只要您愿意来，什么时候我们都欢迎。"面对盛情挽留，许仲梓表示非常感谢，但仍归心似箭，在从加拿大回国的国航飞机上，形单影只的他心里翻腾着巨浪，为祖国干一番事业的雄心壮志在他的内心升腾。当年出国留学时，是一个团的青年学者，其中多数留在了国外工作。现今，当年踌躇满志的同学们大都退休了，谈起世事变化，他们无不惊叹中国的发展和巨变。许仲梓自豪地向他的老同学们描述着在中国共产党的英明领导下，中国的小康在我们这代人的手中实现了，中国的现代化在我们的眼前梦想成真了，他年轻时为之奋斗的目标达到了，倒是那些留在国外的同学唏嘘不已……

## 硕果累累　百尺竿头再进步

归心似箭的许仲梓，从机场回到家已是晚上 10 点多钟。第二天早上 8 点，时差还没倒过来，他便急忙去院里报到，拜见导师，汇报在国外的研究情况。师生在一番交谈中，得知一大堆棘手的工作正等着他。他马上开始了高效率、快节奏的工作，并力争在自己的主要研究领域全方位领先国际水平。

回国仅仅一年，他就创造了三个第一——作为主要作者，在国际权威杂志 Cement and Concrete Research 发表论文数年终列第一，被国内一些专家认为中国学者中尚无先例；收入国际学术榜的论文数，名列全校第一；获得的科研经费，在青年教师中名列第一。1994年，他被学校破格晋升为教授，作为中青年学术带头人，挑起了南京化工大学无机非金属材料研究所所长的担子，负责研究所博士点的日常工作。1995年9月，在南京化工大学一年一度的教师节庆典上，许仲梓走上主席台，从校领导手中接过国家教委、人事部授予他的"全国优秀教师"证书，并做了热情洋溢的发言，赢得了全校师生热烈的掌声。几天后，他出席在南京召开的混凝土科学与应用技术新进展国际会议，担任混凝土耐久性和外加剂分会主席，并以大会执行主席的身份出现于中外学者的面前。

据不完全统计，许仲梓迄今已发表、出版的个人或与人合作的论著有：中文论文《新型超高强胶凝材料的发展和展望》《低孔隙率胶凝材料的孔结构测定方法》《水泥混凝土电化学进展——交流阻抗谱理论》等500余篇，英语论文200余篇，出版了《第九届国际水泥化学会议综合报告译文集》《混凝土结构的修补与保护》两部译著。其中半数论文发表于国际权威专业刊物上，有的被国际学术榜收录，有的被广泛采用，有的被海外同行视为理论依据。

他和同事们先后承担了国家级、部级技术开发与服务项目十多项。他作为主要承担人之一的国家自然科学基金项目——"碱集料反应理论及工程应用"，被国内外专家评议认为达到了国际先进水平；他负责的与混凝土工程"癌症"相抗衡的抗碱集料反应水泥，已研制成功并申请了国家发明专利，国内专家一致看好其应用前景；他负责转让、指导、推广和技术服务的砂石碱活性测定仪，对建筑、铁道、能源等部门防止碱集料反应起了积极作用。他让科研成果在祖国的大地上转化为生产力的愿望，终于走出了襁褓。

## 倾尽心血　祖国大厦更坚固

1995年，许仲梓作为主要成员参加由唐明述、吴中伟、徐端夫、朱伯芳和胡海涛等5位院士牵头的"我国重要构筑物失效、破坏、修复与防治"咨询课题专家组，主要根据对已有重要构筑物的调查与分析提出预防措施。

为了全面掌握构筑物的基本信息和损失情况，许仲梓带领青年教师前往北京城建档案馆等处，查阅构筑物的原材料情况、配比情况和施工情况，拜访参与工程建设和管理的相关人员，获取工程建设情况以及运行过程中出现的问题，对北京地区和天津地区的主要桥梁和我国的十大建筑等进行了重点考察，并采集了部分混凝土芯样进行分析。在北京城建档案馆，他仔细查阅了三元桥、建国门桥等20多座桥梁的档案资料，并逐一摘抄了重要数据，用于桥梁破坏原因分析。在考察北京当时最大的四元桥时，他带领青年教师背上干粮、带上水一早就出发，逐墩、逐梁、逐挡土墙进行考察、记录，由于坝、河等的阻隔，时不时要绕上很长的路才能到达下一考察点，他们走累了就地休息一下，饿了就啃点干粮，一直到天快黑时才将整座桥梁考察完。在考察北京人民大会堂室外的柱子时，他受到值班警卫的阻拦和盘问，经详细说明考察的目的并出示工作证后，考察工作才得以继续进行，这次考察可能是学术界首次获得人民大会堂建筑物损伤的宝贵资料。

经过几个月的现场考察、资料分析和试验室研究，较好地完成了"我国主要混凝土构筑物失效、破坏、修复与防治（京津地区主要建筑物和构筑物的调查研究及延长寿命的对策）"咨询报告，中国工程院基于此报告的结论，给国务院提出了"重视预防混凝土工程中碱集料反应的危害并采取积极措施的建议报告"，北京、天津和相关部门积极响应，相继制定并发布了有关预防混凝土碱集料反应破坏的技术规定，推动了京津地区甚至全国混凝土质量的提升。那一年，他还拍下了山东某地战备机场的照片，看到的是飞机跑道混凝土的严重病害，机场修复、扩建时，部队首长特意把他请去诊断。类似这样挽回重大损失的事例还有多起，他把科研成果应用于基础工程建设之中，由于他坚持真理的态度，避免了一次次更大的灾害发生。

从一位胸怀大志、血气方刚的青年，到如今已是双鬓斑白的老人，为了国家桥梁的坚固，为了共和国大厦的屹立，许仲梓倾尽了一生的心血，精心研究，潜心探索，他也把名字镌刻进了共和国大厦的一砖一瓦上。

## 栽培栋梁　桃李不言自成蹊

许仲梓作为南京工业大学材料学科带头人，带领的研究团队主要围绕水泥混凝土材料及其在国家重点工程的应用，特别侧重于大坝、桥梁、

许仲梓教授指导学生开展科研活动

机场、道路等工程的耐久性和长寿命，也致力于水泥工业的节能减排和提高水泥的熟料性能。

从国家"九五"计划开始，许仲梓构思、提出并负责了大部分水泥混凝土材料的国家攻关和973项目，使我国在工业和工程科学技术上与国际接轨，显著提高了本学科的国际地位。他的团队研究服务了三峡大坝等100多个国家重点工程，为我国大型水泥混凝土工程建造技术达到国际领先水平，在选材和确保长寿命方面作出重要贡献。他承担着国家973重点基础研究、国家自然科学基金、科技部和省级重点项目，指导博士生12名、硕士生多名。在新型高性能混凝土及其耐久性、高性能水泥制备与应用、高孔隙低碱度胶凝材料、特种玻璃材料、纳米透明功能涂料等，特别是新型特种玻璃材料的研究中，为本学科培养了一批新人，开辟了新的增长点并建立了研究基地。

为了学科开辟新型功能材料研究领域，也为了发展我国某些高科技关键技术，许仲梓带领研究团队，在国内率先开辟激光与物质的相互作用研究领域，并逐步扩展到光和电磁波的选择性传播及其调控。2006年，在这全新的领域，在一场极其难忘的答辩会上，面对威严的十多位非同行评委，他对国家急需的新材料研究思路的可行性介绍，得到了高度的认可和非常例外的特殊支持，使得他又一次承担了国家新材料领域的973项目，再次成为首席科学家，并且这次挑战更大，压力更大，意义也特别重大。经过十多年的努力，已经积累一批国家急需的关键材料，成功地应用于若干重要领域，其先进性达到国际领先水平，为保卫共和国大厦的安全作出了巨大贡献。

成就和信赖，为水泥混凝土学科跨部门、跨行业的联合攻关拉开了序幕。许仲梓把更高的安全系数献给了数不胜数的桥梁、大坝，献给了祖国的山山水水，献给了动脉般的公路、铁路、机场，把安全正点送向大江南北拔地而起的高楼大厦，把令人放心的安全感抹上炎黄子孙的笑脸。魂牵梦萦，家国情深。他对共和国大厦永固的赤诚痴情和对高技术关键领域的敏感追求感动了他的学生们，学生们在他的精心指导下，一批又一批走进了为共和国大厦增砖添瓦的宏伟事业中去。

## 勤勤恳恳　人民忠实的公仆

从 2001 年起，许仲梓担任的社会角色在不断变化。他先后任江苏省教育厅副厅长、南京市副市长、九三学社江苏省委会主委、全国政协常委、江苏省工商业联合会主席、江苏省总商会会长等职。但是，他那颗为人民服务的心始终未变。他的桌子上摆放着一只台历架，上面雕刻着"为人民服务"五个大字，他走到哪里就带到哪里，时刻牢记作为人民公仆的初心和使命。

许仲梓在担任南京市副市长期间，亲力亲为，深入推进教育"基石工程""教育名城"建设。目前南京市基础教育机构及其分校，基本上是他当年大力推动，一年接着一年干出来的。他大力规范教育收费，积极推动在全市对包括符合规定的外来务工人员子女在内的义务教育阶段学生，实施全部免收杂费政策。他解放思想，采取多种方式放大南京优质教育资源，"名校办分校"满足了人民群众对优质教育的需求；他积极倡导高质量的素质教育、高品质的职业教育，努力构建学生成长成才的"立交桥"，为南京被评为"中国最具幸福感城市""中国最具教育发展力城市"加了分。

作为人民的公仆，作为民主党派的领导，许仲梓献身科学、心系民生。他倾力推动深化卫生改革，大力推进医院现代化建设，建立和完善了农村新型合作医疗制度，加大财政引导资金投入，大幅度提高参保者受益程度。他锐意进取，瞄准"全国一流医疗卫生服务基地"目标，大力推进医院的社区卫生运行机制改革，不断强化公共卫生、农村卫生服务体系建设，南京的医疗卫生事业在全国全省率先形成了"十大改革亮点"。2003年"非典"期间，他舍小家保大家，不仅深入第一线指挥，还一连数十日吃住在办公室，以便于更好地领导全市抗击"非典"工作。他先后组织领导参与应对了抗击"非典"疫情、防控甲型H1N1流感等重大公共卫生事件，为保护人民生命安全、身体健康，经受了巨大考验。

"他是一位学者型的领导"，这是社员们对许仲梓的普遍评价。大家都有感于他的博学、谦虚、温和，丝毫没有领导的架子，却能感受到他言行举止中透出的严谨、认真和正直。确实如此，许仲梓是一位既锐意改革又实事求是，既开明民主又严谨稳重的学者型领导。

作为民主党派的领导干部，许仲梓时刻提醒自己围绕中共党委政府中心工作，履行好自己的责任。思想上，与中共中央保持高度一致，始终以中共中央和国家的大政方针为说话、办事的基点，专心致志为人民，尽心尽力促发展。他在"中国网"《南京副市长谈民生举措》的专访节目中，回答网友提问时说："我觉得共产党领导的多党合作和政治协商制度这么深入人心，这么的巩固，很善于把党外一些优秀知识分子积极性调动出来，共同团结一致建设国家，非常好。"

## 多党合作　同舟共济促发展

九三学社江苏省委会在许仲梓的带领下，坚决贯彻"以政治交接为主线、以参政议政和自身建设为重点"，为把省社建设成为"适应21世纪的高素质的参政党"作出了积极努力。

许仲梓始终把思想建设放在首位，大力弘扬九三学社的优良传统，不断巩固共同团结奋斗的思想政治基础，在任期间每年两会后，都及时在社省委常委会上传达全国两会或省两会精神，统一思想、凝聚共识。2010年年初，社省委会在全社率先制定了开展树立和践行社会主义核

2015年8月31日，时任中共江苏省委书记罗志军（右二）在许仲梓陪同下走访九三学社省委会机关

心价值体系活动方案，由于动作快、措施实、有成效，走在了全国前列，许仲梓在社中央十二届十一次常委会上作《学习为先、树立为要、践行为本　在实际行动中检验思想建设的成效》大会交流发言，此后，全省社深入挖掘先进典型的事迹，开展了丰富多彩的活动，使学习和践行活动开展得有声有色。2010年至2015年，在他的关注下，社省委会先后在王选事迹陈列馆、周培源故居、茅以升纪念馆挂牌"九三学社江苏省委会思想教育基地"，2015年这三个基地全部被命名为"九三学社全国传统教育基地"。2009年7月，社省委会六届十次常委会通过了《九三学社江苏省委思想建设理论研究会规则》，在许仲梓的重视下，社省委会在全省社员中聘请特约研究员，建立了一支理论研究队伍，对确保社省委会开展思想建设理论研究，起到了积极推动作用。2009年9月为庆祝新中国成立60周年，社省委会举办"九三情　祖国颂"文艺演出，

许仲梓发表热情洋溢的致辞，热情讴歌伟大祖国取得的天翻地覆的变化、中国共产党领导的多党合作和政治协商制度的无比优越以及社组织发挥的作用，并号召广大社员弘扬优良传统，为推动科学发展、建设美好江苏作出新的更大贡献。在社组织创建70周年前夕，社省委会隆重召开纪念大会，他深情回顾了九三学社创建70年来的光辉历程，满怀激情号召全省九三学社在中共江苏省委的领导下，切实做到"履职坚实"，为谱写"中国梦"的江苏新篇章作出新贡献。

许仲梓高度重视参政议政工作，并多次出席中共江苏省委、江苏省政府召开的协商会、情况通报会等。在省政协十届二次全会上，他代表社省委会作《加快农业科技成果转化 促进农业跨越式发展》的大会发言，对影响江苏省农业科技成果转化的现状进行分析，并就增加农业科技成果需求、提高有效供给提出建议。2008年全球经济危机发生后，他积极引导广大社员，在社省委六届十次常委会上提出了"对形势怎么看""社组织怎么办""社务工作怎么干"的"三问"，在全省社员中引起积极反响，当年社省委会多项工作获社中央表彰。2009年5月，他带领省政协九三学社界别20多位政协委员赴淮安调研视察应对金融危机情况下经济社会发展情况，在听取情况汇报后，他希望地方政府要沉着应对、明晰思路、采取措施，确保经济社会指标在跨越发展中展现作为。在第二届"江苏九三论坛"上，他指出全省社应充分发挥科技特色和人才优势，致力科技创新，推动创新型经济发展和经济转型升级；要力争把"江苏九三论坛"办成集中社员智慧的新园地、为党委政府建言献策的正规途径、在新形势下参政议政的新形式，为推动江苏经济平稳较快发展贡献力量。此后，他虽然身兼数职，依然挤出时间出席了第三届、第五届、第六届"江苏九三论坛"。他还提出要把信息提案作为参政议政工作的重要抓手，围绕"发展"这个第一要务，着力加强参政议政人才队伍建设，信息提案要抓住热点难点，彰显科技特色，要围绕政府可为、群众期盼

2009年九三学社江苏省委会启动"百名专家进乡村行动"期间,许仲梓带领农业专家深入南京江宁区湖熟街道养鸭基地调研指导

做文章。由于领导重视抓落实、不断优化整合、用好各方资源,社省委会连续9年获社中央信息工作一等奖。

在社会服务方面,在许仲梓的带领下,江苏省九三学社围绕"同心"思想,集中力量、抓住重点、突出特色,打造社会服务品牌。2009年3月20日,九三学社江苏省委会启动"百名专家进乡村行动",在13个省辖市同时举行,许仲梓出席在南京的启动仪式,提出要发挥社内专家特长,深入基层农村农户,帮助农民解决最实际、最迫切的问题,并带领社内专家到田间地头开展实地调研。这项活动开展至今,已成为社省委会服务社会的一个品牌,受到省主要领导多次批示。《人民日报》、《人民政协报》、《农民日报》、江苏省电视台等媒体纷纷报道,产生了良好的社会效益。开展"九三专家沿海行"。2011年12月22日,在许仲梓的带领下,28位专家携带100余个项目赴南通开展活动,与

2017年6月21日，九三学社江苏省第八次代表大会召开期间，许仲梓与闵乃本院士挽手走向会场

十余家企业签署了合作协议。活动后，许仲梓强调要把更多、更有技术含量、更适合沿海地区的技术与项目送到盐城和连云港。目前，这项活动也逐步转变为九地合作项目，受到社会广泛好评。他多次要求做实手头现有品牌项目，实实在在为社会作点贡献。这些简朴的话语，也体现了他求真务实的思想和一贯的工作作风。

在组织建设上，许仲梓认真贯彻社中央提出的"人才强社"战略，组织结构不断优化，组织活动规范有序，组织凝聚力不断增强。他多次参加省直工委组织的新春迎新活动，感谢在宁高校党委统战部和科研院所党办负责同志对全省社工作的支持和帮助，恳请他们把更多更好的同志推荐到九三学社组织；他还多次在不同场合对组织工作提出明确要求，要加强组织发展的主动性，加强后备干部队伍建设，加强基层组织建设，提高组织化水平，增强组织凝聚力，把"人才强社""组织坚强"落到实处。在他担任社主委期间，无论是组织发展的速度还是质量都得到了社中央的肯定。

他科学处理行政管理、科学研究、参政议政等工作的关系，领导着九三学社江苏省及南京市的工作不断取得新进展。

## 凝聚共识　科学引领新苏商

老骥伏枥，壮心不已。目前，64 岁的许仲梓依然担任着全国政协常委、省人大常委会副主任等重要职务，尽心尽力地为江苏省的中小企业遮风挡雨、出谋划策，寻求新的发展方向。

回首工商联 70 年风雨历程，他深刻地感受到，这是党领导的中国特色社会主义事业在江苏非公有制经济领域的生动实践。70 年的实践证明，中国共产党领导的多党合作制度有巨大的优越性。目前，在党和政府的支持下，一个由统战部组织协调、各部门积极参与、工商联具体实施的思想政治工作新格局已经初步形成。一个由"厚德、崇文、实业、创新"精神引领的新苏商群体正在健康成长，这是江苏民营经济发展壮大和工商联带好一支肝胆相照、荣辱与共队伍的真实写照，更是党领导的多党合作制度焕发强大生命力的生动诠释。

时任省工商联主席的许仲梓提出，省工商联要以党的十八大、十九大精神和习近平总书记系列重要讲话精神为指引，在建设中国特色社会主义事业的康庄大道上，自觉接受中国共产党领导，继续坚守多党合作的初心使命，团结一切可以团结的工商界人士，凝聚起各方面的力量，扛起与改革同行、为发展聚力的时代责任，为建设"强富美高"新江苏、实现中华民族伟大复兴的中国梦作出新的更大贡献！他经常带领江苏的商界精英，共同商讨江苏的发展，凝聚共识，用科学、创新引领新苏商：一方面带领大家积极参政议政，协助党和政府落实政策；一方面以服务会员为宗旨，开展经济咨询、人才培训和对外联络交流活动，为推动改革开放做出不懈努力。

路漫漫其修远兮,吾将上下而求索。多年来,无论是在研究新材料的艰难探索过程中,还是在担任各种社会职务时,许仲梓的心中始终都把名利看得很轻,把事业看得最重。他呕心沥血,把理想和抱负献给了共和国大厦的稳固,为了建设"强富美高"新江苏,他继续把责任和担当扛在肩上。我们相信,这位献身科学、心系民生的民主与科学的实践者,一定会再创佳绩!

(文秀兰)